清代科举落第制度研究

贺晓燕·著

广东人民出版社
·广州·

图书在版编目（CIP）数据

清代科举落第制度研究 / 贺晓燕著. —广州：广东人民出版社，2022.7
ISBN 978-7-218-15837-2

Ⅰ.①清… Ⅱ.①贺… Ⅲ.①科举制度—研究—中国—清代 Ⅳ.①D691.3

中国版本图书馆CIP数据核字（2022）第105302号

QINGDAI KEJU LUODI ZHIDU YANJIU
清代科举落第制度研究
贺晓燕　著

版权所有　翻印必究

出 版 人：肖风华

责任编辑：钱　丰　徐千然
责任校对：陈　晔
责任技编：吴彦斌　周星奎

出版发行：广东人民出版社
地　　址：广州市越秀区大沙头四马路10号（邮政编码：510199）
电　　话：（020）85716809（总编室）
传　　真：（020）83289585
网　　址：http://www.gdpph.com
印　　刷：广东虎彩云印刷有限公司
开　　本：889毫米×1194毫米　1/32
印　　张：12.625　字　数：211千字
版　　次：2022年7月第1版
印　　次：2022年7月第1次印刷
定　　价：78.00元

如发现印装质量问题影响阅读，请与出版社（020-83716848）联系调换。
售书热线：（020）85716826

序

在《清代科举落第制度研究》一书即将付梓之际，作者贺晓燕女士嘱我作序。贺晓燕既是我的学生，又是我的同事，况且我们的研究方向又是一致的。因此，对于她的要求，我是不能推辞的。

本书的选题是很有价值的。科举落第问题，可以说是一个长期被忽视的研究领域。科举制度推行了1300年之久，产生了重要影响，落第问题是科举制度中的一个重要内容。就科举选官而言，最终的结果是产生了两部分人，小部分人能够金榜题名，步入仕途；大多数人则会成为落第者，或止于举人，或止于生员，或终身为童生。如果我们的研究仅限于如何考试，如何选士，目光仅仅停留在金榜题名的进士素质如何，功过如何，地域分布如何等等，那么可以说，对科举制度的研究实际上只完成了一半。而缺少了对落第问题的研究，缺少了对落第士子各方面情况的综合分析，很难对科举制度做出令人信服的中肯评价。我们知道，对科举制度的评价一直存在着严重的分歧，当然造成分歧的原因很多，而忽视对落第问题的研究则是其中重要的原因之一。因此，我曾经提出，要重视对科举落第问题的研究，结果应者寥寥。我本人因受国家清史编纂委员会之邀，主持编纂《科举志》，故未有更多时间关注落第问题。

我知道，贺晓燕是较早研究清代科举落第问题的，她的第一篇关于清代科举落第的文章《试论清代年老落第士子恩赏制度》发表于2007年。其后，她又发表多篇文章，对"发领落卷""告给衣顶""举人大挑"等诸多问题一一探索，且多有建树。因此，我主持的《清史·科举志》就邀请她专门负责撰写"落第"一节（一万字）。正是在长期研究清代科举落第问题的基础上，她完成了这部《清代科举落第制度研究》。毫不夸张地说，没有长期研究的基础，是不可能完成这样一部专著的，而这部专著体现了当下对清代科举落第制度研究的最高水平。

通读本书之后，我们看到，作者对清代科举落第制度的研究是全面的、系统的、深入的。我们知道，清代科举落第制度集历代之大成，是最为完善的。光绪《大清会典事例》卷352及353，在《礼部·贡举》中有"下第"一项，专记清代的科举落第问题，内容包括发领落卷、赏会试落第士子返程路费、定未经中式之教职回程期限,以及明通榜、中正榜、挑誊录、举人大挑等。而本书所涉及之落第制度的内容要明显超过光绪《大清会典事例》所载,如恩赏年老落第士子、生员告给衣顶等,也是落第制度中的重要内容。这无疑是作者广泛收集资料所获得的成果。

作者将清代科举落第制度分为两部分,即针对落第士子的安抚措施及安置措施,这是很有见地的。因为安抚措施,旨在平衡落第者的心理;而安置措施则是尽量给落第者以入仕的机会。这两点不正是落第者所需要的吗。显然,清代的科举落第制度是很有针对性的。作者归纳的安抚措施,主要有以下几项内容,一是发领落卷,一是恩赏年老落第士子,一是生员告给衣顶,一是赏会试下第举人返程盘费银。根据作者的论述,安抚措施中效果最好的,最受落第士子欢迎的一项便是发领落卷(指落第者的朱卷),即在乡、会试发榜后,允许落第者将自己的试卷领回阅看,"如同考官妄抹佳文",准该生赴礼部控告。这项政策一直执行至清末。作者对这项政策的评价是:这项措施的推行,反映了清政府力争公平取士的决心和勇气,大大缓解了落第者的不满情绪。显然,这是保证公平取士的有力措施。而安置措施则包括了明通榜、中正榜、挑誊录、举人大挑,这是清政府为落第者提供入仕机会的具体体现。举人大挑是清代特有的制度,即对三次以上会试落第举人进行挑选授官，且对边远省份的落第举人略有照顾。有清一代，举人入仕的比例要高于明代，且有官至部院大臣者，显然与推行举人大挑密切相关。

这部书以研究制度层面的内容为主，而制度的研究不能仅仅停留在对制度的简单描述上。典章制度的研究，应该对制度的制定、调整、变化进行动态的研究，同时还要对制度的推行情况进行探讨。从这部书中可以看到，作者正是遵循这样一种研究方法，全面阐述清代科举落第等制度的缘起、制定、推行，以及在执行中的不断调整。并且对每一项具体的措施都一一交代其产生的背景、历史沿革、具体内容，以及实施中的效果。这就将清代的科举落第制度全面、完整地展现在读者面前。毫无疑问，这是一部填补空白的上乘之作，值得祝贺。

欣闻在本书送交出版的同时，作者又喜获国家社科基金项目《明清科举社会落第士子出路研究》。这又是一个颇有学术价值的选题。科举考试造就了一大批科场失意者，他们的人生选择是什么，最终归宿如何，这是研究科举制度不能回避的一个重要问题，毕竟它是检验科举功能的一个重要方面。当然，这个选题的研究，是一项艰苦而有意义的工作，可以肯定地说，作者的这项研究必将促进科举制度研究的深入。我们期待着她的新作尽早问世。

是为序。

李世愉

2022年3月17日

目录

绪 论   001
    一、问题的提出   003
    二、学术史回顾   005
    三、研究思路与方法   023
    四、基本框架   025

第一章   清以前的落第问题及相关制度   029
    第一节   唐代科举制度之状况及相关落第政策   032
        一、唐代科举制度之简述   033
        二、唐代科举落第问题之简述   040
    第二节   宋金元时期科举制度之状况及相关落第
             政策   046
        一、宋代科举制度针对落第问题的创新   047
        二、辽金元时期的科举制与落第政策   059
    第三节   明代科举制度之状况及相关落第政策   065

本章结语　073

第二章　清代推行科举落第制度的背景　075
　　第一节　落第者之悲苦情状　079
　　第二节　落第所引发的社会问题　110

第三章　清代科举落第制度中的安抚政策　123
　　第一节　发领落卷　126
　　　　一、"发领落卷"之沿革及相关规定　127
　　　　二、"发领落卷"促进相关制度的完善　141
　　　　三、"发领落卷"的作用与效果　150

　　第二节　恩赏年老落第士子　161
　　　　一、恩赏制度出台之背景　161
　　　　二、恩赏制度之沿革　173
　　　　三、恩赏制度之实施状况　184

　　第三节　告给衣顶　216
　　　　一、"告给衣顶"之背景　217
　　　　二、"告给衣顶"的条件与内容　221
　　　　三、对给顶生员的管理　230

第四节　赏会试下第举人盘费银	237
一、历史沿革	239
二、雍正年间的实施情况	241
本章结语	245
第四章　清代科举落第制度中的安置政策	247
第一节　明通榜	250
一、明通榜产生的背景	250
二、明通榜的历史渊源	257
三、明通榜的实施	265
第二节　中正榜	281
一、中正榜之历史渊源	282
二、中正榜之确立	287
三、中正榜的逐步完善与废止	290
第三节　挑誊录	305
一、挑誊录之沿革与发展	305
二、挑誊录之特定背景	310
三、挑誊录之实施	312

第四节　举人大挑　　　　　　　　317
　　一、"举人大挑"的历史渊源　　　319
　　二、"举人大挑"的实施　　　　330

本章结语　　　　　　　　　　　　358

结束语　　　　　　　　　　　　　359

参考文献　　　　　　　　　　　　363

后　记　　　　　　　　　　　　　385

再　记　　　　　　　　　　　　　388

绪 论

一、问题的提出

科举落第问题,最早为李世愉先生所关注并提出。李先生曾在科举制与科举学等相关会议上强调并专门撰文,呼吁大家对科举考试中落第士子这一群体加强研究,且在他的《中国历代科举生活掠影》一书中对落第士子多有论述。毕竟,科举考试,一定有金榜题名者,亦不可避免地有落第失意者,我们如何对实行了1300年之久的科举制度作进一步的研究,如何更加全面地了解科举制度并尽可能地对其做出符合历史事实的客观、公允的评价,其间,落第问题是一个不容回避的重要内容。正如意大利学者克罗齐所说:"一切真历史都是当代史。"虽然科举制度废除已经有百余年之久了,但在全世界范围内,考试依然是被惯用的选拔人才的普遍方式,可以说,落第问题与考试制度如影随形,相伴相随,共生共灭。正如傅璇琮先生所言:"我们还应当看到那时举子的大部分是落第的,由于他们是科场的失败者,有些人考了十几年、几十年,可能终于无成,因此关于他们的情况,就很少记载,也就不大为人所知。如果我们要全面研究唐代的科举制,全面探讨唐代文人的生活,那么较及第者要多出好几倍的这部分士人的命运和出路,是应当加以研究的。"①因此,研究历代的科举落第政策,关注落第者,不仅有利于我们对科举制度研究的进一步深入,而且对我们今天的考试制度的改革与完善也有一定的借鉴意义。

我自2006年跟随导师,扎入科举制度研究的浩瀚海洋,每当做完一个微小问题的探究,就越来越体味到科举制度的深奥与复杂。随着我对科举制度的不断了解,也越来越感觉到科举制度不单是一项选官制度,更是中国古代一项集文化、教育、政治、社会等多方面功能于一体的基本制度,它曾长期左右着当时社会的士人命运、文风时运及世道舆论等各个方面。随着探索的深入,我也愈来愈清醒地意识到:既然科举制度在当时社会中有着如此重要的作用,那么参加过科举考试而未中式的广大落第士子,作为读书人中的一个特定群体,在屡试不第的情形下,在众多社会舆论的压力下,他们又是如何妥善安排自己的人生,选择适合自己的生活方

---

① 傅璇琮:《唐代科举与文学》,陕西人民出版社2003年版,第447页。

式的呢？另一方面，推行科举考试的政府，又是如何照顾、关怀落第士子，并制定相关政策措施，将这一部分人的利益纳入其中，以便更好地维持科举考试的秩序，从而维持社会的稳定？可以说，随着科举制度的深入探讨，落第问题是个无法回避的课题。而通过科举落第制度的研究，我们可以更加清晰地看到，在当时的社会结构中，科举考试扮演着什么样的角色，科举考试与社会结构之间有着什么样的关系，以及科举制度对当时的中国社会产生了什么样的影响，这种影响对近代乃至当代和未来社会的发展有着什么样的意义，等等。

清代科举落第制度集历代落第制度之大成，最具代表性。因此，本书以清代科举落第制度为研究对象，加以探讨。

二、学术史回顾

纵观科举史研究，具体、直接相关科举落第问题及政策的研究非常有限，但落第政策毕竟也属于科举制范畴中的一部分，而学界就科举制与科举史等方面的研究可谓硕果累累，这些研究成果都是我们研究科举落第问题的重要基石，因此对科举制与科举史等方面的学术史回顾依然非常必要，是无论如何也不能绕开的。1906年1月，废除科举几个月之后，著名学者严复在《论教育与国家之关系——在环球中国学生会演说》讲道："不佞尝谓此事乃吾国数千年中莫大之举动，言其重要，直无异古者之废封建，开阡陌。造因如此，结果如何，非吾辈浅学微识者所敢妄道。"①从20世纪初至21世纪初，科举制废除的百余年间，有关科举的研究论著及文章如雨后春笋，数量极为可观，其中不乏令人深省之文字，前辈们的这些努力与贡献使得我们这些后学者对于百余年前的科举制度并无陌生感与距离感，对于我们展开深入的研究也起到了至关重要的铺垫与指导作用。于此，我们主要从19、20世纪海外、国内对科举制的研究及近年来对科举落第问题的研究三个方面进行回顾。

（一）19、20世纪西方国家与中国港台地区的研究状况

西方国家对中国科举制度的研究则很早，如法国学者艾特尼·资于1894年出版了《中国的文科举制度》一书，1896

---

① 黄克武编：《中国近代思想家文库：严复卷》，中国人民大学出版社2014年版，第261页。

年又出版了《中国武举制度》①,对中国古代的科举考试予以介绍,使更多人了解中国的科举考试制度。美国著名的传教士丁韪良,曾任北京同文馆和京师大学堂的总教习。在他所著的《汉学菁华:中国人的精神世界及其影响力》一书中,专门在第十七章讲到"科举考试",并指出:"西方世界若能采用这一制度来选拔人才,必将取得巨大的成就。"他认为:"科举考试的首要目的就是为国家政府选拔人才,无论它在哪个方面有失败的地方,都不可否认它在很大程度上已经实现了它的特定目标。中国的官吏几乎无一例外是受教育阶层的最优秀人才。无论是在京师,还是在各个行省,在每一个文学领域拔尖的都是官吏。皇帝正是借助了他们来教化和统治中国的百姓,而书商则借助他们来寻求增加中国的文学作品——十分之九的新书都是由官吏们创作的。"②

有的学者从西方文官制度的角度考察中国的科举制度。20世纪中期,著名学者邓嗣禹先生的《中国考试制度西传考》一文,认为西方的文官制度源于中国的科举制度,不管

---

① Le P. Etienne Zi, "Pratique Des Examens Litteraires En Chine", 1894; "Pratique Des Examens Militaries En Chine", 1896, 转引自刘海峰:《科举学发凡》,《厦门大学学报》(哲学社会科学版)1994年第1期。

② 丁韪良:《汉学菁华:中国人的精神世界及其影响力》,沈弘等译,世界图书出版公司2010年版,第208页。

其文中的具体论证是否完整无误，但至少引起了西方社会对中国科举制度研究的关注。他还在《中国考试制度史》一书中说"中国载籍，言及考试者，几于无书无之"①，王德昭先生对此也表示认同。②

在从社会史角度探讨科举考试与社会阶层流动的问题上，西方在20世纪四五十年代展开了广泛讨论，六七十年代随着社会史的研究范式不断推广，对于科举制度的研究也运用这种新的研究方法，进而孕育出不少优秀著作，并且直到今天，对中国国内的科举制度研究都有深远的影响。而60年代何炳棣的《明清社会史论》一书，已被国际学术界奉为经典。该书从中国古代先秦诸子百家学说讲起，分析社会意识形态以及社会阶层形成的内在原因，之后具体分析科举制产生后，社会阶层向上的流动，与何种原因或环境造成向下的流动趋势，以及制约社会流动的各方面因素；并用大量事实为证，得出明清时期获得初级功名的普通生员大多来自下层社会，而在获得高级功名的道路上，中高层官僚家庭并非全部垄断，相反却有下降趋势的结论。本书不失为一部全面探

---

① 邓嗣禹：《中国考试制度史》，吉林出版集团有限责任公司2011年版，第291页。
② 王德昭：《清代科举制度研究》，中华书局1984年版，第2页。

索明清五百余年间中国社会组成及阶层流动的历史著作。之后,张仲礼的《中国绅士研究》也是一本广为称道的必读书,它是集《中国绅士——关于其在十九世纪中国社会中作用的研究》与《中国绅士的收入》于一体的合编本,其中前者主要探讨绅士阶层之构成、人数的分析、其特征及社会功能;而后者则侧重于具体考察绅士的出路、从事的职业及收入,并附载了很多地方志中记录的绅士个体,通过对这些个体的分析,印证前面的论述。正如作者在后记中所言:"中国绅士是一个以科举制度为政治背景,并以捐纳制度为辅助形式的社会阶层,其成员资格由政府控制的明文规定的铨选制度所决定,这个制度有复杂的品级和学衔等级。他们的特权是由封建制度授予并为社会所承认,他们的职责是政府功能的某种延伸,绅士与政府之间的关系视利益趋向而有合作或冲突的可能性。"①

科举考试与教育文化的关系也日渐得到关注。如美国学者贾志扬的《宋代科举》,主要论述科举录取人员的结构、宋代的科举文化及登科者的地域分布情况等;港台学者如李弘祺的《宋代官学教育与科举》,讨论科举制度对于政府教

---

① 张仲礼:《中国绅士研究》,上海人民出版社2008年版,第502页。

育的巨大作用、教育与科举之间的关系等，很多内容对我们今天都有借鉴作用。

科举制度的评价，是一个老生常谈的问题，几乎所有研究科举制度的人都不可避免地谈及过这一话题。其中，日本学者宫崎市定的《科举》《科举史》比较全面细致地研究了科举制度。他详细介绍了科举考试的程序与级别，且从科举制度的理想与现实、落榜者的痛苦与反抗、科举制的评价等方面，展开了较为全面的论述。

随着对科举制度研究的不断深入，近年来，更多学者开始在宏观角度重新审视科举考试，透过对科举考试的研究，进一步考察当时的社会政治、经济、文化、士风、民情等情况的专著不断问世，其中最有代表性的学者是美国的本杰明·艾尔曼教授，他可谓中国科举制度研究专家，耗费十余年时间完成了一部科举制度的专著《晚期帝制中国的科举文化史》（*A Cultural History of Civil Examinations in Late Imperial China*），其中章节具体论述了对帝制中国晚期考试制度根源的再思考，并从历史上不同朝代入手，考察当时的历史条件及具体的考试形式。第一章对晚期帝制时代科举考试的历史根源进行重新思考；第二章具体探讨明初的皇权、文化政治与科举考试；第三章探讨帝制晚期科举考试中的体制变动和精英流动；第四章讲述考场与朝廷权力的界限；第五章为帝制晚期科举考试中的经典素养和社会尺度;第六章关注焦虑忧郁情绪、梦想成功与科考生涯;第七章讨论科举考试中的文化范围及精英分子的八股文;第八章论述考官的标准、学者的阐释以及朝廷控制知识的范围;第九章则探讨科举考试中的自然研究、历史学和汉学;第十章分析1800年以前清代统治下课程改革的迫切性;第十一章名为:合法化与去经典化:晚清科举改革的陷阱。正如艾尔曼本人所言:"在中国,自从中世纪以来,帝制王朝、绅士文人精英和经典研究都紧密地交织在科举考试的运行中。"① 这也是作者不断强调的观点之一,即科举考试作为一种才学能力的测试,它有利于王朝统治与士人文化的紧密结合,进而为官僚制度服务。地方精英与朝廷不断地向主管部门反馈,以促进其检视和调整传统经学课程,并乐于为改进科举系统提出新的方法以考选文官。同时,科举考试也反映了更为广泛的士人文化,因为这种文化已经通过基于经学的官僚选拔渗透到国家体制之中。然而,在明清两代,科举制度经历了曲折的兴衰演变,其功能也发生了很大的变化,这从政治、社会、教育以及文风等多方面表现了出来。全书是在对帝制中国晚

---

① Benjamin A. Elman, *A Cultural History of Civil Examinations in Late Imperial China* (Berkeley: University of California Press, 2000), p.xvii.

期时代的总体把握的基础上,以科举考试为支点,深入考察当时社会政治、文化等方面的宏观历史巨著。

还有一些断代的研究,对各个朝代的科举制度及其作用都有深入研讨,对于我们认识不同时代背景下的科举制度有着重要的帮助,如王德昭的《清代科举制度研究》一书,正如作者所言:"计划之初,原只拟就清季朝野有关科举的存废之争,一加论究,从维护科举者和主张停罢科举者各自所持的理由,以见科举之所以存在的政治和社会的根源,及其最后不得不遭废止的原因……但一经从事,便见科举考试既关系一代的制度,如不对制度本身及其他有关的方面有所澄清,则其存废问题的历史的意义,也难以充分阐明。于是遂从原来的一个专题的拟议,扩张而为五个专题的研究,即(一)明清制度的递嬗,(二)清代的科举入仕与政府,(三)科举制度下的教育,(四)科举制度下的民风与士习,和(五)新时势·新教育·与科举的废止"[①]。还有一些研究,如贾景德《秀才·举人·进士》、赖恬昌《一个儒生在帝制中国》等。

[①] 王德昭:《清代科举制度研究》,中华书局1984年版,第1页。

（二）19、20世纪中国大陆的研究状况

废除科举的百年间，国内对科举制的研究从未停止过。

对于科举制度之功过评价，初期持否定态度较多，多从科举考试对人性的摧残与折磨的角度论述，相关论文很多，在此不一一列举。

后来，学界追随西方学界"科举与社会阶层流动"这一观点而展开大讨论。如潘光旦、费孝通在1947年共同发表的《科举与社会流动》，后来节选编成《中国文官：职位向才士开放？》，将各派不同观点集中在一起，可谓科举制与社会阶层流动的大总结。这个话题直到今天仍然长盛不衰。

随着科举制研究的不断深入，国内整理和出版了大量相关资料集和研究论著，为后世更加公允地认识与评价科举制提供了史料依据，更加快了这一领域的研究速度。如2003年出版的《中国考试史文献集成》，可以说是一部庞大的科举资料集。全书共九卷，上起先秦，下至中华人民共和国，涉及经、史、子、集、档案、文物图片及口述资料，其中以官方文书为主，包括诏谕、奏疏、法令、公报、文件等，兼采时人对考试的记述和评议。2004年出版的《中国考试通史》共分五卷，上起先秦，下逮当代，是在充分利用《中国考试史文献集成》这部文献资料的基础上编纂而成的又一巨著，

考察了从考试的萌芽到科举制的确立这一考试发展的历史过程,揭示各个阶段考试的实际状况,分析其特点及提供历史的经验教训。2006年出版的《中国考试大辞典》是一部供中外读者查阅、检索有关中国历代考试制度所涉及的各个方面词汇的工具书。它是我国第一部完整的关于历代考试制度和考试技术理论的大型专业性辞书,由杨学为主编,教育部考试中心组织各方面权威专家集体编写而成。全书收录辞条范围上起考试制度萌芽的先秦时代,下至考试制度日趋完备的当代。所涉及的内容有历代考试制度中的一般名词、术语;历代各种类型、各种级别的考试;历代考试的组织机构及官员;历代考试的基本制度;历代考试中发生的重要事件、涉及者以及与考试有直接关系的学校;历代关于记载考试制度的典籍、专著、文件以及在考试史上有影响的人物,包括历代状元、主要帝王、大臣;还有现代考试理论与技术等。2007年出版的《清朝进士题名录》,分两部分组成,第一部分为《清朝进士题名碑录》,按科年著录清朝全部进士,未参加当年殿试者附于相应科年之后。每一进士为一条,依次注明籍贯、甲第、名次,有关考证资料附于相应科年后。第二部分为《人名索引》,将书中所有进士按四角号码编制索引,查检方便。这是今人以《国朝进士题名碑录》为底本,然后根据国子监所刻题名碑的全部拓本、各种履历表齿录如

《清代朱卷集成》、地方志中的"选举志"、专题文献如《词林辑略》《清秘述闻》等，以及相关传记史料如行状、墓志、年谱、家谱、档案等文献中的有关内容，逐一校核，隶定整理而成的一本基本史料工具书。杨学为主编的《中国考试简史》出版于2009年，继承《中国考试通史》之体例，但相较前者，更易于普及，便于阅读，既可作为教材，又可用于研究，尤其加强了对中华人民共和国成立以后的考试制度的研究，为我们今天教育考试改革提供了历史的资鉴。有关这方面的实录、政书、档案、会典、则例、事例、地方志、文集、笔记、小说、家谱、族谱等资料还有很多，而这些与科举相关的资料集及通史、简史的出版，都为我们从事科举研究提供了便利。

随着原始材料的大量出版发行，有关科举制的专题研究越来越成熟。如要全面而具体地认识各个时期的科举制，近人及今人的一些科举研究的专著是我们不可逾越的，首先的就是曾经经历过清末科举者的回忆，其中最有影响的当推清末探花商衍鎏的《清代科举考试述录》，由两部专著及五篇文章组成，将自己的亲身经历，糅合在论述当中，犹如回忆录，为枯燥乏味的制度史增添了情趣，清晰地述录了科举制度中童生、举人、进士以及这三个级别系列内的各种考试，叙述了停科举后的各项考试及附属于科举中的各项考试，举例解释了八股文、试帖诗,并涉及科场案件与轶闻。第二部分为《太平天国科举考试纪略》,介绍了太平天国存在的十几年里所实行的考试制度和考试内容。史料翔实,是研究科举制度的奠基之作,亦是今人了解清代科举制度的一部必备工具书。还有齐如山的《中国的科名》及钟毓龙的《科场回忆录》等,为后人的研究提供了第一手材料。我的导师李世愉先生的《清代科举制度考辩》堪称补阙拾遗、以小见大的典范,由11篇文章组成,重点对一些具体制度、事件及科举词汇进行考证及辨析,同时论述这些制度的建立及事件的发生与清代政治、经济、文化的关系;而《中国历代科举生活掠影》以38个题目组成,内容涉及科场成功者及失败者在读书、应试、登科、婚姻等各个方面的心态,与科举有关的各种社会活动、民风舆情,以及在科举制度影响下的读书观、功名观、价值观和社会心态,等等。这是一部全面而快速地了解科举制度的必备书。关于清代科举制度各方面的具体问题,李世愉先生多有研究,并写有一系列论文,如《试论自然灾害对清代科举制度的影响》《试论清代科举中的考差制度》《清代科场回避述略》《分地取士是科举制度发展的必然趋势》《废科举对乡村教育落后的影响》《不准临场条奏——清代保持科场稳定的重要举措》等。这些细致入微的研究,对我们认识清代科举制度都起到了关键的指导作用。

类似有关科举制度的研究还有：张希清的《中国科举考试制度》《宋朝典章制度》；王凯旋的《明代科举制度考论》《明清生活掠影》等；宋元强的《清朝的状元》，从清代状元的地域分布等领域研究科举制度。陈宝良的《明代儒学生员与地方社会》，分为上下两编，对明代生员阶层进行了考察。上编从学校与科举入手，考察生员的产生，生员在地方学校的肄业与考核，以及生员如何步入仕途。下编从社会视角，考察失意科场或仕进无门的生员层的社会流动及其"社会性动作"，即他们在社会诸领域的活动和所扮演的角色。作者在广泛引用原始资料的基础上，将明代生员置于大的社会经济背景下，加以详细考察，提出了许多新见解，具有较高的学术价值。张杰的《清代科举家族》从社会史角度，对科举家族进行了全面、系统的研究。书中对"科举家族"概念的提出和界定，对科举家族成员的构成，科举家族的经济基础、人文环境、日常生活以及由科举引发的社会流动、科举家族的社会影响等方面的研究，皆具有开创性。何忠礼的《科举与宋代社会》一书收入33篇论文，内容涉及科举与社会、南宋前期的政治与军事、经济、吏治与法制、人物与思想、史料与考证、学术争鸣等七个方面，其中有关科举与社会的内容占主要篇幅。龚延明的《中国古代职官科举研究》是作者近二十五年中国古代职官科举研究的论文集，收集了作者有关职官科举研究的主要成果。其中,关于科举制研究的有7篇,关于职官科举与文献制度考论的有10篇等。各个断代的科举制度研究可谓成果颇丰,如龚笃清的《明代科举图鉴》、薛瑞兆的《金代科举》、程千帆的《唐代进士行卷与文学》、傅璇琮的《唐代科举与文学》、吴宗国的《唐代科举制度研究》、台湾学者李正富的《宋代科举制度之研究》、祝尚书的《宋代科举与文学》;间接相关的则更多,代表性的有:余英时的《士与中国文化》、费孝通的《中国绅士》、阎步克的《士大夫政治演生史稿》、黄留珠的《秦汉仕进制度》、何怀宏的《选举社会及其终结》等。

随着科举制的研究,与科举相关的学科不断兴起,逐渐形成一股新的研究热潮,具有代表性的是厦门大学刘海峰教授。早年,他致力于科举制与科举学的研究,发表了一系列论文,如《科举学发凡》《科举制——中国的"第五大发明"》《科举制长期存在原因析论》《多学科视野中的科举制》等。他还参与主编了一系列丛书,如《科举制的终结与科举学的兴起》《科举学导论》《科举百年祭》《中国科举史》《科举考试的教育视角》等。同时,他桃李满天下,培养的弟子大多从事相关研究,如书院教育与科举关系的研究有李兵的《书院与科举关系研究》;教育学与教育史领域研究科举的有田建荣的《中国考试思想史》;对时下教育关注较多的有张亚群的《科举革废与近代中国高等教育的转型》、郑若玲的《科举、高考与社会之关系研究》《科举考试的功能与科举社会的形成》等。

今人从科举的各个角度入手研究,形成的论文十分庞杂,虽然整个20世纪科举制度的研究从未停止过,但也没有成为什么热门。直到2005年,即科举制废除一百年之际,由厦门大学高等教育发展研究中心、北京大学中国古代史研究中心主办,中国高等教育自学考试专业委员会、天津教育招生考试院《考试研究》编辑部等单位协办的"科举制与科举学国际学术研讨会"在厦门大学举办,之后,科举研讨会在国内形成定制,每年一届,每次会议产生百余篇相关学术论文,其中对科举制的评价日益客观化,科举制虽然废止了100余年,但毕竟实行了1300年之久。它不仅是一项人才选拔制度,更是一项政治文化制度,因此,要全面认清并客观评价科举制度并非易事,自然需要几代人的艰辛努力与付出。

(三)今人关于科举落第问题有代表性的文章

近年来,随着科举制与科举学研究的深入,期刊、学报等杂志所载的科举制与科举学研究的论文数量实为可观,其中不乏新意,也不乏深入细腻地研究科举制度的各个方面。

当然，涉及科举落第问题的文章并非没有，不过大多从文学的角度展开论述，尤其是从唐代落第诗中展开的分析论证更多，如陈洪茂的《漫话唐人落第诗》，韩爱平的《生命的呐喊——唐末诗人罗隐"落第诗"初探》，徐乐军的《怨毒心态与唐末落第士子的人生选择》，李精一的《唐代落第诗所反映的士人情感特质》，高勇的《〈枫桥夜泊〉是因为落第而作的吗？》，谷兴云的《"落第"注释商榷——〈藤野先生〉手稿研读札记》，黄云鹤、刘凡的《本望文字达，今因文字穷——唐代落第诗中落第举子的经济生活》，黄云鹤的《唐宋时期落第士人群体研究》，杨爱华的《陈最良：明朝以来第一个落第文人的成功形象》，唐群的《从苏洵等才子落第看科举制选才的有限性》，杭勇的《论唐代小说中的落第士人形象》，蔡静波、杨东宇的《论晚唐科举与落第士子的心态——以〈北梦琐言〉为例》，韩鹤进、黄梅的《唐代落第士人心态探微》，丁星渊的《明代福建乡试落第者的出路及其影响》等。其中，就《唐代落第诗研究》一题的论文有以下几篇，分别是华东师范大学的任斌的硕士论文、安徽大学的叶伟的硕士论文、华东师范大学的滕云的博士论文。这些论文多从唐代落第诗的类别及展示的情感特色和艺术特色等角度来审读唐诗，进而分析落第诗产生的背景、士人的心态等。相近研究还有：龙丽的硕士论文《晚唐落第诗研究》、郑晓霞的博士论文《唐代科举诗研究》等。我们从中可见,这些论文多从唐诗的角度研究和探讨科举落第问题。清代科举落第问题,并非无人问津,但所涉及的,也多集中于对大家耳熟能详的一些落第名士的研究,如对蒲松龄的研究就有艾君的《从蒲松龄落第不落志说起》、蓝士高的《蒲松龄落第自勉》以及王枝忠的《对〈蒲松龄和陈淑卿〉的几点商榷》《蒲松龄的科举经历与〈聊斋志异〉创作》和《试论〈聊斋志异〉批判科举制度的历史意义》等。其中专门以清代科举落第为题展开具体研究的可谓少之又少,主要有李世愉的《科举落第:一个被忽视的研究领域》、马丽娜的《试论清代科举制度中的落第政策》、韩芳的《析清代的科举落第政策》、伏涛的《从赵翼的场屋经历管窥清代科举的原生态》等。近年来,学界有关这方面的研究成果日渐丰富,如李世愉的《清代科举落第士子政策镜鉴》,就清政府落第政策中的"发领落卷"加以介绍①;屈海龙的《雍正朝嘉惠士子政策浅析》,集中于雍正朝科举落第政策的探讨,从"搜查落卷""加恩赐进士""铨选为知县、教职""赏下第举子回籍路费""取中副榜"等五个方面展开论述,体

---

① 李世愉:《清代科举落第士子政策镜鉴》,《人民论坛》2014年第18期。

现雍正帝对科场失意者的重视①；杨品优的《清代政府资助会试士子旅费政策述论——宾兴会兴起的制度背景分析》②从清代士子的科举费用支出、清代政府对士子的旅费资助等角度，进而对宾兴会的兴起加以介绍；孙永兴的《康乾时期落第士人的生存状态》③从落第士人的经济来源等角度分析其生活状况。

　　直指清代科举落第政策的研究并非没有，但皆有所侧重，尚未形成一篇完整而深入的研究成果，而关于清代科举落第问题这一领域的研究可挖掘的地方很多，研究的天地很广，前辈所有这些研究都为本文的研究提供了重要的理论、史料及史观基础，奠定了很好的研究平台，为我们全面认识与客观评价科举制度起到了重要帮助作用。

---

① 屈海龙：《雍正朝嘉惠士子政策浅析》，《学理论》2014年第3期。
② 杨品优：《清代政府资助会试士子旅费政策述论——宾兴会兴起的制度背景分析》，《中国社会经济史研究》2011年第3期。
③ 孙永兴：《康乾时期落第士人的生存状态》，《经济社会史评论》2021年第1期。

三、研究思路与方法

纵观一个多世纪以来中外关于科举的研究,尽管成果丰富,但需要填补的空白、挖掘的内容仍然不少。如落第问题,本身就是科举制度的一部分,自从科举制产生的那一天起,落第就如影随形地陪伴着科举制度,与其同生共死。往往史料的记载、世人的目光、社会的焦点都集中在那些金榜题名,从而步入仕途的成功者;而落第士子则成了被遗忘的群体,这些观念依然影响着今人,正如李世愉先生所言:"在以往对科举制度的研究中,专门针对落第问题的研究很少,至今没有一部关于科举落第问题的研究专著,相关论文的数量也很有限,而且大多不是从落第的角度,或者说不是从制度的角度去探讨的"①。学界也有一些学者对此深有同感,如东北师范大学的黄云鹤先生认为:"目前,史学界对落第士人的关注甚少,这是科举制度和中国古代社会问题研究的一种缺憾。"②因此,单单科举落第问题就是一个庞大

---

① 李世愉:《科举落第:一个被忽视的研究领域》,《探索与争鸣》2007年第3期。
② 黄云鹤:《唐宋落第士人抗争及政府对策》,《社会科学战线》2009年第1期。

的课题，其中可研究之处很多，譬如落第所引发的社会问题；落第士子的出路问题；落第士子的生活状况；社会、世俗乃至亲友对落第士子的态度；落第者与官方的关系以及如何互动，并产生什么样的影响等，都是值得我们深入思考和认真研究的问题。

本书的主要思路是，从清代科举制度中落第政策入手，缕析科举制度和落第政策的具体内容，从而分析其产生的背景，执行的状况，实施中出现的具体问题以及如何调整演变的整个过程。尤其是这些政策对落第士子产生了什么样的影响，到底解决了落第士子面临的多少问题或困难，落第者对此的态度如何，他们的生活方式和心理状态到底怎样，以及他们的行为对政策所产生的影响。总之，本书力图使僵死的制度变得灵动起来，在动态地认识清代科举落第政策的同时，试图从落第士子与政府之间的互动和沟通等方面展开论述与分析，进而全面认识与理解清代的科举落第政策。当然，所有这些研究的展开与深入推进仅靠官方基本史料是远远不够的，还必须从大量档案、地方志、文集、笔记、墓志铭、传记、诗歌、小说等材料中挖掘线索，弥补官方史料之不足，并与之相辅相成，只有这样，才能较为全面地认识落第政策及其产生的一系列社会问题。最后，从科举落第问题的产生、发展与解决入手，反观科举制度，尤其是静思当今教育考试政策,则会有新的启示与认识。

本书运用传统的史学研究方法,尽可能多地挖掘相关史料,在搜集大量档案、地方志、文集、笔记、墓志铭、传记、诗歌、小说等材料的基础上,运用归纳法和演绎法,将大量史料进行排比、解读及相互参照,并形成严密的逻辑推理,尽可能清晰地给大家展示清代的科举制度中的落第政策及相关问题。

四、基本框架

根据清代科举制度中落第政策的发展演变历史,本书将分为四章,逐步展开论述。首先,回顾清代以前的历代科举落第政策,其产生的历史原因及其演变,以及对后世的影响。凡历史研究,必究其源头,科举落第制度亦不例外,这对于我们认识清代的科举落第制度有着重要的帮助。虽然朝代不同,具体情况不同,但历史发展演变的基本规律是永恒的。尤其是明代,科举制度已经非常完善,一些政策的名称与清代不同,但追其根源,却有着不可分割的联系。

第一章主要探讨清代以前历朝的科举落第问题及相关落第制度,唐代科举制度在隋代的基础上真正确立,对后世产生了深远的影响。然而落第问题在唐代已经充分暴露，大量唐诗直击科举制，其中把落第士子的羞愧、郁闷、失落、怨恨、敏感、怀疑与反思甚至是闹事等情状都表现得淋漓尽致，并屡屡为后世落第士子所引述。透过落第诗，我们对唐代科举制度有了更加清晰的认识。宋代是科举制度的重要发展时期，在因袭唐代科举制度的基础上，不断创新，尤其是特奏名制度，开科举落第制度的先河，对落第者不仅仅是言语上的抚慰，而且有了更加实际的安置，对后世产生了积极作用。金代与元代在继承宋代科举制度的基础上，结合本民族的特色与当时特殊的时代背景，制定出相关的落第政策，更为明代所吸收借鉴。虽然，明代正式成文的科举落第政策不多，但作为科举制发展到顶峰的王朝，在具体实例中有很多落第政策得以体现，后来为清代所继承发扬并形成定制。因此，科举制度是一脉相承的，而落第制度也不例外。毕竟，科举落第问题早已有之，而不单单是清代所特有的。

第二章主要考察清代推行落第制度的社会、政治背景。任何历史事件的研究，都离不开对其背景的剖析，而清代的科举落第制度的产生与发展，自然也脱离不了当时的时代背景，因此我们分析其政治、社会背景是非常有必要的。科举制度发展到清代，已经实行了千余年，产生了各种各样的问题与矛盾，其中与科举制度相始终的就是科举落第问题。尤

绪 论

其到了清代中期鼎盛时，经济繁荣，随着土地制度改革所引发的人口激增，对全社会的影响是广泛而深远的；加之朝廷加大了对科举的投入力度，以便选拔优秀人才为其所用，希图通过科举制牢牢地抓住读书人之心，使得很多读书人将一生都投入到科举考试中。正因为如此，科举落第问题发展到此时显得尤为突出，并将进一步制约科举制的推行，在这种情况下，清代统治者积极应对，根据不同的情况制定出一系列落第政策。也就是说，科举落第问题的加剧及其引发的各种各样的社会问题，影响着统治者的方针策略。而且，清代各个历史时期不同政策的出台都有着不同的时代背景和历史机遇，清朝统治者制定落第政策的指导思想自然也是在不断变化发展的。由此可知，本书虽然只是制度的研究，但仍然脱离不了各种各样历史因素的分析与考察。

第三章介绍清代科举落第制度中的一部分，即对落第者的关怀与抚慰政策，我们称之为安抚政策。这类政策的实行，虽然不能从根本上解决落第者落第的现实问题，然而，即便是恩荣、恩赏、给衣顶等措施，对统治者来说，不仅笼络了士人之心，更借此吸引了广大的读书人，使其一生埋首科考，为朝廷选拔优秀人才扩大了范围，安定了社会秩序，安抚政策所起到的这些作用是不容我们忽视的。

第四章介绍清代科举落第制度中的另一部分，即那些为落第者提供政治出路的实际性的政策,我们称之为安置政策。虽然安置政策针对的落第群体很有限,所能提供的官缺也同样有限,但是受益于这些政策的落第者,其命运已经发生了根本性的改变,不论是科举考试的哪一级,他们已进入既得利益者的行列了。具体考察这些政策的内容、实施状况、士子之反映及政策的调整背景等,有利于我们全面认识科举落第制度。

最后,综合考察落第制度,不仅包括对落第制度的评价,更要分析其留给我们的启示,尤其是对今天教育考试政策的借鉴意义。科举制废除已经百余年,所谓盖棺之论却并非科举废除之初学人之认识,相反,随着科举制研究的不断深入,今人对于科举制的理解也不断发生变化。就科举落第制度而言,其中发领落卷、赏给盘费银等方面的内容,实在令今人赞叹。人类社会发展至今,对人的尊重、以人为本以及人文关怀是衡量一个社会民主文明程度的标志之一。希望本书对清代科举落第制度的探讨,能为今天的教育体制改革提供些微帮助,这也是本书写作的目的之一。

第一章

清以前的落第问题及相关制度

清以前的历代,科举制度中落第政策尚未形成条文,列入规制之中,因此在官方政书中很难找到相关内容。然落第如同科举制度的影子,只要实行过科举考试,就不可能没有落第问题。而"落第士人是日益被政治边缘化,分散于社会各个层面的社会群体"[①]。因此,清以前的历代对落第者及相关问题并非视而不见,而是在具体的事例、个案中多有体现,且见于当时人之笔记、文集、诗词、小说、戏曲等资料中。因此,本章分三节,对唐、宋、元以及明代之科举落第问题、相关措施或部分落第士子之状况加以探讨。

---

① 黄云鹤:《唐宋落第士人抗争及政府对策》,《社会科学战线》2009年第1期。

第一节 唐代科举制度之状况及相关落第政策

科举考试,对后代影响之深、之广已为大家公认。而"唐科举制的实行使得盛行了几百年的'平流进取,坐致公卿'的门阀统治最终无立足之地"①,因此,唐代科举之制对后世有着深远影响。作为唐代著名史官的杜佑,在其《通典》之卷首,明确编写之初衷,写道:"所纂通典,实采群言,征诸人事,将施有政,夫理道之先,在乎行教化,教化之本,在乎足衣食。"这自然与中国古代"仓廪实知礼节,衣食足知荣辱"的思想一脉相承。而如何行教化呢?他进一步讲道:"夫行教化,在乎设职官,设职官,在乎审官才,审官才在乎精选举,制礼以端其俗,立乐以和其心,此先哲王致治之大方也。"②归根结底,科举制是根本。科举制度创始于隋,确立于唐。尽管唐代典籍中并未明确记载落第政策,但从大量的实例尤其是唐人的落第诗、文或志怪笔记、小说中,皆有所反映,可使我们对唐代科举制度有更具体、深刻的认识。

---

① 傅璇琮:《唐代科举与文学》,陕西人民出版社2003年版,第415页。
② [唐]杜佑:《通典》卷1。

一、唐代科举制度之简述

唐代的科举取士制度,"多因隋旧"①,但统治集团根据实际需要和社会的发展,不断革新、发展科举制度,形成唐代自己的体系。唐代的考试科目主要分为常举和制举,常举是常年按照制度规定来举行的科目,而制举则是由皇帝亲自下诏临时设置的科目,其目的是在更加广泛的程度上选拔各类人才,其中已仕、未仕者均可参加。后世虽然也有制科,但其影响已远不同于唐代。而在整个科举制度中,对后世产生重大影响的依然是常举。

唐代常举之科目在隋代的秀才、明经、进士、俊士基础上多有增加,"有明法,有明字,有明算"②。而诸州每年所贡之人,分为六类:"一曰秀才,二曰明经,三曰进士,四曰明法,五曰书,六曰算。"③其中最主要的是明经与进士两科。明经所包含科目远多于进士,每科取中之人也多于进士,但其受人重视的程度却远不如进士。尤其在玄宗以

---

① 《文献通考》卷29《选举考二·举士》。
② 《文献通考》卷29《选举考二·举士》。
③ 《唐六典》卷2《尚书吏部》。

后,进士科一枝独秀。① 进士为士林华选后脱颖而出者,一旦取中,"四方观听希其风采,每岁得第之人不浃辰而周闻天下"②。正如五代时王保定曾说的:

> 进士科始于隋大业中,盛于贞观、永徽之际,缙绅虽位极人臣,不由进士者终不为美,以至岁贡常不减八九百人。其推重者,谓之"白衣公卿",又曰"一品白衫"。其艰难谓之"三十老明经,五十少进士"。其负倜傥之才,变通之术,苏、张之辨说,荆、聂之胆气,仲、由之武勇,子房之筹画,宏羊之书计,方朔之诙谐,咸以是而晦之。修身慎行,虽处子之不若;其有老死于文场者,亦所无恨。故有诗云:"太宗皇帝真长策,赚得英雄尽白头!"③

对进士科的重视和尊重,可见贵为天子的唐宣宗,也在宫中殿柱自题"乡贡进士李某"④,短短几个字,把他内心对进士的尊重与企羡表现得淋漓尽致。而太宗曾经"私幸端门,见新进士缀行而出,喜曰:'天下英雄入吾彀中

---

① 李世愉、孟彦弘:《中国古代官制概论》,中国社会科学出版社2009年版,第121页。
② [宋]李昉等编《文苑英华》卷759,沈既济:《词科论》。
③ [五代]王定保:《唐摭言》卷1《散序进士》。
④ [五代]孙光宪:《北梦琐言》卷1《宣宗称进士》。

矣！'"①

唐代科举考试分为州县试和省试。州县试作为科举考试的第一级，考试合格者发给"解状"，送至尚书省参加省试，因而也称为"解试"。一般来说，每年秋天举行州县试，具体选拔之过程是："每岁仲冬，郡县馆监课试其成者，长吏会属僚，设宾主，陈俎豆，备管弦，牲用少牢，行乡饮酒礼，歌《鹿鸣》之诗，征耆艾，叙少长而观焉。既饯，而与计偕。"②

州县试的应试资格大致有两类，一类系士人由学馆而考者，曰生徒；一类由州县而考，曰乡贡。且乡贡者，皆可"怀牒自列于州县"③，这一行为也称"投牒自举"。之后，由官员审查其应试资格，虽然制度中没有明确的规定，但根据具体事例记载，可知大致有三类人不得参加贡举：其一，"工商之家不得预于士，食禄之人不得夺天下人之利"④，即工商之家不得参加；其二，"其尝坐法及为州县小吏，虽艺文可采，勿举"⑤，即犯过法或为皂隶者皆不得

---

① ［五代］王定保：《唐摭言》卷1《述进士上篇》。
② ［唐］杜佑：《通典》卷15《选举三·历代制下》。
③ 《新唐书》卷44《选举志上》。
④ 《唐六典》卷3《尚书户部》。
⑤ 《新唐书》卷44《选举志上》。

参加考试；其三，从应试者个体的综合素养上，只有知书达理、道德高尚者方可入考。在唐高祖武德四年四月十一日规定："勅诸州学士及白丁，有明经及秀才俊士，明于礼体，为乡曲所称者，委本县考试州长重复取上等人每年十月随物入贡。"①

省试是由尚书省主办的更高一级的科举考试。省试一般在春天举行，故而又称为"春闱"。唐代科举毕竟为科举之初行不久，因此还保留了一些察举遗风，而且，当时人认为，仅凭一场考试未必能真实反映一个人的水平，故唐代士人皆有行卷之风，"所谓行卷，就是应试的举子将自己的文学创作加以编辑，写成卷轴，在考试以前送呈当时在社会上、政治上和文坛上有地位的人，请求他们向主司即主持考试的礼部侍郎推荐，从而增加自己及第的希望的一种手段"②。在天宝年间，建立了纳卷制度，"进士到礼部应试（即所谓省试，礼部属尚书省）之前，除了上面所谈到的要向有地位的人投行卷之外，还要向主试官纳省卷"③。即考

---

① [五代] 王定保：《唐摭言》卷15《杂记》。
② 程千帆：《唐代进士行卷与文学》，上海古籍出版社1980年版，第3页。
③ 程千帆：《唐代进士行卷与文学》，上海古籍出版社1980年版，第7—8页。

试以前，应试者即可将自己的作品送给主考官看。举子们在头年秋天就开始准备自己精心完成的作品，通常是诗作，并把它呈送给有影响的人，即"唐之举人，先藉当世显人，以姓名达之主司，然后以所业投献"，称之为"行卷"；"踰数日又投，谓之温卷，如《幽怪录》《传奇》等皆是也"①。而那些已经落第者，一般来说在六月后就不离开长安了，当时人称之为"过夏"，他们"多借净坊庙院做文章，曰夏课"。正所谓："槐花黄，举子忙。"唐人翁承赞曾有诗云："雨中装点望中黄，勾引蝉声送夕阳；忆得当年随计吏，马蹄终日为君忙。"②尤其是举进士科者，行卷几为必备。"唐人举进士必行卷者，为缄轴录其所著文以献主司也。"行卷的样式为："治纸工率一幅，以墨卷七为边，准用十六行式，率一行不过十一字，今俗呼解行也。"③尤其在唐后期，行卷、公开推荐之风盛行，虽然不可避免地产生了一些弄虚作假的事情，但也确实选拔了一批杰出人才。其中白居易之行卷，可谓千古流芳。据《幽闲鼓吹》记载：

---

① ［宋］赵彦卫：《云麓漫钞》卷8，中华书局1996年版，第135页。
② ［宋］陈元靓：《岁时广记》《作夏课》，文渊阁四库全书版，第885，史部·时令类。
③ ［宋］程大昌：《演繁露》卷7《唐人行卷》，文渊阁四库全书版，第852，子部·杂家类。

"白尚书应举，初至京，以诗谒顾著作（指顾况）。顾觇姓名，熟视白公曰：'米价方贵，居亦弗易。'乃披卷，首篇曰：'离离原上草，一岁一枯荣。野火烧不尽，春风吹又生。'即嗟赏曰：'道得个语，居即易矣。'因为之延誉，声名大振。"①而第二年即贞元十四年，28岁的白居易以第四名登进士第，正所谓："慈恩塔下题名处，十七人中最少年。"②

可见，行卷之卷首对其能否取中之影响很大。尤其是这类行卷，多以诗为主，它对唐代文学尤其是诗歌的发展有着重要作用，即"盖此等文备众体，可以见史才、诗笔、议论。至进士则多以诗为贽，今有《唐诗》数百种行于世者是也"③。

作为一种公开选拔官员的考试，科举考试发挥了巨大的作用。在唐代，普通百姓也可通过科举考试改变自己的命运，正如当时人所称："殊不知三百年来，科第之设，草泽望之起家，簪绂望之继世；孤寒失之，其族馁矣；世禄失

---

① ［唐］张固：《幽闲鼓吹》，文渊阁四库全书版。
② ［五代］王定保：《唐摭言》卷3《散序》。
③ ［宋］赵彦卫：《云麓漫钞》卷8，中华书局1996年版，第135页。

之,其族绝矣。"①可见,"科举尤其是进士科,不但逐渐成为新兴士庶子弟进入仕途的主要途径,而且那些已经衰落了的高门世家子弟,也不得不转而从这里寻找政治出路了。"②尤其是开元盛世后,四海晏清,人心向学,"无贤不肖耻不以文章达,其应诏而举者多则二千人,少犹不减千人"。尤其是永淳之后,"太后君天下二十余年,当时公卿百辟,无不以文章达,因循遐久,浸以成风,以至开元天宝之中,上承高祖、太宗之遗烈,下继四圣理平之化,贤人在朝,良将在边,家给户足,人无苦窳,四夷来同,海内晏然。"当时的状况是"父教其子,兄教其弟,无所易业,大者登台阁,小者任郡县,资身奉家,各得其足",即便"五尺童子耻不言文墨焉"③。当然,武则天此时大力推行科举考试,与其消灭支持李唐王朝的势力,培养文官、选拔一批自己的力量,以巩固其统治的目的不可分割。但事实上,这也促进了科举制度的发展。正如史学大家陈寅恪所言:"科举制之崇重……起于武后,成于玄宗"。④

---

① [五代]王定保:《唐摭言》卷9《好及第恶登科》。
② 李树:《中国科举史话》,齐鲁书社2004年版,第6页。
③ [宋]李昉等编《文苑英华》卷759,沈既济:《词科论》。
④ 陈寅恪:《唐代政治史述论稿》,上海古籍出版社1982年版,第22页。

二、唐代科举落第问题之简述

作为一项新生的制度，唐代文献尚未明确谈及科举落第政策或相关内容。然而，作为统治者，落第者的言行举止，亦为其关注，如唐玄宗时，"士子殷盛，每岁进士到省者常不减千余人，在馆诸生更相造诣，互结朋党，以相渔夺，号之为棚，推声望者为棚头，权门贵盛无不走也，以此荧惑主司视听，其不第者率多喧讼，考功不能御"①。可见，考生互相联结，共同对付朝廷，这正是朝廷最为忌讳的事情。另一方面，当时大量落第者以诗文言志，诗词、笔记、小说等资料中"落第""下第"一词铺天盖地，尤其以落第诗居多。直至今日，学界对唐代落第诗的关注与研究仍然十分热烈。关于这方面的专著、论文也很多②。笔者在此主要撷取几个有代表性的个案加以探讨，重点不是从诗词、文学等角度谈其艺术性，而是旨在从落第诗、文中，感受唐代士子对科举考试的态度、生活状况和心理感受，以便于我们从感性认知方面加深对唐代科举制的认识与理解，并与后世科举落

---

① ［唐］封演：《封氏闻见记》卷3《贡举》。
② 参见傅璇琮《唐代科举与文学》一书。硕士、博士论文及相关期刊论文详见本书"绪论"。

第政策的形成呼应与对照。

自古以来,科举考试是艰辛而漫长的。据史料记载,唐代有个人叫公乘亿,以辞赋而著名。至懿宗咸通十三年,公乘亿已经考过三十次了,在长安待了很久,曾得过一场大病,乡里人皆误传他已死,于是他的妻子自河北来奔丧。正值公乘亿送客至坡下,遇到其妻。"始,夫妻阔别积十余岁,亿时在马上见一妇人,粗衰跨驴,依稀与妻类,因睨之不已;妻亦如是。乃令人诘之,果亿也。亿与之相持而泣,路人皆异之。"这是一则让人辛酸的故事,类似这样的故事在后世的科考历程中也屡见不鲜。我们从中可以看到,在中国古代有多少像公乘亿一样的文人学子,将大半生甚至是一生都抛洒在科考路上,全然无力顾及家中老小,以至生死未卜,而引出这样的故事。也许是公乘亿感动了上天,也许是他的付出该得到回报了,终于"后旬日,登第矣"[①]。

但凡考试,有得意者,也必有失意者。其中深刻之描绘这种感受的莫如《容斋随笔》了,失意者如"寡妇携儿泣,将军被敌擒。失恩宫女面,下第举人心"[②],可以说把人生

---

① [五代]王定保:《唐摭言》卷8《忧中有喜》。
② [宋]洪迈:《容斋四笔》卷8《得意失意诗》,上海古籍出版社1978年版,第701页。

悲苦之状描摹至极。这样的描摹并非后世好事者无聊所为,其反映出的落第者的真实处境,在唐诗中比比皆是。如李廓在元和十三年应试后,于发榜那天,满怀期待地在皇榜上搜寻自己的名字,然而大失所望,之后写成落第诗,细致而深刻地描绘了那一刻的心情:"榜前潜制泪,众里自嫌身。气味如中酒,情怀似别人。暖风张乐席,晴日看花尘。尽是添愁处,深居乞过春"①。这种欲哭还笑,佯装无事的酸楚,个中滋味只有落第者自己最清楚难忘了。

因落第而情绪苦闷、悲观失落是在所难免的。有些人不安于现状,继续在科考的路上摸爬滚打。一些科场失意者的话题总以悲苦为主,尤其是那些少年才子屡科不第者,其怨恨与愤懑之辞溢于言表:"十五能文西入秦,三十无家作路人。时命不将明主合,布衣空惹洛阳尘。"②即便是那些在口头上一再劝慰自己"且安怀抱莫惆怅"的人,一想到自己已经落第的事实,多年寒窗苦读之情景不禁萦绕眼前,若就此放弃,实在不甘心。考虑到自己苦读多年而满腹才学,正如"去国汉妃还似玉,亡家石氏岂无金",只有以此来激励自己继续奋发。

---

① 《全唐诗》卷479,李廓:《落第》。
② 《全唐诗》卷253,薛据:《早发上东门》。

由于省试在长安举行，士子落第后，是选择待在举目无亲的长安，孤独地舔舐失败的伤口，还是回乡得到亲人的安慰，躲避世人的责叹呢？豆卢复选择了归乡，于是在回乡前给在长安的房主写了一首能真切表达当时心境的诗："客里愁多不记春，闻莺始叹柳条新。年年下第东归去，羞见长安旧主人。"①这种委屈、懊恼、羞愧以至怨恨的苦涩心情对大多数落第者来说，都在所难免。

当然也有些人，屡经考试失败，似乎看破红尘，变得豁达了。如赵嘏在《落第》中写道："九陌初晴处处春，不能回避看花尘。由来得丧非吾事，本是钓鱼船上人。"②既然我本是悠闲洒脱的闲人，不适合走这条科举仕途，那么，考不上也不是什么大不了的事情了。但这样的人毕竟不占多数，正如我们耳熟能详的唐代诗人孟郊，在他屡受科考失败之苦后，写下了令人心碎的诗句："谁言春物荣，独见叶上霜。……弃置复弃置，情如刀剑伤！"③直至四十五岁时始登进士科，而登第之后的"春风得意马蹄疾，一日看尽长安花"的心情，与之前有如天壤之别。科场得意后，就连昔日

---

① 《全唐诗》卷203，豆卢复：《落第归乡留别长安主人》。
② 《全唐诗》卷550，赵嘏：《落第》。
③ 《全唐诗》卷374，孟郊：《落第》。

的辛酸亦不足挂齿了,"昔日龌龊不足夸",从今往后最重要的是"今朝放荡思无涯"①了。同是一人,登科前后大相径庭的诗句,反映出科举在当时人心中的地位,科举对他们人生的影响,甚至使他们看待世界的眼光和态度都有所不同了。毕竟,"在科举时代,以成败论英雄成为社会舆论的主流"②,作为个体的举子和芸芸众生的民众,是很难逃脱这样的社会现实的。

而那些科考失意后遭遇的世间冷眼与不平,对落第士子来说,更是司空见惯。如彭伉与湛贲二人,俱是袁州宜春人,且二人还有亲戚关系。彭伉进士擢第时,湛贲犹为县吏。妻子家族为彭伉置办贺宴,赴宴者皆官人名士。席间,"伉居客之右,一座尽倾"。当湛贲来了后,竟然命其"饭于后阁",湛贲倒也面无难色,径直奔后阁用饭。此后,彭伉见到湛贲则常常侮之。而湛贲的妻子对此实为愤慨,并责备湛贲曰:"男子不能自励,窘辱如此,复何为容!"于是,"湛感其言,孜孜学业,未数载一举登第。"当湛贲登第时,彭伉正"跨长耳纵游于郊郭,忽有僮驰报湛郎及第,

---

① 《全唐诗》卷374,孟郊:《登科后》。
② 李世愉:《中国历代科举生活掠影》,沈阳出版社2005年版,第77页。

第一章　清以前的落第问题及相关制度

伉失声而坠"。于是,袁州人讲此戏谑为:"湛郎及第,彭伉落驴。"①可以看出,对待科举成功者与失意者,世人在心中、言语上、行动上,乃至表情上,截然不同,也难怪落第者至死追求功名了。

因未取得科考功名而遭到旁人的奚落嘲讽在所难免,即便是亲如夫妻,也未能免。如唐代的杜羔,屡举不第,而他的妻子刘氏善写诗。当杜羔满心酸楚地离开长安,打算回家时,收到了一封妻子刘氏寄来的诗:"良人的的有奇才,何事年年被放回。如今妾面羞君面,君若来时近夜来。"②而本就悲苦的杜羔也觉无颜面对妻子,于是折身又回到长安,继续备考。功夫不负有心人,杜羔来年终于高中。

当然,唐代不仅有落第者自己写的表述心情的落第诗、文等,还有友人写给落第者的安慰诗、文等。文学创作中以"落第"为主题的诗歌辞赋,数量极大,贯穿唐朝始终。这不仅仅是唐代文学的一个特点,更反映出唐代的政治、社会、文化、士风、民情等各个层面的状况,这也就是我们所说的科举制度不单单是一项选官制度,更是中国古代一项影响深远的政治制度。如果说大部分人落第之后,以诗文遣散

---

① ［五代］王定保:《唐摭言》卷8《以贤妻激劝而得者》。
② ［北宋］钱易:《南部新书》丁卷。

内心之郁积、愤懑和不满，那么还有一部分人则心生逆反，对科举考试、对社会产生仇恨，继而走向对立面，譬如"唐末进士不第，如王仙芝辈唱乱，而敬翔、李振之徒，皆进士之不得志者也，盖四海九州之广，而岁上第者仅一二十人，苟非才学超出伦辈，必自绝意于功名之涂，无复顾藉"①。这些因落第所引发的一系列复杂的社会问题，对于宋代统治者来说，都是值得汲取的惨痛教训。

第二节　宋金元时期科举制度之状况及相关落第政策

宋代是中国古代科举制度发展的重要时期。在漫长的中国古代历史中，宋代创造了极其繁荣丰富、璀璨夺目的文化，这不仅与宋代统治者推行重文抑武的政策及宋代社会经济的繁荣发展有关，更与宋代科举制度有着密切的关系。科举考试中式之后，自然无比荣耀，即便落第，也有一些可供选择的出路。因此对于广大读书人来说，要想进入政府部门，成为统治者阶层中的一员，必须勤勉问学，宋代读书

---

① ［宋］王栐：《燕翼诒谋录》卷1，中华书局1981年版，第1页。

人数剧增、读书好学之风兴起,与此不无关系,以至于理学家朱熹也说:"当时居今之世,使孔子复生,也不免应举。"①而金、元两代,在继承宋代科举制度的基础上,又结合自身的民族特色,变革科举制度,尤为难能可贵的是,这一时期对落第士子也有照顾,制定出相关落第政策,以吸引更多读书人投入到科举考试的行列。

一、宋代科举制度针对落第问题的创新

科举制虽然确立于唐代,但当时制度并未完备,宋代在因袭唐代的基础上又有所发展,"其间变更不常,沿革迭见"②。正是在宋代,科举制度在内容与形式上都发生了重大变化,并形成了一套严密的制度,对后世产生深远影响。特别是针对落第问题有了制度上的创新,主要表现在殿试制度和特奏名制度。因此,宋代是科举制发展历史中一个承前启后的关键时期。西夏、金亦借鉴了宋代科举制度的一些做法。

---

① 《朱子语类》卷13《力行》,文渊阁四库全书版。
② 《宋史》卷155《选举一》。

（一）殿试制度

殿试作为科举考试最后也是最高一级的考试，虽然在唐代已经实行过，但尚未形成制度。宋代科举制度在继承唐代之基础上，又有很多创新之处。宋太祖开宝六年，久困场屋的下第举子徐士廉等人击登闻鼓，诉权知贡举李昉取舍不当，太祖怒，召准覆试于便殿，①由此而形成了殿试制度。太祖皇帝曾对近臣说："昔者，科名多为势家所取，朕亲临试，尽革其弊矣。"②可见，实行殿试，对于杜绝豪族大户把持垄断科举，以实现科举取士之公平理念有着重要的作用；而且，因皇帝亲自主持考试，这就使得考生与主考官之间的关系逐渐弱化，"自唐以来，进士皆为知举门生，恩出私门，不复知有人主"③。而在唐代，历来重视进士，"知举者谓之座主，其时之人即以事举将者事座主"。如"开元礼，为座主齐衰三月，是朝廷明明之为制服，终唐之世，恩若父子，莫之敢携"。陈寅恪也曾说过"唐代科举制度，门生为座主所奖拔，故最感恩，两者之间情谊既深，团结自

---

① 《宋史》卷440《列传·文苑二》。
② 《宋史》卷155《选举一》。
③ ［宋］王栐：《燕翼诒谋录》卷1，中华书局1981年版，第2页。

第一章 清以前的落第问题及相关制度

固。牛党之所以终竟胜李党者，亦与此点有关。"①可见，党争伐异与科场门生座主之间也有一定的关联。于是，在宋代，皇帝直接加强了与考生之间的关系，"今后及第进士，不得辄拜知举官……亦不得自称门生"②，而是"惟临轩亲试，谓之天子门生"③，即进士成为皇帝的门生，皇帝一跃成为新进士之座主。皇帝把科举考试的最后录取权掌握在自己手中，通过对科举考试的控制，不仅拉近了皇帝与新进士之间的关系，也进一步达到了吸引和控制士人的目的。对此，后世也引起重视，并因处理这一关系而引发很多问题，如"明世以乡试考官、会试同考为重，其间党同比附，缪轕纠结，门户之衅由之起"④，即"明代重座主门生之礼，万历以后竟成门户"，以致明嘉靖八年，张璁、霍韬为主考时，"戒诸生勿修弟子礼"⑤。

然而，宋初之殿试制度，与后来之殿试略有不同。进

---

① 陈寅恪：《唐代政治史述论稿》，上海古籍出版社1982年版，第125页。
② [清]徐松辑《宋会要辑稿·选举》。
③ 《宋史》卷156《选举二》。
④ [清]阮葵生：《茶余客话》卷2《科举师弟之谊》，见《清代笔记小说大观》第三册，上海古籍出版社2007年版，第2498页。
⑤ [清]阮葵生：《茶余客话》卷2《座主门生》，见《清代笔记小说大观》第三册，上海古籍出版社2007年版，第2496页。

士即便参加了殿试,如果未能通过,依然不能授官。因此对于那些已经考到最高一级却依然败北的士子来说,怨恨、愤怒甚至是反抗都在所难免了。如张元,"累举进士不第,又为县宰笞之,乃逃诣元昊。"①成为西夏元昊的谋臣,专门对付北宋。"后鄜延被围,元实在兵中于城外寺中题曰:太师尚书令兼中书令张元从大驾至此。"②可见其跋扈势焰之嚣张。北宋朝廷囚禁其家属,但没过多久还是放还了,"于是群臣建议归咎于殿试"③。早在宋初,就有"进士过省赴殿试,尚有被黜者。远方寒士殿试下第,贫不能归,多至失所,有赴水而死者"的记载。对此,"仁宗闻之恻然,自此殿试不黜落,虽杂犯亦收之末名,为定制"④。宋廷极为重视此类事情,并在政策上有所调整。仁宗景祐元年规定:"凡年五十,进士五举、诸科六举;尝经殿试,进士三举、诸科五举;及尝预先朝御试,虽试文不合格,毋辄黜,皆以

---

① 朱易安、傅璇琮等主编《全宋笔记》第二编·六,王巩《闻见近录》,大象出版社2006年版,第14页。
② 朱易安、傅璇琮等主编《全宋笔记》第二编·六,王巩《闻见近录》,大象出版社2006年版,第14页。
③ [清]顾炎武:《日知录校释》卷19《御试黜落》,张京华校注,岳麓书社2011年版,第702页。
④ [宋]邵伯温:《邵氏闻见录》卷2,中华书局1983年版,第14页。

名闻。"①嘉祐二年三月,"赐礼部奏名进士、诸科及第出身八百七十七人"②。仁宗"亲试举人,凡与殿试者始免黜落"③。即凡参加殿试者,礼部予以全部录取,不再黜落,只不过重新排名。这一做法为明清科举所承袭,所谓"仁宗之泽及万世矣"④。

虽然在嘉祐二年制定了免进士黜落之制,可是科举四年才开一次,而当时"进士益相习为奇僻,钩章棘句,寖失浑淳"。欧阳修当知贡举时,"尤以为患,痛裁抑之"。并且严禁考生挟书进场,尤其是放榜之后,"所推誉皆不在选",引起了士子的不满。一些浇薄之士在欧阳修早朝的路上,"群聚诟斥之",以致街司逻卒皆不能止,甚至还有人往欧阳修家里投祭欧阳修文。后来,上书者言:"四年一贡举,四方士子客京师以待试者恒六七千人,一有喧噪,其徒众多,势莫之禁。且中下之士往往废学数年,才学之士不幸有故,一不应诏,沉沦十数年,或累举滞留,遂至困穷,老且死者甚众,以此毁行冒法干进者不可胜数,宜间岁一贡

---

① 《宋史》卷155《选举一》。
② 《宋史》卷12《本纪第十二・仁宗四》。
③ 《宋史》卷155《选举一》。
④ [清]王士禛:《居易录》卷8,文渊阁四库全书版,第869,子部・杂家类。

举。"自此,仁宗两年一科考。至英宗治平三年时,间岁考试之法弊端不少,士子皆奔波于道途,因此"令礼部三岁一贡举",如此则"恩典不增而贡举期缓,士得休息,官以不烦矣"①。这一做法为后世所效法。从科举考试时间的确定过程中,我们可以看出落第士子在完善科举制度中的作用,是相当重要的。

而且,宋代罢停了唐代盛行的公荐制度,即考试前考生托人向主考官推荐,并呈递自己的习作等做法。宋代还实行了锁院之做法,那些选为知贡举的官员,直接由殿廷进入贡院,不与外界来往,以杜绝奔竞请托之风。在具体批卷过程中,还增加了糊名、誊录等做法,这些制度之创立,使科举考试作为公开选拔之考试,更加公平。这些制度更一直为后世所沿用,且体现在明清时期的各级科举考试中,可谓影响深远。

(二)特奏名制度

科举制历经隋唐两代,在宋代得到了进一步的发展,加之宋代历来重视文人,重视科举选拔考试,政府为士人广

---

① [宋]马端临:《文献通考》卷31《选举考四·举士》。

开文路,以为入仕之途。这些政策对于广大文士有着很大的吸引力。随着印刷术的发明、经济的繁荣发展等因素的影响,越来越多的人能够投身到科举考试中。"据学者统计,两宋进士一科,大约录取人数在十一万左右",然而,相比较人数庞大的科考士子,考试录取的人数毕竟有限,"每科进士考试录取率大约在百分之三左右"①,因此也便产生了越来越多失意于考场的落第者。仁宗景祐初,就曾下诏曰:"乡学之士益蕃,而取人路狭,使孤寒栖迟,或老而不得进,朕甚悯之。"②这些科场失意者,轻者则对朝廷哀怨,对自己悔恨,继而生出愤怒、郁闷、凄怨、痛苦,这些情绪情不自禁地反映在诗词中,如南宋著名文人刘过曾写过一首《下第》诗:"荡荡天门叫不应,起寻归路叹南行。新亭未必非周凯,宣室终须召贾生。振海潮声春汹涌,插天剑气夜峥嵘。伤心故国三千里,才是余杭第一程。"③还如石曼卿在《下第集句》中所言:"一生不得文章力,欲上青天未有因。圣主不劳千里召,嫦娥何惜一枝春。凤凰诏下须沾命,

---

① 诸葛忆兵:《论宋人落第诗》,见杭州师范大学人文学院编《第六届科举制与科举学国际学术研讨会》论文集下册,第648页。
② 《宋史》卷155《选举一》。
③ 《全宋诗》,北京大学出版社1995年版,第31845页。

豺虎丛中也立身。啼得血流无着处，朱衣骑马是何人？"①重者则完全走向对立面，反抗社会，推翻统治，如唐代末年王仙芝、黄巢等人的逆反，都与其屡试不第的经历有着不可分割的关系。这些历历在目的历史教训，宋代统治者不能不思考、借鉴。

那么，如何更好地笼络士人为朝廷所用，既保持社会安定，又能够推动学校教育等多方面的发展？宋代广开科举之门，"俾人人皆有觊觎之心，不忍自弃于盗贼奸宄"。开宝三年三月，太祖诏礼部阅进士、诸科十五举以上曾经终场者，具名以闻。并颁发诏令："司马浦等一百六人，困顿风尘，潦倒场屋，学固不讲，业亦难专，非有特恩，终成遐弃，宜各赐本科出身。"②特奏名之做法由此开始。虽然初实行时并非常制，但后世均有实行，尤其是宋仁宗亲政那年，即景祐元年辛丑，"诏礼部贡院，诸科举人七举者，不限年，并许特奏名。"③仅这一次就恩赐了857人，创下了空前绝后的最高纪录。终宋之世，录取"特奏名"制度不

---

① ［明］陶宗仪：《说郛》卷41下，文渊阁四库全书版，第882，子部·杂家类。
② ［宋］王栐：《燕翼诒谋录》卷1，中华书局1981年版，第1页。
③ 《宋史》卷10《仁宗二》。

改。①

特奏名制度，称特奏名及第，是相对于那些考试合格的"正奏名"而言的，因为特奏名的基本条件是年龄和科数，故又称恩科及第。其所取均为年龄较大者，又称"老榜"。"凡士贡于乡而屡绌于礼部，或廷试所不录者，积前后举数，参其年而差等之，遇亲策士，则别籍其名以奏，径许附试，故曰'特奏名'。"②具体剖开来看特奏名的条件，可解释如下："其一，贡士已通过发解试而屡为省试或殿试所黜；其二，须积累应举数（指赴解试或省试次数）和参照其年龄；其三，符合具体举数和年龄规定特与奏名的贡士，还得参加殿试的附试（与正奏名进士殿试分开，别场举行考试）。"③当时人认为，"恩科，年高而到省多次，特奏名，其魁亦赐同出身，而次甲则得文学之名，俟敕文内于铨试，或于铨注即授权尉之类，亦有虽年及而未愿就恩科，亦从便，仍旧赴省"④。

---

① 李树：《中国科举史话》，齐鲁书社2004年版，第62页。
② 《宋史》卷155《选举志一》。
③ 龚延明：《宋代恩科论述》，《江西师范大学学报》（哲学社会科学版）2008年6月第3期。
④ ［宋］赵升：《朝野类要》卷2，文渊阁四库全书版，第854，子部·杂家类。

特奏名的实行，正如宋人蔡絛所言："国朝科制，恩榜号特奏名，本录潦倒于场屋，以一命之服而收天下士心尔。"①它的实行，无疑给久困场屋者以极大的诱惑力，使科举更具有吸引力。甚至在南宋绍兴十二年，特奏名制度在武科考试中也执行了，"上御射殿放武举正奏名陈鹗等五人、特奏名潘璋等二人"②。然而特奏名在宋代并非一帆风顺，其间不断有人提出废除，认为特奏名造成科举考试录取过宽、过滥，以致产生大量冗官和复杂的行政机构，不仅增加了朝廷的财政支出，也降低了行政办事效率。如"庚戌试特奏名进士上以特奏名人阘茸而多与官害治"③。元祐初，知贡举苏轼、孔文仲对此发表过自己的看法："每一试，进士、诸科及特奏名约八九百人。旧制，礼部已奏名，至御试而黜者甚多。嘉祐始尽赐出身，近杂犯亦免黜落，皆非祖宗本意。"④而且随着特奏者人数不断增加，这些恩榜得官之人，"布在州县，例皆垂老，别无进望，惟务黩货以为归

---

① [宋]蔡絛：《铁围山丛谈》卷2，中华书局1983年版，第29页。
② 佚名：《宋史全文资治通鉴》，赵铁寒主编"宋史资料萃编第二辑"，台北文海出版社，1969年。转引自龚延明：《宋代恩科论述》，《江西师范大学学报》（哲学社会科学版）2008年第3期。
③ [宋]李焘：《续资治通鉴长编》卷243。
④ 《宋史》卷155《选举一》。

计"。其中,贪冒不职者十人而九,纵观宋朝特奏名实行以来,"朝廷所放恩榜几千人矣,何曾见一人能自奋励有闻于时,而残民败官者不可胜数"。这些人没有多少学识,一辈子混迹于科场,到老终于挨得一官半职,因此在地方上加紧贪污。对于朝廷来说,"天下之患无过官冗",然而体恤落第士子之特奏名制度又加速了冗官的产生,可谓"吏部以有限之官待无穷之吏,户部以有限之财禄无穷之人,而所至州县,举罹其害"①。

任何一项制度都有其产生并实行的社会条件,虽然特奏名制度在实行过程中日渐暴露出其局限性,关于其存废的争论不曾中断,但其贯穿宋代始终,并对后世尤其是清代科举制度中对年老落第士子的恩赏制度有着深刻的影响,可以说为后者开辟了先河。分析这些制度得以持续存在的根本原因,在于笼络士子,巩固统治,正如孝宗朝时的大臣王之望所言:"特奏名之人,举数有多少,年齿有老壮,若并权住罢,则举多者受屈,而年老者无聊矣。"如果将这样一项体恤落第士子的政策革除,"势必至于纷纷而不靖"②,唐末

---

① [宋]苏轼:《东坡全集》卷54《论特奏名》。
② [宋]王之望:《汉滨集》卷7《论恩榜任子革弊奏议》,文渊阁四库全书版,第1139,集部·别集类。

农民起义的历史教训犹在眼前,这是宋代统治者所不愿看到的。对于读书人,特奏名制度是他们的希望,尽管所授官职有限,或者终身不曾获得实职,"但他们在经济上和政治上毕竟可以享受到一般士人所不能享受的优待"①;而且对于一生追求功名的人,尤其是那些一举再举好不容易通过发解试的落第举人,特奏名制度无疑使他们看到了希望,即使拼搏到老,也不会落空。从此,"士之潦倒不第者,皆觊觎一官,老死不止"②。可以说,特奏名给了他们心理上和情感上莫大的慰藉。

宋代是科举制度发展的重要时期。科举制度由唐至宋,经历了一个历史时段的发展,在不断完善的同时,因落第而引发的社会问题也日渐暴露。因此,宋代科举制在发展过程中面临更多的是如何笼络落第士子,使其有所作为而不致与统治者背道而驰。而特奏名制度,本着"笼络志士,驱策英才"的目的,在宋代科举制度中占据重要一席,对于后世有着深远影响,尤其是与乾隆十七年开始的恩赏老年落第者有思想上的联系,对于我们理解清代的落第政策有些许借鉴。

---

① [韩]裴淑姬:《论宋代的特奏名制度》,《湖南大学学报》(社会科学版)2007年第4期。
② [宋]王栐:《燕翼诒谋录》卷1,中华书局1981年版,第1页。

二、辽金元时期的科举制与落第政策

有关辽代科举的史料很少,本书多从后人之笔记、论述中寻找只言片语,其中根据《契丹国志》记载:辽代"以词赋为正科",本着"以国制治契丹,以汉制待汉人"的方针,长期有效地保持其本民族的传统与特色,又相对成功地管理着汉地士民。

金代从建立开始就重视科举,后世评价其"科举得人为盛"[①]。"金设科皆因辽、宋制,有词赋、经义、策试、律科、经童之制。海陵天德三年,罢策试科。世宗大定十一年,创设女直进士科,初但试策,后增试论,所谓策论进士也。"其基本考试程序是:"凡诸进士举人,由乡至府,由府至省,及殿廷,凡四试皆中选,则官之。"[②]世宗与章宗时期,是金代科举制兴盛期。金世宗不仅看到科举拉拢统治汉人的重要功效,而且也非常重视对女真子弟的教育培养,"京师设女直国子学,诸路设女直府学,拟以新进士充教授,以教士民子弟之愿学者。俟行之久、学者众,则同汉进

---

① 《元史》卷175。
② 《金史》卷51《选举一》。

十三年一试之制。"①

金朝效仿宋朝，对屡次御试不第者，根据其御试次数、年龄，由皇帝特赐及第，谓之"恩榜"。金世宗大定二十九年，章宗即位伊始，亲敕："五次御帘进士皆不黜落，止以文之高下定其次，谓之恩榜。"②章宗明昌元年又敕："四举终场，亦同五举恩例，直赴御试。不中者，另作恩榜，赐同进士出身。"宣宗贞祐三年规定："御试终场人年五十以上者，便行该恩。"③而且，金代还有类似于宋代"特奏名"之"特命及第者，谓之特恩"。正所谓"恩例者但考文之高下为第，而不复黜落"。金章宗明昌元年定制："省元直就御试不中，许缀榜末；解元但免府试，四举终场依五举恩例，所试文卷惟犯御名庙讳不成文理者黜之，仍一日试三题，其五举者止试诗赋，女直进士亦同此例。"金章宗承安二年"敕策论进士限丁习学"（制：男子17岁成丁，60岁为老，即，限17岁至60岁的女真男子应举）。可见参加科举考试的年限还是比较长的。章宗承安五年敕："恩榜人应授官者，监试官于试时具数以奏特恩者授之。"章宗泰和二

---

① 《金史》卷51《选举一》。
② 乾隆官修《钦定续文献通考》卷34《选举考·举士》。
③ 《金史》卷52《选举志二》。

年，关于决定会试诸科取人之数，司空襄称："试词赋经义者多，可五取一。策论绝少，可四取一。恩榜本以优老于场屋者，四举受恩则太优，限以年则碍异材，可五举则受恩。"平章徒单镒等言："大定二十五年至明昌初，率三四人取一。"平章张汝霖亦言："五人取一，府试百人中才得五耳。"由此形成定制，"策论三人取一，词赋经义五人取一，五举终场、年四十五以上，四举终场、年五十以上者受恩"①。泰和三年，"以经义会元与策论词赋进士不同，若御试被黜，则附榜末为太优，若同恩例又与四举者不同，遂定制，依曾经府试解元免府试之例，会试下第再举直赴御试。"②

总之，金代统治者非常重视科举，并借鉴吸收宋代科举制推行的经验，尤其是恩榜与宋代之特奏名制度有着一脉相承关系，对金代社会稳定起着同等的作用，值得后人重视。

科举制是隋唐以来实行的最主要的选官制度，但在元代，统治者对科举制的认识与实行是个逐步的过程，"他们进入中原时，首先看到的是金朝女真人汉化的负面作用，而非当年女真人灭辽覆宋时看到的主要是辽代'以汉法治汉

---

① 《金史》卷51《选举志一》。
② 乾隆官修《钦定续文献通考》卷34《选举考·举士》。

人'所取得的重大成就和成功的经验,以致蒙古人从认识到接受'以汉法治汉(人)',跋涉了长达半个世纪之久。在此期间,当然谈不上对真正意义上的科举取士这样的具体政策的认同与实施了。"①因此,元代的科举制度继承前代尚且不全,创新之处更属寥寥。本文仅就相关科举落第的资料予以简述。

元代真正实行科举制的时间较晚,但在元世祖至元六年十二月,就规定国子监生员三年一次,依科举例入会试,"先是文宗时命所贡生员,每大比选士,与天下士同试于礼部,策于殿廷,又增置备榜,而加选择焉。至是定额取一十八名,蒙古六名,从六品出身;色目六名,正七品出身;汉人、南人共六名,从七品出身"②。

直至元仁宗皇庆二年,元代才正式下诏恢复科举取士。科举考试每三年举行一次,分为乡试、会试和御试三个级别。会试下第之人授予教授等官职一制,大致经历了以下几个阶段:仁宗延祐二年四月,具体情况为,丞相帖木迭尔等奏:"下第举人,年七十以上者,与从七品流官致仕;六十以上,与教授。原有出身者,视应得资品稍优,加之无出身

---

① 李树:《中国科举史话》,齐鲁书社2004年版,第123页。
② 乾隆官修《钦定续文献通考》卷47《学校考·太学》。

第一章 清以前的落第问题及相关制度

者,与山长学正,其来迟不及试者,同之不为例。"①

泰定帝泰定元年三月,"改元之初,恩泽宜溥"②,将这一政策也普及蒙古、色目人中,不过从中我们也可看出明显不同规定,可见其统治等级的严明:"蒙古、色目人,年三十以上并两举不第者,与教授;三十以下,与学正山长;汉人、南人年五十以上,并两举不第者,与教授;五十以下,与学正山长先有资品出身者,更优加之。不愿仕者,令备国子员后勿为格。"③自此之后,恩例并非常得之事,"又增取乡试备榜,亦授以郡学录及县教谕。于是科举取士,得人为盛焉"④。元顺帝至正初,"下第者悉授以路府学正及书院山长",同时"又增取乡试备榜,亦授以郡学录及县教谕"。三年因御史成遵言,"以终场下第举人及国子生会试不中者,同充学正山长"。八年四月,又诏:"国子生会试不中者,同终场下第举人例,授山长学正。"⑤二十六年六月,中书省奏"江浙、福建举人涉海道以赴京有六人者,已后会试之期,宜授以教授之职,其下第三人亦以

---

① 乾隆官修《钦定续文献通考》卷34《选举考·举士》。
② 《元史》卷81《选举一》。
③ 乾隆官修《钦定续文献通考》卷34《选举考·举士》。
④ 《元史》卷81《选举一》。
⑤ 乾隆官修《钦定续文献通考》卷47《学校考·太学》。

教授之职",并阐明这样做的道理是"授之非徒慰其跋涉险阻之劳,亦足以劝远方忠义之士"①。

辽、金、元虽然都实行过科举制度,但大多承袭宋代,创新之处不多,但对落第者的关注还是一样的。元代前期未实行科举制,断送了连续几代汉人文士科举入仕之梦想,而且元代是个等级严明的社会,作为最低等的南人,他们中的知识分子把大量精力花费到文学创作中,对于当时新兴的文体——元曲、杂剧、散曲等的发展起到了至关重要的推动作用。正如王国维所言:"余则谓元初之废科目,却为杂剧发达之因。盖自唐宋以来,士之竞于科目者,已非一朝一夕之事,一旦废之,彼其才力无所用,而一于词曲发之。"适逢杂剧这种新文体的出现,很多人从事于此,"而又有一二天才出于其间,充其才力,而元剧之作,遂为千古独绝之文字"②。可见,元代特有的时代背景和社会环境,造就了中国古代文学史上元曲的辉煌。当然,这和唐代科举考试与唐诗发展的关系截然相反。而元曲的创作与发展,对于我们了解元代社会、科举都有直接或间接的帮助。

① 乾隆官修《钦定续文献通考》卷34《选举考·举士》。
② 王国维:《宋元戏曲史》,上海古籍出版社1998年版,第77页。

第三节　明代科举制度之状况及相关落第政策

明代是科举制度发展的重要时期，对清代科举制度的影响最为深远。明代科举制度更加严密、完善，操作程序日渐规范化、标准化、程式化。

明代科举考试分为三级，即乡试、会试和廷试（殿试）。考试时间、地点更加固定，乡试每三年举行一次，逢子、卯、午、酉年的八月在各省省城、京师、南京同时举行，因在秋天举行，又称"秋闱"。按期举行的乡试为正科，如遇皇帝登基、大婚及诞辰等重大庆典而临时增加的考试则为恩科。中式者为举人，第一名称"解元"。会试定于乡试的次年，即辰、戌、丑、未年的二月在京师举行，由礼部主持，又称"礼闱"，因在春天举行，又称"春闱"。会试后，中式者参加由皇帝亲自主持的廷试，其中廷试并无黜落，只不过是中式者的一次重新排名，录取者分为三甲，一甲称"进士及第"，二甲称"进士出身"，三甲称"同进士出身"，统称为"进士出身"。不仅考试日期、地点确定，就连考试内容、命题规制及录取名额都作了明确规定，只需照章行事即可。尤其是明代科举考试中推行八股文，这一为后世继承并颇有争议的文体，作为一种统一的考试文体，八股文的推行有利于考官阅卷，以保证公平取士。我们应该承认,"采用八股文是科举考试成熟的标志之一"①,当然八股文以其僵化死板的格式束缚了士子思想,消磨了他们的聪明才智,这一点也是不容忽视的。

明代科举制度在具体发展中,脱离不了当时君主专制集权的特点,"最终促成了学校科举化,科举学校化局面的形成"②,即科举考试与学校教育紧密联系在一起,"科举必由学校,而学校起家可不由科举"。明代学校有两部分:曰国学,曰府、州、县学。凡读书人想步入仕途,必须先入府、州、县学,取得生员资格之后,逐级参加科举考试而获得功名。诸生入国学者,通谓之监生。"举人曰举监,生员曰贡监,品官子弟曰荫监,捐赀曰例监。"③在当时,随着科举制与学校的绑定,学校、书院广泛建立,官办学校成为政府培养统治所需人才的重要基地,对于文化的普及、科举观的深入人心及官员文化素养的提高都有重要的作用。然而,随着学校日益纳入科举的轨道,专门为科举考试服务,进而日渐丧失其创立时之本真目的,而逐渐沦为科举考试的

---

① 李世愉、孟彦弘:《中国古代官制概论》,中国社会科学出版社2009年版,第220页。
② 田建荣:《中国考试思想史》,商务印书馆2004年版,第203页。
③ 《明史》卷69《选举一》。

附庸,这种不完全的教育束缚人才的负面作用也不容忽视,尤其是清代。

明代科举考试还有一个前代未曾实行的特点,即分地取士。明仁宗洪熙元年规定,会试考试分南、北取士,名额为南人占十分之六,北人占十分之四。明宣宗宣德元年进一步改为南、北、中卷,以百名为率,南卷取五十五名,北卷取三十五名,中卷取十名。至此,确定了会试按照南、北、中卷取士制度。这种取士制度,早在宋代即有司马光提出过,但终因反对而未能实行。从国家的整体利益来看,这种取士方式有利于均衡全国各地区的利益,体现公平原则。当然,对于文化较为发达地区的士子来说,略显不公。清代继承并有所发展,直接变成分省取士。

明代科举制的发展仅在朱元璋统治时期,就经历了一个设立—罢停—再设立的过程。朱元璋起事之初,就非常重视对贤才的网罗,早在吴元年即设"文武二科取士之令,使有司劝谕民间秀士及智勇之人,以时勉学,俟开举之岁,充贡京师"。建立明朝后,明太祖回顾历史,"汉、唐及宋,取士各有定制,然但贵文学而不求德艺之全"。元代对知识分子漠视,以至于"权豪势要,每纳奔竞之人,夤缘阿附,辄窃仕禄。其怀材抱道者,耻与并进,甘隐山林而不出"。明太祖总结历代用人之教训,自洪武三年八月开始,"特设科举,务取经明行修、博通古今、名实相称者。朕将亲策于廷,第其高下而任之以官。使中外文臣皆由科举而进,非科举者毋得与官"①。洪武四年,鉴于天下初定,朝廷亟需治国之人才,太祖曾诏令各省连续三年举行科举考试,考中之所有举人皆免除会试直接任命官职。在实际贯彻中,太祖又发现:"今所司多取文词,及试用之,不能措诸行事者甚众。朕以实心求贤,而天下以虚文应之,甚非所以称朕意也。其暂罢天下科举。"本来为了"求天下贤才以资任用"而设的科举考试之制,在具体实践中,多少背离了设立之初的本意,于是停止了科举考试,而荐举制提上了日程,成为人才选拔的方式,"有司察举贤才,必以德行为本,文艺次之"②。然而荐举制也有不可避免的问题和弊端,容易任人唯亲,假公济私,选官之个人喜好在其中占很大比重,不能够保证所选人才的质量,反而更造成了滥举缪举,使得选拔秩序没有恒定的标准,混乱不堪。为此,洪武十五年复设科举。洪武十七年,"始定科举之式,命礼部颁行各省,后遂

---

① 《明史》卷70《选举二》。
② [清]谷应泰:《明史纪事本末》卷14《开国规模》,文渊阁四库全书版,第364,史部·纪事本末类。

以为永制。而荐举渐轻，久且废不用矣"①。

明代科举制中值得我们注意的不同于宋代的创新之处是：举人授职。早在明太祖洪武三十年就曾颁布诏令："再试在监下第举人，中式者以次除教授、教谕、训导等官，不中者授吏目。"明成祖永乐二年六月，正值国家安定不久，政局仍然较为动荡，成祖非常重视笼络人才、为我所用，尤其是那些科场失意的落第者，更关切其出路，而心生怜悯之情："会试下第举人既多，其中必尚有可取者，或本有学问而为文之际记忆偶差以致谬误，或考阅之官神情昏倦失于详审，以致黜落，此皆可矜"。因此命翰林官试下第举人，择文词优等者上报，并"令翰林院出题更试，得张铉等六十人召见，皆赐冠带，命于国子监肄业，以俟后科"。此后，在永乐七年，"命会试下第举人再试送国子监肄业，其优等者，仍赐冠带，或加俸给"②。永乐中期，会试下第之举人，由翰林院录取其中优秀者入国子监学习，"俾入学以俟后科，给以教谕之俸"③，即继续学习，准备参加下届会试。

---

① 《明史》卷70《选举二》。
② 乾隆官修《钦定续文献通考》卷35《选举考·举士》。
③ 《明史》卷69《选举一》。

明代有副榜之名称，即在乡试、会试正式录取的定额之外增加的录取名额，且与正榜同时公布，其目的是"盖慰其侥得而失之也"①。这些会试中副榜者，"大抵署教官，故令入监者亦食其禄也"。宣德之后，"则取副榜年二十五以上者授教职，年未及者，或依亲，或入监读书"。因举人所授之职多中下级官缺，到了明英宗正统中期，出现了"天下教官多缺，而举人厌其卑冷，多不愿就"②的情景。正统十三年，御史万节请敕礼部多取副榜，以就教职。其中"部臣以举人愿依亲入监者十之七，愿就教职者十之三"。到了明宪宗成化十三年，御史胡璘进言："天下教官率多岁贡，言行文章不足为人师范，请多取举人选用，而罢贡生勿选部议。岁贡如其旧，而举人教官仍许会试，自后就教者渐多。"至明神宗万历三年，规定此后会试毕，"凡举人下第及中副榜、不愿就教者，仍例悉分送两监肄业"③。

明朝科举中开设宗室考试以及给落第考生发还落卷的做法，前朝从未有过。清沿明制，在此基础上进一步发展与完

---

① ［清］陈康祺：《郎潜纪闻四笔》卷2《乡试副榜充贡定例》，中华书局1990年版，第25页。
② 《明史》卷69《选举一》。
③ 乾隆官修《钦定续文献通考》卷35《选举考·举士》。

第一章 清以前的落第问题及相关制度

善。明熹宗天启二年开设宗科,即宗室也可参加科考。清朝于康熙、乾隆时曾开设宗室科,至嘉庆四年,形成定制,宗室子弟与天下士子一体参加乡试和会试。嘉庆五年,制定了宗室乡会试条例,为后世遵行之准则。明朝万历年间,即有"落卷发提调,给散诸生"①的记载。根据参加过明朝末年童生试的叶梦珠的回忆:"凡府取童生院试落卷并发出,令人自阅,以示至公。"这种做法在清初仍可见:"诸童生不入泮者,并驰驱而往,觅视落卷以验己之得失"②。清代继承明代此制,并将其贯穿科举考试的各个环节,即凡有黜落的考试(童生试、乡试、会试)均有发领落卷之举。

同样,科举制度发展到明代,出现了更多的问题,针对这些问题,统治者不断加以修订,使得科举制度得以完善。对落第士子的重视不减历代,如明隆庆四年庚午科江西乡试,南昌知县刘绍恤主弥封,可是在榜后,因刘绍恤平素所奖拔的士子中有二人中举,于是"士论哗然,谓绍恤私二人,从落卷搜出,改洗冒中"。随后"几四万人"聚集到巡按御史刘思问署衙中请求"覆校",可当时刘思问却并

---

① 《明神宗实录》卷503,万历四十年十二月丙申。
② [清]叶梦珠:《阅世编》卷2《学校五》,中华书局2007年版,第38页。

未在署,"士争门入,骈杂喧乱,都指挥王国光呵叱之,退相蹂践死者六十余人"。时江西提学副使陈万言上报此事,穆宗令吏部、礼部调查,经二部调查,"绍恤实不私,然不应招致门下,以起事端";而陈万言因"罢绍恤,并黜二生下吏、礼二部议",与刘绍恤同样,俱以才能不及而调用。都指挥王国光遇事处理不力,并造成事端,"行抚臣逮问"①。虽然此次士子闹事,多由自己落第、内心不平导致的,但由此也可以看出,地方官员能否合情合理地安抚落第士子,是一项非常重要的职责与使命。

科举制发展到明代,已经日趋成熟,然而科举考试所带来的社会问题也越来越多,越来越为统治者所关注。其中对于落第者及其出路的关怀,虽然明确见诸明代史乘之记载不多且杂,但在实践中具体之做法还是有的,且为清代沿用并进一步发展,从而形成落第政策之定制。因此,明代是科举制度最为完善的时期,针对落第问题制定的成文政策虽然为数不多,但在具体实践中已有很多为清朝之先例,其对清代科举制的确立及发展,科举落第政策的完善与详备有着直接而深刻的影响。

---

① [明]王世贞:《弇山堂别集》卷83《科试考三》。

本章结语

纵观本章,科举制度自从诞生之日起,与之伴随的落第问题就开始产生。科举制度经历唐、宋、元、明的发展,随着实际状况的变化而不断创新,在创新中不断发展,在发展中不断完善,在完善中不断遇到新的问题,如此循环往复,日渐成熟。尤其是落第政策及相关问题,是从来就有的,历代在调整科举政策的同时,对落第者的关怀也皆有体现。虽然尚未形成非常明确的一套制度,但在实际操作过程中不断得以体现,无论是唐代留下的宝贵的大量的落第诗歌,还是宋代的老榜、金代的恩榜、明代的副榜等,都直接或间接地解决了一些落第问题,体现了落第者的真实情怀,为清代科举落第制度的出台提供了历史准备,奠定了理论基础。这对我们研究清代的科举落第制度来说,是不可或缺的一部分。

第二章

清代推行科举落第制度的背景

正如前文所讲，科举制度是选拔考试制度，它的一项重要功能就是为统治者选拔优秀人才，充实官僚机构，同时也不可避免地造成了另一个重要群体，即落第者的出现。科举考试最终产生两部分人，一小部分人能够金榜题名，步入仕途，得到巨大的社会荣耀、声望和特权；而另一大批人则会成为落第者，或止于举人，或止于生员，或终生为童生。这些人就是科举考试中的落第者。正如艾尔曼所言："中华帝国晚期的科举，是中国政治、社会、经济和智识生活之间，最具流动性的政治交汇点……然而，这里面真正实现夙愿的人，只占5%。成功的几率，非常渺茫。科举更重要的一面，是那95%没有走上仕途的人。"[①]清以前，统治者虽然针对落第问题，形成了一些举措或案例，但终未形成完整的制度。直至清代，随着统治者的大力推行与鼓励，参加科举考试的

---

① 艾尔曼：《变动中的晚近中国传统文化（1400—1900）》，曹新宇、张安琪译，《清史研究》2015年第1期。

人数日渐增多,落第群体日益突出,虽然统治者希望下第诸生,都能"义命自安"①,然而在残酷的现实世界里,究竟有多少人"能像儒家经典教育所提倡的那样,找到安身立命之所?"对统治者来说,推行科举制可以笼络士人,巩固政权;而制定落第政策,平衡落第士子心态,同样也是其巩固政权的一把利器。

尤其到了清代,科举制度的积弊日益暴露,随之而来的是落第政策的日益完备和详尽,这样不仅持续吸引广大落第士子继续参加科考,纳入封建统治秩序,维护统治,而且也使经典教育得到了延续。正如费孝通所言,任何政治体系是不可能在一根从上向下的单轨上发展起来。②在中国传统社会中,还有另外一个重要的管道就是由下而上的政治轨道。这一权力结构中,有着两个不同的层次:"顶端是中央政府;底部是地方自治单位,其领袖就是绅士阶级"③。这一阶层中很大一部分人就是我们所说的科举考试的落第者,他们在地方社会起着重要的作用。因此,落第者是不容忽视的

---

① 中国第一历史档案馆藏《宫中朱批奏折》,文教类,57:39,雍正元年礼科掌印给事中缪沅奏。
② 费孝通:《中国绅士》,中国社会科学出版社2006年版,第46页。
③ 费孝通:《中国绅士》,中国社会科学出版社2006年版,第52页。

群体，朝廷针对这一群体制定出的落第政策，不断地充实与完善了科举制度，对于我们进一步认识科举制这一帝制时代中国最为重要的一项政治及社会制度有着不可或缺的作用。

在社会舆论和宗族家庭等众多压力之下，落第者愁苦忧伤、失落潦倒、讥讽咒骂，甚至怀恨泄愤，"会不会变成叛乱分子或不法之徒，威胁到统治者的合法性？"①这些必然引起统治者的重视。科举制发展到清代，落第士子已经成为一个不容忽视的群体，落第政策的出台与完善显得尤为迫切。

第一节　落第者之悲苦情状

每一次科举考试之后，总会产生为数不少的落第者。大量落第者的存在增加了社会不安定因素，尤其是一些落第者在放榜后聚众闹事，以发泄愤懑、失落与不满等情绪，更是统治者尤为担心的事情。然而这样的事情可以说每朝每代皆有，因此历代统治者对科举考试之后所产生的落第士子与

---

① 艾尔曼：《变动中的晚近中国传统文化（1400—1900）》，曹新宇、张安琪译，《清史研究》2015年第1期。

落第问题都极其重视,并且在实践过程中,不断完善科举制度,制定与之相适应的科举落第政策,以尽可能地减少落第士子之不满,尽可能地将落第者这一广大群体纳入统治者的控制范围内,为其所用。但是任何一项制度都不可能取悦所有人,满足所有人的需求,科举考试也不例外,而且能够均沾科举考试之恩荣的人永远是少数。自然,对于大多数的落第者来说,其落第的酸楚与内心悲苦的情绪,更多是靠自己排解的,我们能从古代保存下来的大量诗文中找寻到落第者的身影,他们那凄凉、落寞与孤独之情,忧愤、委屈与悔恨之状,大多记录其中了。这些无言的倾诉虽不比场后闹事对统治者的刺激大,然多少也引起了统治者的关注与安抚,使得这种情绪不致酿成事端,从而维护其统治的长治久安。

对广大士子来说,读书之辛苦自不待言,他们也深知并非所有读书之人最后都能入仕,然而,除此之外,何以为业?正如宋人袁采所说:"士大夫之子弟,苟无世禄可守,无常产可依,而欲为仰事俯育之资,莫如为儒,其才质之美,能习进士业者,上可以取科第致富贵,次可以开门教授,以受束脩之奉;其不能习进士业者,上可以事笔

第二章 清代推行科举落第制度的背景

札代笺简之役,次可以习点读为童蒙之师"①。读书对于广大士子不仅是开了一条通往政治仕途的大道,更是一个谋生的途径,这一点在清末尤为明显。如湖北鄂城县达明乡人朱峙三,他自幼学习举业,17岁参加府试期间,曾在日记中记道:"科举本非善政,然贫贱之士,小而言之,进学后开贺,可获贺礼者三百余串,中举则倍之矣。"②可见,即便是区区几百串钱的奖励,对于贫寒士子已有吸引力了,更何况如若一举登科,则名利兼收了。就连北宋时期著名的政治家、文学家欧阳修,他作为科举考试的佼佼者,在给荆南乐秀才的一封信中谈到,自己其实并不擅长学习科举考试之时文,强求自己学习时文,不过是看中通过它,一则可以得到功名利禄,二则也可顺应当时之时势,即"仆于时文天姿不好而强为之,然足以取禄仕而窃名誉者,顺时故也"③。所以凡家里经济条件允许者,其子弟皆读书应试,无不热衷于科考之途。因此有学者认为,在科举时代"读书应试不仅是

---

① [宋]袁采:《袁氏世范》卷2《子弟当致学》,文渊阁四库全书版。

② [清]朱峙三:《朱峙三日记》1903年6月24日条,《辛亥革命史丛刊》第11辑,湖北人民出版社2002年版,第297页。

③ [清]田雯:《古欢堂集》卷27《试牍序二》,文渊阁四库全书版。

入仕的正途,在以农业为本、生产不发达的社会中,读书、应试、入仕且是士子唯一的本业"①。士子之于科举,"头白而犹锲而不舍者……不特禄在其中,亦且读书应试既成专业,舍此亦无以他图也。"②这也正验证了一句古语:"家无读书子,官从何处来。"③

科举考试在民间社会的影响可谓深远,如慵讷居士在《咫闻录》中所记载的一个故事,康熙年间,严舟子送一生员入馆,结果东家对生员的热情与对他的冷淡天壤之别,舟子深受刺激,认为"一衿之荣,胜百城之富",暗下决心,如果有儿子,一定要让他读书,以吐怨气。后来,果真有了一个儿子,舟子"苦积汗资,为读书本",把全部希望寄托在这个孩子身上。从他五岁时,就请塾师。然而这个孩子不进学,当先生告知舟子"尔子非读书器"时,舟子丝毫不死心,认为是此地没有名师,于是又延请城中先生教之数年,但他儿子仍不能书写一封便牍。舟子依然不放弃,"四处访求,具重修,聘宿儒费师教之",宁肯自己与妻嚼菜根,对

---

① 王德昭:《清代科举制度研究》,中华书局1984年版,第66页。
② 王德昭:《清代科举制度研究》,中华书局1984年版,第133页
③ [元]宋褧:《燕石集》卷14《碑志·河内李氏新茔碑铭》,文渊阁四库全书版。

先生也是膳食丰厚，崇师隆礼之至。最终，儿子在被老师打了之后，在梦中服用了两丸药，清醒之后，智识顿开，在二十余岁时，"入黉序补弟子员，食廪饩，设帐授徒"①，不仅老师非常欣慰，而且舟子从此歇业，安享晚年，终于实现了梦想。从严舟子身上，我们可以看到，即便是终生靠行舟度日的小人物，在当时的科举社会，亦未能从狂热追求功名的潮流中幸免，可见科举考试在当时社会的影响力。

古代的教材中，俯拾即是劝导儿童努力发愤、刻苦读书，诸如"万般皆下品，惟有读书高""少小须勤学，文章可立身""将相本无种，男儿当自强"一类的宣传，渗透乡里民间，妇孺皆知。自宋代以后，社会上读书风气日益浓厚，读书人也随之剧增，无论京师省城，乃至州县，甚至山野乡村，处处可闻琅琅之读书声。宋人晁冲之有诗云："老去功名意转疏，独骑瘦马取长途。孤村到晓犹灯火，知有人家夜读书。"②科举时代，读书人对功名的渴求与向往，客观上促进了文化知识的普及，激励人们努力学习的风气经久

---

① ［清］慵讷居士著：《咫闻录》卷11《严舟子》，见《笔记小说大观》第24册，江苏广陵古籍刻印社1984年版，第350页。
② 《宋诗钞》卷32《晁冲之具茨集钞》《夜行》，文渊阁四库全书版。

不衰，学优而仕、读书做官的观念已经深入人心。而"朝为田舍郎，暮登天子堂"的社会现实，更为世人树立了读书做官的样板。^①正所谓"十年窗下无人问，一举成名天下知"^②。有人讲得更加直白："读书好，读书好！读得多书无价宝！迢迢良夜不辞劳，咿唔之声直到晓。勤用功，趁年少！书传熟寻思，经旨细论讨；圣贤心学要推明，古今事业精研考。"读书到底能有多么好呢？"读书好，人不晓，名标金榜中，祖宗增荣耀；身到凤凰池，恩荣直到老。近天颜，瞻日表，燮理古公孤，寅亮属师保"^③。这自然指的是那些通过读书而成功入仕的人，正是大量成功榜样的树立，加之这样的宣传、引导与教化，造就了一批批读书人义无反顾地投身于科举考试的大潮中，将自己人生辉煌的希望全部寄托于科名。有人认为在中国古代社会，"科举考试演化为一种惯例式的全民动员，已接近于一种宗教行为。它将考试演化为程序、规则、禁忌，以及庆典仪式，使其彰显为民众

---

① 李世愉：《废科举对乡村教育落后的影响》，《探索与争鸣》2008年第3期。
② ［元］刘祁：《归潜志》卷7，文渊阁四库全书版。
③ ［清］钱德苍：《解人颐广集》卷1《懿行集·解学士读书吟》，鲍赓生标点，上海新文化书社1935年版，第8页。

生活的中心,也淡化了一切与其无关的活动选择。"①科举考试几乎成为全民尤其是读书人之信仰,其追求功名的热情一如信徒对宗教的狂热与痴迷。

现实终归是残酷的,伴随着每次科举考试产生的大量失意者,他们感叹时运不济,命途多舛,写诗作文,用笔端排遣与发泄自己内心的情绪,如"屈屈复屈屈,仰面长吁诉造物;人皆读书遂荣显,我何读书成抑郁"②!类似这样因落第后所作的泛泛表述内心委屈情绪的诗文有很多,还有一些具体的事例,我们从中更能揣摩出落第者的辛酸与悒郁之情,如清代史学家章学诚讲述,自己曾跟随朱先生学习古文,而先生作《吕举人志》一文,所讲的就是这位举人久困不第的事情。但吕举人并未放弃科考,每夜读书非常辛苦,住在隔壁的妇人夜夜听见吕举人苦读,听久了之后,就对她的丈夫说:"吕生读书声高,而音节凄悲,岂其中有不自得邪?"她的丈夫将其妻之话告诉了吕举人,吕举人竟然失声痛哭道:"夫人知我。假主文者能具夫人之聪,我岂久不

---

① 吴刚:《知识演化与社会控制——中国教育知识史的比较社会学分析》,教育科学出版社2002年版,第283页。
② [清]钱德苍:《解人颐广集》卷7《寄怀集·屈屈歌》,鲍赓生标点,上海新文化书社1935年版,第126页。

第乎？"①从此以后，吕举人每当开始读书前，则向邻墙三揖。像吕举人这样在科场失利后，即使矢志不渝地继续苦读，以求发达，然其内心的伤感又怎么能轻易忘怀呢？可以说，这个例子将落第者这种感伤与落寞表现得入木三分、淋漓尽致了。

分析落第者面对科举考试的失败，大致可有如下几类：有屡考屡败，仍发奋苦读者；有因此而愁苦悔恨者；亦有自我解嘲者，亦有讥讽时势、讥讽科考者；还有听天由命者；还有怀恨泄愤者；当然也有内心平静，自此转移兴趣者。芸芸众生，面对科举考试失败，千人千面，然忧愁的情绪却是共同的。譬如，江宁邓廷桢年少时家贫如洗，而他却"屡踬于童试"，在瓦官寺读书期间，攻苦弥甚，且在室中署联以自警："满盘打算，绝无半点生机，饿死不如读死；仔细思量，仍有一条出路，文通即是运通。"正是发下如此狠心，没过多久，他得以补博士弟子员，"旋举于乡，联捷成进士"②。终归是有个良好结局。

还有些落第者回首自己的一生，大半时光抛洒在科考路

---

① ［清］章学诚：《文史通义》卷4《内篇四·俗嫌》。
② ［清］徐珂：《清稗类钞·考试类·邓廷桢屡踬童试》，中华书局2003年版，第600—601页。

第二章 清代推行科举落第制度的背景

上,"廿年制义,抛却半生有用工夫;三黜乡闱,落得九册无名败纸"①,其无奈与凄凉之情跃然纸上。清人沈锡田下第之后,曾作一首《陌上桑》词,语绝凄婉:"传来一纸魂销,顷刻秋风过了,旧侣新俦,半属兰堂蓬岛。升沈异数如斯也,漫诩凌云才藻。忆挑灯,昨夜并头红蕊,赚人多少。愧刘蕡策短,江淹才退,五度青衫泪。绕桂魄年年,只恐嫦娥渐老。清歌一曲,凭谁诉,惹得高堂烦恼。梦初回,窗外芭蕉夜雨,声声到晓。"②

科举考试的偶然性很大,尤其是随着参加科考的士子人数愈来愈多,在一些文风鼎盛的大省,即便是童试,士子人数动辄上万,而"学政取秀才,试卷较简,幕友又多,场中固不免有遗珠"。如果是乡、会试,"试卷黑格朱书,本已目迷五色;时间既逼,卷帙又多,一人精神,一日看数十艺,已属神昏目眩,况三场十四艺。以十余日工夫,每人须看数百卷,统计之,即是数千艺,岂有不颠倒错乱哉?俗言朱衣点头,考官只有听命朱衣而已"。阅卷之苦,《春明梦

---

① [清]龚炜:《巢林笔谈》卷3《抛却半生有用工夫》,中华书局1981年版,第81页。
② [清]陆以湉:《冷庐杂识》卷4《下第词》,中华书局1984年版,第180页。

录》的作者何刚德亲有体会,他在江西时,曾考过府试五次,"当时精神何等健旺,乃初看二三十艺,自易斟酌。及看过五十艺,字便不认得,题目亦遂不记得。屡试不爽。况乡会场繁冗,十倍于此乎!"①最后,他认为"进学是文章,中举是命"这句俗语的流传,不无道理。对于士子来说,能否取中,除了自己的水平之外,还有很多不可左右的因素。一些屡屡遭受科举考试的挫败的人逐渐接受了科名由天定而非人力所能强求这一观念,即"至于科名,盖有命而不可求也"②"科名有无,命定之矣"③,以至于当时在科场中非常流行这样的谚语:"窗下莫言命,场中莫论文""一财二命三风水,四积阴功五读书"等。④清末湖北人朱峙三在经历了府试未中之后,也发出了宿命的感叹:"至各亲友处略坐谈,均说科名迟早有定数。噫!科举取士,寒士可以

---

① [清]何刚德:《春明梦录》上,上海古籍书店1983年影印本,第41页。
② [清]管同:《因寄轩文集》初集卷6《答某君疏》。
③ [清]阮葵生:《茶余客话》卷2《科名名次定数》,见《清代笔记小说大观》第三册,上海古籍出版社2007年版,第2482页。
④ 齐如山:《中国的科名》,载杨家骆主编《中国选举史料》(清代编),台湾鼎文书局1977年版,第1050页。

出头,然老死其间未能得青一衿者,盖十分之九也。"①广大读书人只有通过县试、府试、院试,才能成为生员,即得一青衿。只有成为了生员,才拿到了科举考试的入场券,才有了今后的进身之阶。即便是通过童生试,考取生员者,亦不过十分之一,考试竞争的激烈程度就可想而知了。曾在山西、福建、陕西等地担任知府、按察使、布政使的清代高官张集馨,他一生参加了两次会试,第一次是在27岁道光六年,为了准备这次考试,他留在京师,"精进勇猛,伏案不辍者三年",苦读三年,结果却在考前抱病,"自去冬每夜和衣而卧,常不能寐,甫合眼,复惊汗而醒"。在这样的身体状况下,他入闱参加考试,结果在闱中"心神恍惚支离,几至不能完卷",自然名落孙山。他自己劝慰自己:"运数限人,无可尤怨。"②第二次是在30岁时参加会试,也就在这年考试前,张集馨忽患眩晕,"天地旋转,昼夜不眠,口苦心跳,呕吐目眩",以致医生不识此病,只是"用贝母、黄连诸药治之",服药之后,"病势少减"。但从此

---

① [清]朱峙三:《朱峙三日记》1903年8月13日条,《辛亥革命史丛刊》第11辑,湖北人民出版社2002年版,第302页。
② [清]张集馨:《道咸宦海见闻录》,中华书局1981年版,第14—15页。

以后，他"束书不观，功名付之命数"。好在三场完毕，"旧病未发，心窃幸之"。也就是这一次考试，张集馨中式一百五十八名。①可见，士子在科考不顺时，把这种不可控的因素归之于运数、命数等天命观，是当时社会非常普遍而自然的现象。

读书应试，能否中式，皆深不可测，没有定数。如《明斋小识》所载的一则故事：叶大绅先生素有雄才绩学，为世所推。一次参加乡试所作文章"考据详覈，文更古茂，以为必售"。然而等榜发后，又落孙山。尤为可悲的是，落卷上已有房考之评语"三篇纯用散体，格既别，词亦洁"。这就说明，叶文本已中式，复被黜。由此，叶大绅不由得长叹一声"命矣夫"②，从此追求功名之念已如灰烬，可谓心灰意冷之极。

在封建时代，统治者出于安定统治、教化人民的需要，劝人积德行善，则终有善报。当时普遍流行因果报应的说法，即便是读书应试之举子也不例外，他们为了早日顺利进

---

① ［清］张集馨：《道咸宦海见闻录》，中华书局1981年版，第16—17页。

② ［清］诸联：《明斋小识》卷4《中式有命》，同治四年秋重校，吴趋亦西斋藏版，第4页。

第二章 清代推行科举落第制度的背景

入仕途,在科举考试中优胜,也非常重视自己的言行举止,积极投身积善行德之事,以积累阴德而早日中式。如清人钱泳在其所著的《履园丛话》一书中,专门辟出"种德""立品""孝感"等条目,讲究命数之重要性。顺治九年壬辰科会试的状元邹忠倚的故事就颇具传奇色彩:

> 吾乡邹于度忠倚,前身相传为金山寺老僧。明末有新状元舟过金山者,观者咸叹羡之,老僧曰:"状元亦人为之耳,有何难哉!"崇祯庚午科,于度之父名兑金者,挟重赀赴金陵乡试,泊舟京口,忽起大风,行舟多覆。邹君启其箧,指谓人曰:"吾财不吝,有救得一人者予十金。"于是人争赴救,溺者皆活,而金亦尽矣。老僧于山上见之,曰:"此人有德,吾可去矣。"遂入定坐化。是科邹君中式归,见老僧入室,而于度生。本朝顺治九年壬辰,于度果状元及第。①

类似记载还有很多,如钱塘王际华之父名云廷,此人所积阴德甚多。最后果然高中一甲进士,官至礼部尚书。

> 尝于除夕有贩者索仆所负账,时仆已更他主,告之故,贩遽肆咆哮,公即代偿之。又一日,家人市帚,

---

① [清]钱泳:《履园丛话》卷13《科第·种德》,中华书局1979年版,第335页。

卖帛者既去复来，云失其一，公偿以钱。卖帛者睨视谓曰："使汝不匿帛，肯与我钱耶！"人咸诮公，公怡然也。其忠厚类如此。封公登雍正丙午乡试，文庄中乾隆乙丑探花，官至礼部尚书。①

清代读书人对文昌祠、魁星楼的崇拜与祭奠非常隆重，这些地方是他们心底的圣地，是他们的精神寄托，尤其是落第之后，必来这里寻求神灵的相助与安慰。

李又聃先生曰：昔有寒士下第者，焚其遗卷，牒诉于文昌祠。夜梦神语曰：尔读书半生，尚不知穷达有命耶！尝侍先姚安公，偶述是事，先姚安公哂然曰：又聃应举之士，传此语则可。汝辈手掌文衡者，传此语则不可，聚奎堂柱有熊孝感相国题联曰：赫赫科条，袖里常存惟白简；明明案牍，帘前何处有朱衣。汝未之见乎？②

而同治年间阎湘蕙编辑的《国朝鼎甲征信录》一书，可谓一部集大成之著作，编纂者辑录了约250种官私史籍及文集笔记，仅其中涉及清代的状元、榜眼和探花就有一百一十

---

① ［清］钱泳：《履园丛话》卷13《科第·种德》，中华书局1979年版，第337页。
② ［清］纪昀：《阅微草堂笔记》卷5《滦阳消夏录五》。

多名。编者将这些人的家族背景与本人事迹搜集整理出来，向世人宣扬的主导思想就是劝人要有"为善之心"，要"种德"，尔后必有善报。作者在"自序"中明明白白地说："余素信因果，喜谈科名。而科名中及第三人，尤世所艳羡。膺是选者大半官公孤，为社稷重臣，推其所自，端由种德而来。闲尝披览载籍，见阴骘事之有关鼎甲者，辄事胪采。历年既久，撷拾遂多。……夫以科名劝人，似与董子正谊明道之旨未免稍异。然修德获报，昭昭不爽。吾知案头展阅，为善之心必有油然动而勃然兴者，则此编虽抄撮旧书，非敢自比著述，而于世道人心，未必无小补云。"①

科举中否自有命数，科名名次自有定数，甚或是入闱之次数也是前世注定的。如《夜雨秋灯录》中所记的一个故事，在浙江嘉兴有一吴生，儒而兼商，已经很久没有参加科举了。有一年，梦见其父祖催促其入闱考试，且厉色督责之，曰："汝若不去，场中缺一孝廉矣！是为违天，违天不祥，必有后祸。"吴生自知作文之艰难，然其父笑曰："易耳！今科头题为'乡人皆好之'一节，本家兰陔先生有此文，汝入闱时，访而录之可也。"于是，吴生欣然入闱，访

---

① 阎湘蕙编辑、张椿龄增订《国朝鼎甲征信录》，"自序"，周骏富辑《清代传记丛刊》（学林类19），明文书局，第29—30页。

问吴兰陔先生。当时兰陔先生已颇有名气,是写作时文的名手,"其门下从学之徒数百人,发科甲入词林者甚众"。只是兰陔先生因落笔高古,而屡困场屋,当时已经五旬外,故而对功名之念甚为迫切。吴生访得兰陔之后,殷勤求教,最后将这篇文章带回自己的号舍。当兰陔去吴生那回访时,却见吴生直接在试卷上挥毫疾书,抄录全文。兰陔颇为惊讶"尚未出题,何得有文?"吴生却笑曰:"小子读先生文,不忍释手,恭缮试卷,以志钦佩。即文不对题,不过被黜而已,亦所甘心!"别去之后,兰陔逢人即说此事,一时传为新闻。然而当晚试题出来,竟然就是这个题目。兰陔看后,不胜悔恨,曰:"得意之作,既被录去,谅天意,终身不得售矣!"遂信笔一挥,交卷而出,他根本没有心劲考完二三场,还是门人苦苦相劝,才得以终场。结果却是吴生未中而兰陔竟中,兰陔拜见座主时,以旧作呈阅,并说:"门生薄有微名,闱中之作,聊以塞责,不堪为多士寓目,请以此文易之。"座主虽然答应了,但却对兰陔讲了一段场中阅卷考官的真实情状:

> 虽然,此文若在场中,未必中式。盖阅卷时,走马看花,气机流走者,易于动目,此文非反复数过,不知其佳处,试官有此闲情乎?故无益也。

吴生落第后,对其父祖怨恨之极,曰:"何为诬骗子孙耶？"然而，是夜竟又梦得父祖来责之，并展开一段对话：

  曰："不肖子！何知此中自有天命？汝若不抄袭兰陔之文，彼必自录，又不得中式矣。"生曰："彼之中与不中，与我何干耶？"父曰："闱中饭食皆出帑项，即为天禄，非生时注籍，岂易得哉！汝命中尚有一次，不完，总不得安静也。"

自此以后，吴生悔悟，次科仍入闱。其友曰："前此得极妙文章，尚不入彀，今何为耶？"生曰："公等皆抢元夺魁手，我自来领钦赐食，以了公案耳。"①

科名不由人定的观念在清代这一科举社会非常盛行，如果读书人一味地以此为宗旨，则整日自怨自艾、抱怨命运而不能将精力贯注于读书上。对此，曾国藩曾一语点之："功业之事，天命居其七，人力居其三。学问之事，人力居其七，天命居其三。"劝导士子只需安心读书，深究学问，至于何时能成功名，则不必考虑，自有天定，所谓"仕途亦由命定，不可强求，惟学问尽其在我，可以自我为政"②。

---

  ① ［清］宣鼎：《夜雨秋灯录》三集卷2《科场五则》，黄山书社1986年版，第211—212页。
  ② ［清］吴庆坻：《蕉廊脞录》卷8《袁昶论学》，中华书局1990年版，第238页。

左宗棠曾在家书中告诫子孙："科名亦有定数，能文章者得之，不能文章者亦得之；有道德者得之，无行谊者亦得之。均可得也，则盍期蓄道德而能文章乎？此志当立。"尤其清末时事日坏，大都由人才不佳导致。因为科举得功名利禄的观念深入人心，专心做时下科名之学者多，而留心本原之学者少。况且"人生精力有限，尽用之科名之学，到一旦大事当前，心神耗尽，胆气薄弱，反不如乡里粗才，尚能集事，尚有担当。试看近时人才，有一从八股出身者否？八股愈做得入格，人才愈见庸下。此我阅历有得之言，非好骂时下自命为文人学士者也。"这里由追求科名而转向对八股文的批评，此处姑且不论，但左宗棠告诫子孙断不可丢失的本原是耕读为本，如果他们"以科名为门户计，为利禄计，则并耕读务本之素志而忘之，是谓不肖矣"①。

然而世人对功名的追求热情却丝毫不减，如浙江桐乡人陆以湉在《冷庐杂识》一书中讲述了同乡一位名叫叶文照的秀才，笃志好学，家贫则授徒为生，"昼督馆课，夜乃自课，恒达旦不寐"，其刻苦之精神可谓感动神明。然而屡试不中，"每应试被放，辄哭泣数日，目为之肿"，可见伤心

---

① ［清］吴庆坻：《蕉廊脞录》卷8《左宗棠家书》，中华书局1990年版，第233—235页。

之深,且还经常对朋友说:"若得登科录中题名,虽死何憾!"正是这样一位拼死读书,追求功名的人,竟以力学得疾,卒年未及三十岁。他的朋友徐照作联挽之:"一生只为名心死,六极惟将恶字除。"①像叶生这样矢志苦读而终无结果者有之,甚至还有人赴试而终不得回。如《明斋小识》中所载的一则故事,可谓凄凉悲惨:

> 甲寅岁陆丈椿赴白门应试,寓利涉桥东,八月初旬染时疾,医不能起,馆人敦促趣去,舁至河滨而阳算尽。甲子吴锡瑞亦寓利涉桥东,未录科即病,八月十三日暝旅次。两公抱病日,予皆趋问木榻,萧然藜灯,凄若揭帐相视,则残息如丝,汯然流涕,及临殡时,灵寝无哭泣声,唯二三同志素冠执绋,此情此景,令人邑邑。②

《儒林外史》也有这类生动的描述。周进在没进学之前去薛家集村当塾师,之所以被请去,是因为他之前教过三年的顾家孩子进了学,乡里亲友互相传颂,就介绍他来当塾师。村里人出了份子钱,申祥甫代表大家设宴款待西席老师

---

① [清]陆以湉:《冷庐杂识》卷4《叶杏楼》,中华书局1984年版,第217—218页。
② [清]诸联:《明斋小识》卷7《赴试不回》,同治四年秋重校,吴趋亦西斋藏版,第22页。

周进,专门请来了村里刚刚进学的梅玖作陪。此时的周进已经六十多岁了,始终不曾进学,于是和梅相公见面时,不肯僭梅玖作揖。梅玖因作陪请西席,对周进作揖之后还专门向众人解释:"你众位是不知道我们学校规矩,老友是从来不同小友序齿的。只是今日不同,还是周长兄请上。"①其实周进此时就是那个怎么也不进学的童生(即小友),而小他几十岁的梅玖因已经进了学,所以称作"老友"。若是不进学,就到八十岁也还称"小友"。席间,因周进吃素,又被梅玖和众人嘲笑。后来周进在省城要看贡院那一幕,着实反映了屡试不售的落第士子内心的凄楚:他刚刚走到天字号,就撞死在地下。众人给他灌水抢救之后,他吐了一口浓痰清醒了。没想到他之后的举动更是惨烈:他看着号板就一头撞上去。这回不死了,放声大哭起来,任凭众人劝解,只管伏着号板哭个不住。一号哭过,又哭到二号、三号,满地打滚,哭了又哭,直哭到口里吐出鲜血来,哭得众人心里都凄惨起来。已经六十多岁的周进,此时面对灰暗的人生前途,在贡院哭闹、撒泼的场景,实在是科举时代众多落第者内心悲凉与凄惨的真情流露。

---

① [清]吴敬梓:《儒林外史》第二回《王孝廉村学识同科 周蒙师暮年登上第》,清嘉庆八年新镌卧闲草堂本。

第二章 清代推行科举落第制度的背景

清代著名医家吴鞠通在其医案中记录了一则真实生动的案例。嘉庆十四年十月初二日,京城有个姓鲍的人,年三十二岁,却已经得癫狂病七年之久了,他家里人请吴鞠通为其诊病。在这之前,已为他请过无数医生,"本京先医、市医、儒医,已历不少。既而徽州医、杭州医、苏州医、湖北医,所阅之医不下数十百矣。"大多数医生都认为他得的是虚症,因此以补虚者多,攻实者少。而这么多医生看过后,鲍某的疯病也只是偶尔停歇,过不了几天又犯了。鲍某是怎么得的癫狂病呢?原来就是"因功名不遂而病"。

吴鞠通初见病人时,"见其蓬首垢面,下体俱赤,衣不遮身",显然是个疯子样貌,其"言语之乱,形体之羸,更不待言"。他还有很强的攻击性,家里门窗粉碎,家具俱毁。家人没有办法,只得用镣铐绑住他的手足,并用几根铁索把他锁在院中大石磨盘上。可见,落第士子鲍某因考试失败竟然成了这般模样,而家人也被他折磨惨了。

吴鞠通诊其脉,六部弦长而劲。于是判定,他这是实症,并非虚症。于是用极苦以泻心胆二经之火。泻心者必泻小肠,病在脏,治其腑也。胆无出路,借小肠以为出路,亦必泻小肠也。药方如下:

龙胆草三钱　天冬三钱　细生地三钱
胡黄连三钱　麦冬不去心,三钱　粉丹皮三钱煮三杯，分三次服。

鲍某服用二帖之后，有大效，妄语少了，安静不少。

初三日，吴鞠通又来诊病，看之前的苦寒之方见效了，又考虑到他久病体虚，恐过刚则折，于是将原方中苦寒之物减少，加了些甘润补阴之药。

过了两天，初五日时，鲍某家人专程来找吴鞠通，对他说："昨服改方二帖，病势大重，较前之叫哮妄语加数倍之多，无一刻之静，此症想不能治，谅其必死，先生可不必再诊矣。"也就是说，吴鞠通调整了药方之后，没想到刚刚有点起色的病人癫狂加重，反不如初，于是家里人已经对他彻底放弃了，想他必死无疑了，就对吴鞠通说不用来给他治疗了。吴鞠通听到家人这么一说，马上明白了，知道问题出在哪里了，他说："不然，初用重剂而大效，继用轻剂加补阴而大重，吾知进退矣。"于是再次亲往复诊其脉，弦长而数，仍然是热盛之状，还是重用苦药。药方如下：

龙胆草六钱　天冬五钱　真雅连五钱

洋芦荟六钱　麦冬不去心，二钱　乌梅肉五钱

胡黄连五钱　秋石二钱

煮三碗，分次服。

吴鞠通此时加大了药量，因为他已经对鲍某的病了如指掌。病人服用了六帖，一天比一天见效。此时，吴鞠通觉

得要想彻底治好鲍某的病，必从病因入手，解其心结。于是将其得病之由，一一剖析开来，对鲍某说，你的想法不对，你至今还不明白"文章至高之境"，即便你能写出至高的文章来，是否能中式，那也是有命运的安排在里面的，"非人力所能强为"。想明白了这个道理，"何怒之有"？生而为人，当以能体察、明白父母的苦心为孝道啊，如果你连健全的体魄、清醒的头脑都不具备了，就算考中了又有何用呢？吴鞠通此番"痛乎责之"的肺腑之言，听得鲍某"俯首无辞"。此后吴鞠通给他逐渐减少苦药，加上滋阴之药。半月之后，鲍某已经和正常人一样，再继续服用专翕大生膏一料，他的身体越来越好，出乎意料的是"下科竟中矣"①。科举时代因落第而致癫狂者确实有之，好在鲍氏家境不错，运气不错，结局也是美好的。

其实像这样科场不顺利而生病的人比比皆是。在清代著名医家薛雪的医案中，我们又发现了一例场屋不遂，郁郁而归者，出现"神识不清，胸满谵语，上不得入，下不得出"的症状。经薛大夫诊脉，得知脉象"虚涩兼结，因此郁气所伤，肺经清肃之气，不能下行，而反上壅"。分析其缘由及

---

① 李刘坤编《吴鞠通医案》卷2《癫狂》，中国中医药出版社2015年版，第257页。

应对的方案:"由是木寡于畏,水绝其源,邪火为之内扰,津液为之干枯。胸中结满者,气不得下也;神昏谵语者,火乱于上也。上不得入,下不得出,气化不清,而显天地否塞之象也。法宜舒通肺气,使清肃下行,则邪火不扰,而胸满自愈矣。"大夫开的药方是解郁疏肝理气的:"紫菀、干葛、枳壳、桔梗、杏仁、苏子。"①

类此之士子不在少数,还有人终因科考数年而无缘得进,落寞而死。如淄川袁松篱,在康熙年间是名士,康熙二年癸卯科乡试得以中举,此后历经七次会试,直到康熙二十一年壬戌科时"尚困公车",并在闱中赋诗:"二十年前古战场,卧听谯鼓夜茫茫;三条画烛连心爇,一径寒风透骨凉。苦向缁尘埋鬓发,凭谁青眼托文章?明宵别后长安月,偏照河桥柳万行。"②武康陈之群吟之,至泣下。令人悲叹的是,人生能有几个二十年?是科袁仍旧下第,第二年即康熙二十四年病卒。一生全部都抛撒在了科考路上,难怪

---

① 秦伯未编《清代名医医案精华》《薛生白医案精华·七情》,载《清代名医医案精华》,人民卫生出版社2018年版,第85页。
② [清]王士禛:《池北偶谈》卷18《谈艺八·闱中诗》,中华书局1982年版,第447页。

第二章 清代推行科举落第制度的背景

人们喟叹："三条烛尽，烧残举子之心！"①还有些士子，屡屡遭受失败的打击，令人心生怜悯，"三年辛苦，梦想皆虚，于是有流涕者，郎当归者，跧庄求者，愿以金纳者，向贵人请托者，河房花市之客尽作可怜色矣"。更有甚者，因考试失败，竟自绝性命，"甲子一宁国生自投于井，视身若蠛蠓，然令人心恻然"②。

上文所讲的那些因追求科名而丢失性命的人实为凄惨。即便没有丢掉性命，经历数次落第之折磨，一些人将功名之路视为险途，充满了无奈与彷徨，一些人转而自嘲，以求解脱，还有人进而讥讽、批评科举制以及那些死读书求科名的人。如《东皋杂钞》所记，清代江南有一顾姓者，曾于闱中吟："八千举子尽元魁，我也随班挨进来；断续文章逐气接，糊涂题目囫囵猜；号房瓦少常防漏，蜡烛油枯渐作灰；舍弟三官真造化，宗师竟不取遗才。"最后，作者评论道"虽滑稽语，然亦是真境也"③。落第者用诙谐的语气写出

---

① ［宋］蔡正孙编《诗林广记》卷9《省试夜》，文渊阁四库全书版。

② ［清］诸联：《明斋小识》卷7《录遗告示》，同治四年秋重校，吴趋亦西斋藏版，第22页。

③ ［清］董潮：《东皋杂钞》卷1，载王云五主编《丛书集成·初编》第2963册，商务印书馆1935年版，第9页。

的打油诗,口气虽然轻松,但其失落、灰心和自嘲的情绪确是真情实感的流露。而长洲陆世明,会试下第后回乡,路过山东临清,钞关错认为他是商人,令其纳税。于是,陆世明一气呵成作了一首绝句呈献给钞关:"献策金门苦未收,归心逐水日东流。扁舟载得愁千斛,闻道君王不税愁。"①关吏看后,明白过来,原来是一落第举人,于是笑遣之。

另外,如《阅微草堂笔记》所载一事,虽为虚妄,但亦是人间真情之表白。曾有一位老学究夜行,忽然遇其亡友,学究平素刚直,所以倒也不怖畏,于是问这位朋友要去哪里?此人曰:"吾为冥吏,至南村有所勾摄,适同路耳。"二人并行,至一破屋前,鬼曰:"此文士庐也。"问:"何以知之?"曰:"凡人白昼营营,性灵汨没,惟睡时一念不生,元神朗澈,胸中所读之书,字字皆吐光芒,自百窍而出。其状缥缈缤纷,烂如锦绣。学如郑、孔,文如屈、宋、班、马者,上烛霄汉,与星月争辉。次者数丈,次者数尺,以渐而差。极下者亦荧荧如一灯,照映户牖,人不能见,惟鬼神见之耳。此室上光芒高七八尺,以是而知。"既然有这样判断学问高下的办法,学究也想一试,于是就问:

---

① [清]丁柔克:《柳弧》卷3《陆世明下第诗》,中华书局2002年版,第180页。

第二章 清代推行科举落第制度的背景

"我读书一生,睡中光芒当几许?"鬼嗫嚅良久,曰:"昨过君塾,君方昼寝。见君胸中高头讲章一部,墨卷五六百篇,经文七八十篇,策略三四十篇,字字化为黑烟,笼罩屋上。诸生诵读之声,如在浓云密雾中,实未见光芒,不敢妄语。"①学究听后,怒叱之,鬼则大笑而去。这则故事讽刺的就是那些死心塌地追求功名的迂腐的读书人。更有一些风流倜傥的文士,作些诗文,讽刺当时的读书人:

> 读书人,最不齐;烂时文,烂如泥。国家本为求才计,谁知道,变做了欺人技。三句承题,两句破题,摆尾摇头,便道是圣门高弟。可知道三通、四史是何等文章?汉祖、唐宗是那一朝皇帝?案头放高头讲章,店里买新科利器;读得来肩背高低,口角唏嘘,甘蔗渣儿嚼了又嚼,有何滋味?辜负光阴,白日昏迷一世。就叫他骗得高官,也是百姓朝廷的晦气!②

落第的士子,在经历了一次次的失败之后,看到自己中式的希望非常渺茫,甚至根本没有什么希望,绝望过后,难

---

① [清]纪昀:《阅微草堂笔记》卷1《滦阳消夏录一》,中华书局2014年版,第14页。

② [清]袁枚:《随园诗话》卷12,第50条,人民文学出版社1982年版,第411—412页。

免有一种上当受骗的感觉。于是有人以自身为读书所误的惨痛教训，告诫世人不要读书："劝君莫读书，读书颇费内囊虚，青云路杳求难稳，白襁神通气自舒。"①然而即使他们将科举误人的所有缺点都说出来，也阻挡不了浩浩荡荡追捧科举之信徒。

落第士子除了自嘲与讥讽外，还有人对科考路上的落第遭遇终生不能忘怀。如近代为人熟知的一位湘军宿将刘坤一，为秀才时"仅应乡试一次，为江西人黄令房荐，批语颇为推挹，而主考弃之；此本寻常事，刘则以为终身之恨"。二十年后刘坤一以军功升江西巡抚，当年他考乡试时的主考，"适由知府保举升道员，在赣省候补，方充要差"，刘坤一莅任后，"首撤其差，谕令听候察看，不许远离"。但却对当年荐他之考卷的黄房考四处寻访，相见后"执弟子礼甚恭，且聘为通省大小书院之掌教"。即便这位黄房考替主考解说，刘坤一皆不领情。刘坤一在江西巡抚位上一干就是十年，这位主考"竟以忧悴卒"。而刘坤一也因此事而扬

---

① 王炳照、徐梓：《科举制度对公平的追求及其对自身的戕害》，载刘海峰主编《科举制的终结与科举学的兴起》，华中师范大学出版社2006年版，第28页。

"泄不第之恨"①之名。

当然,像刘坤一这样有机会报复主考官的人少之又少,虽然在我们看来,刘坤一此举有些过激,毕竟是几十年前的事情,而且文章之去取存弃,不同的考官自然有不同的看法。然而通过这件事情,我们亦可看出,落第对读书人心灵上带来的伤害到底有多深了,这种阴影甚至影响其一生,使他们永生不能释怀。

科举考试失败后,一些人发奋苦读,矢志追求;一些人愁苦悔恨,哀怨一生;一些人相信定数,听天由命;一些人郁郁不得志而终其生;一些人冷嘲热讽,跳出功名之羁绊;一些人终身怀恨,伺机报复;还有一些人则能平心静气,冷静对待。如清代有一位名叫夏彝仲的人,他五次参加会试而不第,"始我初不第时,意中不能无少动。已而出都门,见吾侪被落者,车马行于道,习习若蚁然,当此时自视,亦蚁中之一也"。也许正是从蚂蚁身上,他明白了一个道理:"夫蚁一有求而不得,岂可遂有疾怒悲愤之心哉?即有之,人亦何从知之?天亦何能怜之?"从此以后,他"失志而愈安,处谤而益静",即便"他人代为不平,而我以为无庸

---

① [清]刘禺生:《刘坤一泄不第之恨》,载《世载堂杂忆》,中华书局1997年版,第47页。

也"①。他面对科场失败,已经能够坦然相视而从容接纳,视落第已波澜不惊,他对科举落第的理解、对人生一世的理解已经达到了一个境界。

也有更多的人因科举一途屡屡受挫,转而寻求他途发展,如安徽泾川人赵绍祖,字绳伯,号琴士,生于乾隆十七年,卒于道光十三年,从小聪慧过人,"九岁能文,补诸生,从学使朱筠学经解,朱奇其才,授以说文"。然屡荐乡试不中,"遂专心于经史百家及碑版书画的研究,以博学能文知名海内"。直到道光元年,他年七十时,举孝廉方正。经安徽布政使陶澍荐举,修《安徽通志》,被人称为"详赡有法"②。后来他还主持过秀山、翠螺两书院,殷勤教诲后学。历史上像赵绍祖这样,失意于科场后,转而发展己之所长的人不在少数,这里不一一举例。

更有甚者,如徐珂《清稗类钞》所载的一位青浦邹间斋,他一生都未能跨过童试,然而,凡县试、府试、提学试,必入场,入场之后,在桌上树一标:"出卖警句,每句

---

① [清]阮葵生:《茶余客话》卷2《夏彝仲言不第处境》,见《清代笔记小说大观》第三册,上海古籍出版社2007年版,第2497页。
② [清]赵绍祖:《读书偶记 消暑录》,点校说明,中华书局1997年版,第1页。

钱七文,不二价。"他总是携带大篮入场,"内盛腌菜数茎,冷饭半盂,蟋蟀盆一枚"。等到日暮,场中士子多买其警句,看到盆中钱满后,竟"缴卷迳出"①。从邹老童身上,我们可以看到,科举考试于他而言,不过是一条生财途径而已,他已经超然于功名之上了,不关心能否考中,更关心所卖之警句能赚多少钱。现实生活已经彻底战胜了他心中的理想,毕竟生存是第一位的,而考到老却依然得不到的功名,就不必蝇营狗苟地钻营了,更不必为之无妄地丢掉宝贵的生命,如果能利用它赚来些许小钱,贴补家用开支,倒也不错。可是另一方面,世间生财之途径有千万条,而邹老童入场卖句这样得钱的机会毕竟是少数,他定然不是以此为生的,可是他却不放过任何一次入场之机会,这又反映出他内心深处对科举依然有一份无法割舍的情缘。这一点,恰恰反映了那个时代所有读书人内心的矛盾世界。

上文述录的科举考试中落第者产生的种种情状,仅是浩如烟海的史料文献中的一小部分,小说、戏曲等文学作品中记载的落第士子,我们这里基本没有提及。绝大多数的落第者如同尘埃一般,早已在历史的长河中悄无声息地淹没了。

---

① [清]徐珂:《清稗类钞·考试类·老童入场卖警句》,中华书局2003年版,第600页。

上文所有落第者之反映和表现，当时的地方政府与清政府亦十分清楚，毕竟他们深知"下第举子之口，真可畏哉"①的道理。面对落第者这一科举时代的必然产物，统治阶层需要及时疏通落第士子的愤懑不满之情，用实际措施快速而策略地堵住落第者之口，使他们对科举考试、对朝廷统治的各种不利言论降到最少，危害性减到最低。正如宋代理学家朱熹所言"邪说横流害人心术，甚于洪水猛兽之灾，惨于乱臣贼子之祸"②，这是清代统治者时刻铭记的，因此便有了科举落第政策的出台。

第二节 落第所引发的社会问题

自古以来，帝王皆重视兴贤育才，清代更是如此。即便刚刚定鼎中夏，世祖亦"首隆学校，加意人才"③，学习沿用明代的学校制度和科举制度，以此来笼络与吸纳更多的士

---

① ［明］沈德符：《万历野获编》卷14《薛文清主试》，中华书局1959年版，第375页。
② ［明］周玺：《垂光集》，《论治化疏》，文渊阁四库全书版。
③ 《清世宗实录》卷3，雍正元年正月辛巳。

人纳入清廷的统治秩序,为其所用,遂形成超越前古之开国规模。顺治二年,各直省开科,随后的几年内,频繁开科取士,而在当时国内四处战乱,尚未平定的情况下,科举考试如润物之春雨,对于缓减尖锐的民族矛盾有着不可估量的作用。由此看来,清代统治者的开科取士这一步棋子不可谓不高明,不可谓不深远。对此,清人王应奎曾有记述:

> 鼎革初,诸生有抗节不就试者,后文宗[①]按临,出示,山林隐逸,有志进取,一体收录。诸生乃相率而至,人为诗以嘲之曰:"一队夷、齐下首阳,几年观望好凄凉。早知薇蕨终难饱,悔杀无端谏武王。"及进院,以桌凳限于额,仍驱之出,人即以前韵为诗曰:"失节夷齐下首阳,院门推出更凄凉。从今决意还山去,薇蕨堪嗟已吃光。"闻者无不捧腹。[②]

虽然上文的本意是嘲笑与讽刺这些被功名利禄所诱惑而丧失名节的读书人,但透过这些诗句,我们却从另一面看到了清初开科取士对广大借读书以仕进的士子有着莫大的吸引力,使其早已忘记何为名节了。而清初连续举行几次科举考

---

① 此处文宗指的是学政。
② [清]王应奎:《柳南续笔》卷2《诸生就试》,中华书局1983年版,第165页。

试，对于笼络汉族知识分子，瓦解各地的抗清斗争，有着显著的成效。毕竟，一个新建立的少数民族政权，如果能很好地利用这些知识分子，发挥其四民之首的作用，对于加速稳定政治局面，开拓发展文教事业，都是非常积极有利的。尤其是清圣祖御极六十一年，"培养教育，怙冒涵濡，深仁厚泽，有加无已，御制训饬士子文，颁布学宫，东西南朔，海澨山陬，户习诗书，家敦礼乐，遐迩无不向风，文教之隆，莫过于此矣"①。由此，我们可以看出清代统治者历来重视文教对于安定统治所发挥的重要作用。

然而，随着当时尖锐的民族矛盾逐渐消减，科举考试固有的问题日渐暴露。每逢开科，中式者必少于落第者，有限的官缺永远无法给绝大多数应试者提供相应的职位。尤其到了清中后期，两次增广学额，加大捐纳入仕之比例，都使得科举考试中竞争更加激烈，必定有为数众多的落第者。所谓"邑聚千数百童生，擢十数人为生员；省聚万数千生员，而拔百数十人为举人；天下聚数千举人，而拔百数人为进士；复于百数进士，而拔数十人入翰林"②。而落第者对功名之

---

① 《清世宗实录》卷3，雍正元年正月辛巳。
② 梁启超：《饮冰室文集》之三，台湾中华书局重印本，第22页，转引自王德昭：《清代科举制度研究》，中华书局1984年版，第66页。

第二章 清代推行科举落第制度的背景

追逐,在失意后的种种表现,历来为统治者所重视,如明末清初的小说家董说在其作品中惟妙惟肖地描述了落第者看榜时的千姿百态,活脱脱展现了一幅失意者之众生态:

> 顷刻间,便有千万人挤挤拥拥,叫叫呼呼,齐来看榜。初时但有喧闹之声,继之以哭泣之声,继之以怒骂之声。须臾,一簇人儿各自走散:也有呆坐石上的;也有丢碎鸳鸯瓦砚;也有首发如蓬,被父母师长打赶;也有开了亲身匣,取出玉琴焚之,痛哭一场;也有拔床头剑自杀,被一女子夺住;也有低头呆想,把自家廷对文字三回而读;也有大笑,拍案叫"命,命,命";也有垂头吐红血;也有几个长者费些买春钱,替一人解闷;也有独自吟诗,忽然吟一句,把脚乱踢石头;也有不许僮仆报榜上无名者;也有外假气闷,内露笑容,若曰应得者;也有真悲真愤,强作喜容笑面。独有一班榜上有名之人:或换新衣新履;或强作不笑之面;或壁上写字;或看自家试文,读一千遍,袖之而出;或替人悼叹,或故意说试官不济;或强他人看刊榜,他人心虽不欲,勉强看完;或高谈阔论,话今年一榜大公;或自陈

除夜梦谶；或云这番文字不得意。①

落第者内心本就脆弱而敏感，尤其是遭遇一些科场不公正时，他们的情绪更是激动甚至偏激，如果处理不当，则极易滋生事端，不仅出现士子闹事，甚至引起社会动荡，人心惶恐，于统治尤为不利。清代统治者深谙个中道理，对历次科场案与科场事端都极为重视，甚至处理得过于残酷，为的是警示后来人，不要重蹈覆辙，尽可能地肃清科场弊端。如康熙三十八年己卯科顺天乡试，翰林院修撰李蟠担任正主考，翰林院编修姜宸英任副主考，录取的大臣子弟较多，这科放榜后，落第士子极为不满，京城盛传"中堂四五家尽列前茅，部院数十人悉居高第"，并将矛头直击两位主考官，到处散发揭帖，并创作歌谣借以讽刺"老姜全无辣味，小李大有甜头"。经江南道御史鹿祐奏请将顺天乡试正副考官修撰李蟠、编修姜宸英等，立赐罢斥。圣祖著九卿詹事科道会同，将李蟠等严加议处。②而且，圣祖对此仍不放心，于次年正月将新科举人招入宫中，亲自出题，严加监视，并加以复试，重新排名。圣祖本以为"必有不能终卷者"，结果发

---

① ［明］董说：《西游补》第四回《一窦开时迷万镜　物形现处我形亡》，上海古籍出版社1983年版，第16—17页。

② 《清圣祖实录》卷196，康熙三十八年十一月丁酉。

现,大多数考生还算不错,"俱能成文,尚属可矜"。而且"诸生试卷,朕一一观其大略,诸臣所拟等第俱当。三等以上者,皆可观;有在三等,朕拔置二等者;亦有在四等,朕拔置三等者;四等果属不堪,著令黜革;三等以上者,仍令其会试"。因此得出"至于落第者在外怨谤,势所必有,焉能杜绝"①的结论。而主考官姜宸英、李蟠被羁押在刑部,然姜宸英已年老体衰,经不起这样的一场折腾,竟病死于狱中,时任刑部尚书王士禛对此人有专门记载,称他"文章豪迈有奇气,本朝古文一作手也",并且姜宸英早年"先以诸生入史局,分修《明史·刑法志》,极言廷杖、诏狱、东厂、缇骑之害,淋漓痛切,不减司马子长。后以科场事连染,竟病卒于请室"②,王士禛深感可惜,专门记文述之。

虽然这次科场案在清代并不是最大、最出名的,但已经引起统治者的注意,并促使对政策的进一步完善,即规定各省乡试,官员子弟不应占有寒士之名额,而是另外编官字号,另给定额。这就是清政府重视落第士子的举动,对制度进一步完善,正所谓"科举制度中有许多具体制度、条例的

---

① 《清圣祖实录》卷197,康熙三十九年二月乙丑。
② [清]王士禛:《分甘余话》卷4《姜宸英》,中华书局1989年版,第86—87页。

制定或完善，正是在处理取士不公的情况下做出的……历代政府在下第举子的指责中采取这些措施，完全是为了维护科举制的声誉，以取信于民"①。实际上，历代政府都很重视科场案，正如明代人所言："此非过防也，进一权门，妨一寒士，得一匪人，失一真才，势不得不然也。"②这同样也适用于清代。

雍正十年，翰林院侍讲俞鸿图，提督河南学政③。俞鸿图是浙江海盐人，于康熙五十一年中进士，他父亲俞兆晟于康熙四十五年中进士，官至侍郎，后因儿子贿卖生员案而遭褫职。清代各省学政，是由朝廷委派到各省，掌管一省之文教，担任衡文之责任的。"学政科场乃国家兴贤育才之要政，关系重大"④，学政负责督察全省府、厅、州、县的儒学事务，一般由翰林院或进士出身的京官担任，三年一换，学政在三年任内须巡回于各府州，主持岁试、科试，考核生员学业，同时还负责童生试的最后阶段即院试，手握士子能

---

① 李世愉：《中国历代科举生活掠影》，沈阳出版社2005年版，第242页。
② [明]张萱：《西园闻见录》卷44《科场·前言》，民国哈佛燕京学社印本。
③ 《清世宗实录》卷118，雍正十年五月戊午。
④ 《清世宗实录》卷141，雍正十二年三月丙申。

第二章 清代推行科举落第制度的背景

否取得科举考试入场券的生杀大权,即"督学一官,尤人伦风化所系",自然要郑重遴选。雍正帝对学政寄予很高期望:

> 尔等须廉洁持身,精勤集事,实行文风,两者所当并重。若徒事文华,而不敦崇实行,犹未为尽职也。表扬忠孝节义,崇祀先圣先贤,访求山林隐逸,搜罗名迹藏书,而衡文一道,专以理明学正,典雅醇洁为主。

只有学政矢公矢慎,为国家鉴拔真才,使"士品端而后文风正,他日为国家柱石,为朝庙羽仪,不綦重欤"[①]。

虽然帝王对臣子提出了很高的期望和要求,然而作为把持着读书人推开仕进大门第一关的学政,尤其是"在贪婪腐败的官风下,学政往往把一手掌管的院试当成受贿发财的良机,夤缘嘱托行贿舞弊之风十分盛行"[②]。俞鸿图就是这样一个人。早在雍正四年,俞鸿图任江西乡试副主考,查嗣庭任主考,二人收受举人牌坊银两,查嗣庭因出题之嫌而被参奏问斩,俞鸿图仅被革职,"在翰林院编修内行走,倪

---

① 《清世宗实录》卷3,雍正元年正月辛巳。
② 李国荣:《科场与舞弊——中国古代最大科场案透视》,中国档案出版社1997年版,第19页。

三年无过，准其开复"①，幸免于难。几年后，雍正帝对其"格外宽宥，复加任使，谅伊必能感激黾勉，考校公明，以图报效"②。然而，俞鸿图并不珍惜，任河南学政期间，收受贿赂，赃私累万，引起民愤，后经河南巡抚王士俊奏报世宗，才暴露于天下。雍正帝在位十余年，严厉整顿吏治，"各省试官，不闻有婪赃败检之劣迹"，雍正帝正心颇喜，"以为试事渐次肃清"③。恰在此时，"俞鸿图一人，首先犯法，纳贿营私，甚属可恶"④。经过半年多的调查，审清了俞鸿图贿卖生员的具体情节，雍正帝同意刑部的提议"著即处斩"。同时对他的父亲、身为户部侍郎的俞兆晟也展开调查，认为他平日教子不严，懵然罔觉，品行不端。尤其是"伊子俞鸿图，纳贿婪赃，紊乱学政，非寻常私弊可比，伊有此逆子，岂真一无见闻，而欲脱然事外乎？"⑤最后，将其革职。

　　这一案件给雍正帝以很大的打击，以至于他对之前颇为自信的"试事渐次肃清"状况很是怀疑，因此在制度上完善

---

① 《清世宗实录》卷53，雍正五年二月辛酉。
② 《清世宗实录》卷135，雍正十一年九月庚辰。
③ 《清世宗实录》卷141，雍正十二年三月丙申。
④ 《清世宗实录》卷135，雍正十一年九月庚辰。
⑤ 《清世宗实录》卷141，雍正十二年三月戊戌。

了对学政的监督与处罚：

> 今观俞鸿图赃私累万，则各省学政之果否澄清，朕皆不敢深信矣。盖学政与督抚，同在一省，学政之优劣，督抚未有不深知者，祇因督抚有所请托分润，代为隐瞒，朕复何从而知之。嗣后，各省若有考试不公，徇情纳贿者，经朕访闻，除将学臣从重治罪外，该督抚亦必照溺职例，严加处分。①

以上所举之例，在清代科场案中根本不算大事，只是小事一桩，但我们也能从中看出统治者的重视程度。当落第者将失意、冤屈与不满情绪通过各种方式发泄出去之后，统治者往往都会一方面疏导与解决当下的事端，严厉惩戒，警示后人；另一方面，冷静地反思问题之所在，并及时加以调整与修补，使得科举制度的一些规定逐步完善。

顾炎武曾说："科举之弊必至于躁竞，而躁竞之归驯至于乱贼。"即，只要有科举考试，必定会出现奔竞、浮躁之风，"自唐迄今，同斯一辙"。为避免这一情况，他建议"有天下者，诚思风俗为人才之本，而以教化为先，庶乎德行修而贤才出矣"②。

---

① 《清世宗实录》卷141，雍正十二年三月丙申。
② ［清］顾炎武：《日知录》卷17《生员额数》，文渊阁四库全书版。

其实历代统治者设科取士之本意，都是为了选拔德行兼具之人才。在科举考试的具体实践中，出于方便操作，统一评判标准的考虑，逐渐形成八股文之文体。世间读书人为获取功名，大多把精力全部投向时文，而将古史典籍束之高阁，出现"八股盛而六经微，十八房兴而廿一史废"的状况。即使有一二好学者，"欲通旁经而涉古书，则父师交相谯呵，以为必不得颛业于帖括，而将为坎轲不利之人"①。全民对科举入仕的崇拜达到了顶峰，连一切不利于科考的知识都无暇顾及了，更遑论修养德行呢！

　　抛却八股文不说，中国古代的科举取士制度之所以能持续发展到清代，主要是靠它的公正性。为此，历朝"政府采取各种办法，千方百计地保证这种制度的威信"②。在中国这样一个传统的"科举社会"里，一个人如何通过公平的方式、公开而公正地穿越这一线，也成为全社会高度关注的问题。③清政府为维护科举取士的公正性，不仅在整个考试过

---

①　[清]顾炎武：《日知录》卷16《十八房》，文渊阁四库全书版。
②　李弘祺：《宋代官学教育与科举》，台北联经出版事业公司1994年版，第230—231页。
③　王炳照、徐梓：《科举制度对公平的追求及其对自身的戕害》，载刘海峰主编：《科举制的终结与科举学的兴起》，华中师范大学出版社2006年版，第27页。

第二章 清代推行科举落第制度的背景

程中的各个环节和考试场所、阅卷考官等诸多方面有一套堪称有史以来最为严密的制度;更重要的是,清代统治者非常重视历次科场案,时刻关注落第者之言行举止,在继承前代的基础上,制定出一系列的落第政策,尽可能多地为落第士子提供政治出路。即便不能真正给予职位,亦从衣冠顶戴、职名头衔、经济资助等方面予以照顾,体现政府对落第者之关怀与理解,及时梳理他们的不满情绪,将其消极性降至最低。清代作为最后一个封建王朝,科举制度在继承前代的基础上,又不断增补发展,更形成一套完整的落第政策,为历代之所无,独具清代特色。所以认识与了解这些具体的落第政策,对于我们全面考察科举制度有着举足轻重的作用。

第三章

清代科举落第制度中的安抚政策*

---

* 本章和第四章中有关制度的内容，在李世愉、胡平先生的著作《中国科举制度通史·清代卷》（上海人民出版社2015年版）一书的第十一章《落第政策》中有过收录，因该章内容是本书不可或缺的核心内容，因此本书略作改动，放置于第三章和第四章，此处说明，后文不再赘述。

凡生员参加乡试未被录取者，举人参加会试未被录取者，即为落第，亦称下第。自开科以来，中式者少，落第者多。而孤寒之士，落第后的凄凉、愁苦、悲伤、忧愤和穷困，自不用说，作为选拔人才方式的科举制度，给落第者带来的这些伤痛是其始料未及的。政府如何使得科举这一抡才大典能为天下所有士子所共仰，尤其是使得落第者不要灰心丧气，积极投入下一科的备考，极为重要。在这种情况下，显然如何妥善安抚落第士子，已引起统治者的重视，并且成为清代科举制度中的一项重要内容。

　　清代科举落第政策大致可以分为两个方面，一方面是对落第士子心灵上的安抚，如"发领落卷"政策、恩赏年老士子和告给衣顶政策及赏赐士子盘费银两等；另一方面则是为落第士子尽可能地提供出路的安置政策，如明通榜、中正榜、挑誊录和举人大挑等措施，切实为落第者提供一些职位和仕进机会。本章主要论述前者，这些落第政策的实施，体现了清政府对落第者的关怀与抚慰。

第一节　发领落卷

"发领"一词，原为历史典籍中用语，现代汉语并无这一用法。从词语本义看，"发"是从制定政策的朝廷角度看，"领"是从享受政策的落第士子角度讲，"发领落卷"即由朝廷将落卷发还给落第者，由其领回阅看。为尊重史籍，本节仍采用"发领落卷"之说。按规定，未中式之卷皆为落卷，发领落卷仅针对本科应试者，在乡试、会试开榜后，由礼部、顺天府等处出示，于十日内令落第士子阅看或领回落卷，以示至公。

"发领落卷"的实施，旨在令士心悦服，不仅体现出清政府在关爱落第士子、调整社会心理及保持社会稳定上所做的努力，而且对科举考试中阅卷程序及考官阅卷态度等各个方面也起到了匡正和完善的作用。"发领落卷"政策与落第者关系最为密切，可谓颇具人性化之创举。其影响不单在清代，就是对我们今天的考试制度的改进也有着不可忽视的借鉴作用。

一、"发领落卷"之沿革及相关规定

（一）缘起与定制

"发领落卷"即发还落第者的试卷。有关发还考生的落卷，最早在明正统十二年，陕西耀州儒学署学正事举人康拯上书，"乞敕今后科场不中文卷，并不成文曳白文卷俱付提调学校佥事等官详校，如文卷无疵，考官忽略不取，具奏逮问；其不成文并曳白者，按临各学给与本生，晓谕其失，量加责罚。"如此一来，"为考官者不敢忽略，而不中生员知所改正，不成文并曳白者不敢萌幸进之心矣！"然此事并未有什么进展，英宗仅"命礼部集议以闻"[①]。直到万历四十年十二月，礼部覆议漕臣孙居相条摘场蠹四款，其中提到"落卷发提调给散诸生"[②]。

这一做法一直持续到明末清初，据明末清初人叶梦珠回忆，明末时，"诸生入泮必取府、县考试原卷与入学试卷一并连钉，覆试之日，给发新生，令覆试所作文即誊于入泮试卷之后，以对笔迹异同，防顶代也。"因此叶公感叹："犹

---

① 《明英宗实录》卷153，正统十二年闰四月甲申。
② 《明神宗实录》卷503，万历四十年十二月戊戌。

忆明季，予初应试时，入学案发后，凡府取童生院试落卷并发出，令人自阅，以示至公。诸童生不入泮者，并驰驱而往，觅视落卷以验己之得失，国初犹然。顺治五、六年后，此典遂废。"①

清初，乡、会试后，中式者试卷交到礼部磨勘备查，其余皆废弃。有好事者将本府县考生的落卷收归，每卷以二三钱出售，俟有志之士购阅。士子亲眼看到自己的落卷，"其间点窜，往往有未竟，甚或不染一笔者，亦付之无可如何也"②。原来考官阅卷，初行"公阅公荐"，即考生试卷先由弥封所弥封之后，交给誊录所，由誊录所将考生写的墨卷誊录为朱卷，并由对读所对读之后，才开始阅卷。主考与各房官同坐一堂，随分随阅，随取随呈，而去取权衡，专在主考。这种阅卷方式的本意是："一人尚可以行私，而众人遂可以祛弊。"③然而，往往考官及同考官尚未将所分试卷全部阅完，应取的正额已满，"余卷未闻者甚多，或粗阅

---

① ［清］叶梦珠：《阅世编》卷2《学校五》，中华书局2007年版，第38页。
② ［清］叶梦珠：《阅世编》卷2《科举五》，中华书局2007年版，第52页。
③ ［清］魏象枢：《寒松堂全集》卷4《再陈科场条例等事疏》，中华书局1996年版，第104页。

第三章 清代科举落第制度中的安抚政策

前一二张,或未加批改一句一字"①,以致各落榜生甚是怨恨。落第者失意科场之后,有一个迫切而焦急的愿望,就是希望尽快看到自己的考卷,看到考官的批语,只有这样,才能真正弄明白自己落榜的原因,才能做到内心平复而不致生事。顺治十二年,户科给事中宋牧民条奏:"天下太平之本,在于人才,取贤之准绳,在定闱例。作为考官,务须精心细阅,遍加批点,即文不中式,要抹出不中缘故。"②这一年乙未科会试落卷,贮放在顺天府,"许贡生赴阅,限六日内,不得领回"③。这是前所未有的举措,意义非凡,允许落第士子亲自阅看落卷的做法,为日后发领落卷的推行开启了先例,奠定了重要基石。

正如左都御史魏象枢所言:"国家至公者莫为科目,而最要者莫如考官。必上体朝廷吁俊之心,下鼓士子读书之

---

① 中国第一历史档案馆藏,顺治朝题本,礼部尚书胡世安陈科场条例题本(顺治十二年二月初七日),载《历史档案》1987年第3期,第17—18页。

② 中国第一历史档案馆藏,顺治朝题本,礼部尚书胡世安陈科场条例题本(顺治十二年二月初七日),载《历史档案》1987年第3期,第17—18页。

③ [清]谈迁:《北游录》《纪闻下·乙未礼闱》,中华书局1960年版,第403页。

气,选举严而名器重,乃可以收人才之效也。"①然而公阅公荐之法在施行中弊端日显:有的考官阅文草率,将荒谬疵蒙之文取中,最终却因无法查出而逃避究诘。如此一来,公阅公荐既为考官"藏污纳垢之妙法,又为卸责分罪之美名,而非实实遵行者也"②。因此顺治十四年,"闱中阅卷,停其公阅公荐"③,改为分房阅卷,即每房考官分领若干,并于朱卷卷面上印上该房印章,无论考生中式与否,考官都应各列衔名并详注批语。若某房作弊,即可查出,将该房官处分。如此一来,各房官亦谨慎阅卷,不敢草率行事而屈抑人才。

分房阅卷提高效率的同时,也给某些考官提供了舞弊的机会。康熙七年,进一步修正,同考官给考官的荐卷应放置在中间案上,"御史验明内无私通小贴,方送主考收阅"。各房落卷,同考官需批出不中缘由,开榜后,令本生阅看朱卷,官员不许藏匿勒索。"如同考官妄抹佳文,本生即赴部

---

① [清]魏象枢:《寒松堂全集》卷4《科场条例弊窦多端等事疏》,中华书局1996年版,第101页。
② [清]魏象枢:《寒松堂全集》卷4《再陈科场条例等事疏》,中华书局1996年版,第104页。
③ 光绪《大清会典事例》卷347《礼部·贡举·内帘阅卷》,光绪二十五年刻本。

第三章 清代科举落第制度中的安抚政策

具呈,验实纠参。若本生文原不佳,妄行控告,除黜革外,仍交刑部,照诬告例,从重治罪"①。

康熙十七年,尽管连续几科均于开榜之后允许本生自看落卷,但是阅卷过程中考官舞弊等事却屡禁不止,如"同考荐卷,因有私人暗通,主考姑容取中,虽有佳卷,再不呈荐,致屈真才";或因考官疏漏,"不中落卷,何篇有疵,不将掷落缘由批出,或略加数点,或乱抹一笔,竟行掷去"②。迫于各方面的压力,清政府终于重拾明代搜落卷之法,"主考官阅房考官之荐卷外,余卷亦令遍阅,庶不致遗失佳卷"③。制度的日益精详,是为了使各房官凛惕功令,谨慎阅卷;使落第士子知朝廷之劝惩,安心顺命,最大限度地实现科举公正取士的主旨。

随着阅卷制度及相关制度的日趋成熟,康熙十八年,"发领落卷"终成定制:"各房落卷,同考各官将落卷俱批出不中缘由,开榜之后,顺天府出示,于十日内,令本生领

---

① 光绪《大清会典事例》卷347《礼部·贡举·内帘阅卷》。
② [清]魏象枢:《寒松堂全集》卷4《科场条例弊窦多端等事疏》,中华书局1996年版,第102页。
③ 《清圣祖实录》卷248,康熙五十年冬十月乙亥。

取原卷阅看，不许藏匿勒掯。"①至此，落第士子领回并阅看试卷已成定制，同时也显示出清政府对于科举公正、公平取士信心百倍，并愿意接受世人的监督。

为了不使佳文最终成为落卷，雍正元年，进一步规定，凡被房官误抹之佳文若经主考搜出，仍行取中。而对误抹佳文之房考，"如文内字句隐僻，一时不能看出，以致涂抹，应宽免处分；若文理明显，挟私妄抹，仍照定例行。"②是年会试放榜后，对落卷仍进行检阅，做到"有善必录，罔有遗才，士子无不感服"③。

发领落卷的政策已经成形，重要的是在实际中如何落实这一政策，使其能够有效实施。乾隆四十八年，因一些官员不慎将应试者试卷遗失，致使士子不能领出，"将经手之书吏等彻底根究，并责成内外收掌官，逐卷造册稽查；如有割换、藏匿情弊，原卷遗失，未经查出者，将收掌官照例议处"④。道光二十三年，将落第士子领回落卷过程中的一些

---

① 《大清会典》（康熙朝）卷52《礼部·贡举一·科举通例》，凤凰出版社2016年版，第600页。
② 光绪《大清会典事例》卷347《礼部·贡举·内帘阅卷》。
③ 《清世宗实录》卷12，雍正元年冬十月丙子。
④ 光绪《钦定科场条例》卷46《闱墨·发领落卷·例案》；光绪《大清会典事例》卷346《礼部·贡举·外帘事宜》。

第三章　清代科举落第制度中的安抚政策

手续进一步完善："向来发领落卷，止凭该生报名，查与红号相符，即行给领，是否本名，无从查核"。为了防止一些人别有用心，如割卷等情弊，自此以后，士子应持原先发给的卷票为凭证，方可领回阅看。而且内外收掌官也应将所有落卷，逐一细查，"以五十卷为一束，每箱共装几束，开列清单，送交提调官核对、加封，派员领出，以昭慎重"①。

随着发领落卷的推行，一些被考官误判、或点窜破句、或被错誊他人试卷的情况得到了纠正，士子可以将这些渎职考官等呈部题参，使他们得到应有的处罚，一时间"士论称快"②。雍正二年，就连享有特权的八旗士子参加的翻译科乡试，也普及了这项权利。早在清初就举行了翻译乡试，满洲、蒙古和汉军八旗以及各衙门无顶戴笔帖式，皆准应试。"满洲、蒙古通汉文者，翻汉字文一篇，未能汉文者，作清字文一篇，汉军文章篇数，如汉人例"。雍正二年，礼部考试翻译举人，"不必分作三场，止须一次考试，一日一夜，量其所能，或章奏一道，或四书或五经酌量出一题，其优劣

---

① 光绪《钦定科场条例》卷46《闱墨·发领落卷·现行事例》；光绪《钦定科场条例》卷46《闱墨·发领落卷·例案》；光绪《大清会典事例》卷346《礼部·贡举·外帘事宜》。

② [清]叶梦珠：《阅世编》卷2《科举五》，中华书局2007年版，第52页。

便已可见",而且"考试并无汉文,不必派汉大臣",从部院官员内派"收掌官二员,受卷官二员,弥封官二员,对读官三员",并兼管誊录所事,直到一切阅卷事宜结束之后,"翻译乡试落卷,令本生查阅。"①嘉庆八年,翻译科乡、会试,归并文闱,"俟试卷进呈揭晓后,将落卷点明数目,乡试移送顺天府,会试移送礼部,俟士子来领散给"②。

嘉庆十二年,经御史陆言奏请,条陈武闱事宜,提出考试"卷面宜用全页,试卷宜添横格,及落卷宜令诸生领回阅看"三条,嘉庆帝认为这些都是内场防弊之事,况且"武闱乡、会试内场考试,所校策论各艺,俱系传递代倩,全非出于应试士子本人之手";至于"试卷弥封等事,竟是虚文"③。因此,武闱本就以外场定高下,自然不必事事仿照内场,故而关于武生落第者领回落卷阅看的条奏未经允许,但由此我们也可看出发领落卷政策普及的广泛程度。

至于童生试后的落卷是否发还,早在明朝万历年间,即有"落卷发提调,给散诸生"④的记载。参加过明代末年童

---

① 光绪《大清会典事例》卷363《礼部·贡举·翻译乡会试一》。
② 光绪《大清会典事例》卷364《礼部·贡举·翻译乡会试二》。
③ 《清仁宗实录》卷186,嘉庆十二年冬十月乙未。
④ 《明神宗实录》卷503,万历四十年十二月丙申。

生试的叶梦珠,曾回忆道:"凡府取童生院试落卷并发出,令人自阅,以示至公。"这种做法在清初仍可见:"诸童生不入泮者,并驰驱而往,觅视落卷,以验己之得失",至顺治五、六年后,此典遂废。此后落第士子查阅落卷之途阻塞,连叶氏也不免长叹:"所取非所好,所好非所取,卷之上下,主司已不堪自问,焉堪问世耶?"①可见,敢不敢发还落卷是检验考试是否公平的重要标志性举措之一。不公正的评阅当然不敢面向公众,面向社会。叶氏此论可谓尖锐而深刻。在乡试、会试发领落卷的影响下,到雍正初年,童生试中也推行了这一政策,童生又可亲自查看并领回自己的落卷。按规定,"童生落卷,学政仍批明不录取缘由,发交各教官传令亲领阅看"②,"听各该童自行领阅"③。至此,清代科举考试中凡有黜落的考试(童生试、乡试、会试)均有发领落卷之举。

---

① [清]叶梦珠:《阅世编》卷2《学校五》,上海古籍出版社1981年版,第34页。
② 《钦定礼部则例》卷52《仪制清吏司·考试事例》,乾隆四十九年修。
③ 光绪《大清会典事例》卷368《礼部·学校·学政关防》。

（二）不许刊刻落卷

在推定发领落卷的同时，清政府又严格规定，不许刊刻落卷。这也是"发领落卷"制度的重要内容之一。

科场大典，关系重大。仅"以京闱而论，应试者将及万人，中式者二百余人"，每每撤闱之后，孤寒下第者自然是数倍于金榜题名者。"即使内外诸帘，一秉至公，而中式之人，未必皆称得士。而此九千余人向隅而泣者多矣"。因此，每次科考之后，政府面临的一个重大问题：如何才能使下第之人，群知悦服。若单靠考官们秉公阅卷，势亦有所不能的，当然，"下第诸生，当以义命自安"①。同时也应加强管制，严禁落第士子结党闹事。

按照定例，每场科举考试后，将中式者试卷刊刻出版，而落第者试卷发还本生，如有不公，允许他们通过正常渠道反映怨情，朝廷也有专门针对渎职官员的惩处条例。早在康熙六十年，下第举子在副主考李绂门前喧闹一案，经监察御史舒库等参奏，将"左副都御史李绂，照溺职例革职"，并规定："嗣后乡试、会试发榜后，考试官有不公之处，许下

---

① 中国第一历史档案馆藏《宫中朱批奏折》，文教类，57：39，雍正元年礼科掌印给事中缪沅奏。

第举人、生员,据实赴该管衙门具控。如有竟往考试官家喧闹者,该地方官即严拿送刑部,从重治罪。"①

雍正四年,颁谕旨重申,一方面对处事不公之考试官严加究处,另一方面,对那些不轨之徒,"假捏污蔑之辞,以泄私忿而挠公事,则国法断难宽宥"②。雍正八年又加以补充:"应试举子,毋许于未发榜之前,钞录闱中文字,送人批点,并不许榜后刊刻落卷,漫生怨望"③。如经发觉,则严惩不贷。

然而总有些落第士子,始终怀着怨恨之气,愤愤不平,即便看到落卷上考官的批语,依然不能叹服,认为是考官有眼无珠,不识自己这匹千里马,于是怨天尤人、怀才不遇的情绪终日萦绕心间而难以挥去,积累到一定程度,便一发而不可收。有人冷嘲热讽考官,肆行搅闹官府,集结其他落第士子,共同出资,将落卷刊刻出版,并四处散发传播,以激起人们的广泛同情与认可。对于这种做法,清政府也深刻地认识到其危害性,制定了严惩措施。

---

① 《清圣祖实录》卷293,康熙六十年六月戊戌。
② 光绪《大清会典事例》卷340《礼部·贡举·申严禁令》。
③ 光绪《大清会典事例》卷340《礼部·贡举·申严禁令》;光绪《钦定科场条例》卷33《禁令·严禁夤缘诸弊·现行事例》。

道光九年，会试开榜后，有一位浙江举人顾宗伊，刊刻落卷，散布流传。御史张曾奏请："饬禁刊刻落卷，以端士习。"①经调查发现其所刻卷内，还附载一封致同考官袁文祥之书，对袁大肆讥评。顾宗伊自然难逃究处，被褫革举人，以示惩儆。而袁文祥，是否真的如顾宗伊所言，仅将士子头场三艺阅看，其他点看起讲，即行弃置？只有查明这一情况，才能判定袁文祥是否有罪。于是将顾宗伊已经领回原籍之试卷追取携回，送交礼部查验。"如果属实，再将该检讨袁文祥，移咨吏部议处。其批点之内阁学士朱方增、翰林院修撰朱昌颐、工部候补主事顾椿，俱著交部照例议处"②。"考试为抡才大典，士子若实被屈抑，原有准赴该管衙门控诉之条，乃该举人不安义命，妄生怨尤，辄刊刻传布，且附载讥评该同考官原札，实于士习人心，大有关系"③，此风断不可长。

道光十二年，那些会试落第后刊刻出版自己落卷的举人，在被斥革了举人身份之后，朝廷并未彻底断绝他们的仕途，相反对他们予以宽容，给以进身之途："准其以原名就

---

① 《清宣宗实录》卷159，道光九年八月乙丑。
② 《清宣宗实录》卷159，道光九年八月己卯。
③ 光绪《大清会典事例》卷340《礼部·贡举·申严禁令》。

应童试。"①

咸丰五年，浙江监生楼尚宾参加了当年的顺天乡试，结果"未经中式，领出落卷呈诉"。原来"头场文艺，业经该同考官批出不荐缘由"；可是"二场《春秋》文，破承题内，蓝笔误点四句"。经调查，"将该考官李鹤年罚俸一年"。而楼尚宾未经中式的根本原因不在于同考官点句出错这一纰漏，而在于其文章本身。他虽然没有妄控，但终究属于不安义命之举，"应将楼尚宾革去监生，免其治罪"②。

从上述几例可见，朝廷对落第者的言行给予高度关注，并严加管束。早在明代，即有人总结："下第举子之口，真可畏哉！"③甚至一些落第者，"不论取士是否公正，科场是否有舞弊情节，在发榜之后都要发泄一番，有理无理都要闹出点事来。这些行为都会给政府带来很大麻烦"④。而落第问题历来就是个复杂的问题，一旦处理不好，牵一发而动全身，会引发许多社会问题。落第士子的行为，直接影响着

---

① 光绪《大清会典事例》卷390《礼部·学校·原名应试》。
② 光绪《钦定科场条例》卷46《闱墨·发领落卷·例案》。
③ ［明］沈德符：《万历野获编》卷14《薛文清主试》，中华书局1959年版，第375页。
④ 李世愉：《科举落第：一个被忽视的研究领域》，《探索与争鸣》2007年第3期，第70页。

人们对科举公正取士之本质的认同与否。即便他们中的一些人真的被冤屈了,如若不遵循朝廷教导的正常途径反映问题,反而肆意聚众生事、刊刻落卷、散播传言等,这些都是绝不允许的。即便有人通过指定渠道呈控,情况亦属实,也未必都能得到更正。因为其反映冤情这一行为本身,就证明了他们不是安分守己、顺从天命的人。清政府不仅要严格控制落第者的言辞、行为,更要统一他们的思想。"发领落卷"这一政策本身,就是对落第士子予以关怀与抚慰。如果所有落第者都借领回落卷之机,刊刻出版己之落卷,并附注怨愤之词,这自然不是朝廷发领落卷的初衷。其中一些激昂言行即便公允,亦是绝对不允许的。因为它直接冲击和质疑科举取士公正性之精神,违背了朝廷通过科举制度以笼络更多读书人为其所用的根本目的。对于阻碍这一目标的言行举止乃至思想意识,当然要严厉打击与禁锢。

发领落卷,清初开科即有成案,然未形成制度,各地奉行不力,直到康熙十八年,终成定制,且推行于童生试及乡、会试。雍正二年,翻译科乡试的落卷也曾发还士子,至嘉庆八年,翻译科乡、会试彻底并入文闱,落卷一并发还给士子。武闱的内场落卷虽未能如文闱一般发还给士子,但至少也有人提请过。随着发领落卷的实施,一些不安分的落第者领到试卷后,不服不忿,肆意刊刻落卷,这一行为在雍正八年也得到了明令禁止，之后历朝屡有强调。发领落卷与不许刊刻落卷的政策一直持续到清末，并在实践中不断完善。

二、"发领落卷"促进相关制度的完善

从上文"发领落卷"的缘起与发展过程中，我们可以看到，任何一项政策的制定与执行都不是孤立的，它必然会带动整个科举考试过程中许多环节的发展。其中搜落卷及阅卷过程中考官与同考官的关系，考官的年龄、素质及阅卷时限等具体政策的实行及日渐规范与成熟，都与发领落卷息息相关。从康熙十七年开始的搜落卷制度，到康熙五十年的阅卷时间展限，这期间搜落卷和阅卷制度随着发领落卷的发展而不断调整与完善，搜落卷、阅卷制度与发领落卷之间有着密不可分的关系。其实，朝廷既然敢于给士子发还落卷，即敢于向世人公示阅卷结果，令落第士子心悦诚服，以体现科举取士之公正精神；即便出现了一些问题，政府也是有能力及时解决好的。可见，发领落卷措施能够顺利实施的前提，就是阅卷过程中诸多方面的日益完善，因为只有尽可能把出现的问题在发还落卷之前解决掉，才能使其真正贯彻，体现初衷。同时，这些措施在实践中互相促进，不断发展，也完善

了清代科举制度。

早在康熙十七年,为防止阅卷过程中考官的舞弊行为,而使落第士子的不满情绪降到最低,以维护科举考试之公正性,维持社会稳定,清政府沿袭明代的搜落卷之法,即"主考官阅房考官之荐卷外,余卷亦令遍阅,庶不致遗失佳卷"①。康熙三十六年,由于以往考官仅搜阅文闱落卷的做法,对参加武会试而未中式的落第武举人似有不公,况且"今科落卷武举人内,安知无骑射俱佳而被遗斥者乎"?因此,那些考毕尚未回籍而留京者,"令兵部察明复试"②。

康熙五十年,随着各省生员、举人额数屡增,赴考士子较前倍众,但囿于揭晓日期已定,致使考官无暇认真阅卷,往往撤棘之后,"士子领视落卷,考官尽略加点抹,甚或句读差讹,以致鱼目误收,奇材见摈"。士子寒窗攻苦的成果竟取决于文衡者的风檐寸晷之中,三年辛苦,埋没无闻,良为可惜,且难以诚服。"若执此以罪考官,彼已穷日之力,实亦无可如何"③。若任其草率竣事,苟且塞责,实在有违抡才大典之初衷。鉴于此,必须改革制度规定以适应现实的

---

① 《清圣祖实录》卷248,康熙五十年十月乙亥。
② 《清圣祖实录》卷185,康熙三十六年八月癸丑。
③ [清]赵申乔:《赵恭毅公剩稿》卷1《请增乡试房考疏》。

发展:"会试揭晓,宽于三月十五日内。乡试揭晓,大省宽于九月十五日内;中省宽于九月初十日内;小省宽于九月初五日内。"且因"直隶、江南、浙江,乡试人数倍于他省,照会试例,加用房室二员"①。可见,宽期阅卷,在制度上保证考官有相对充裕的时间,从容遍阅房考官之荐卷及余卷,只有考官与内外帘官协心共事,加意精核,不为鱼目所混,才不致有遗珠之叹,以实现宾兴大典吁俊旁求、鉴拔真才之本义。搜落卷制度之调整,阅卷时间的放宽,显然是为了保证发领落卷的效果。搜落卷的实行,弥补了一些考试过程中的漏洞,旨在把所有可能引发落第士子闹事的借口等问题在放榜前解决,令考官对所有试卷尽最大努力甄别选拔,为开榜后领到落卷之士子心服口服及社会舆论翕然归一而作了重要的铺垫。

尽管制度在实践中趋于完善,但仍有一些考官因"刚愎自用,致使去取不得其平";或者是正副考官各执己见,"不能和衷,去取之间,互相争执,遂有庸格而滥充中额,佳文而反遭摈弃"。乾隆元年,在重新约束考官、房官的基础上,为使他们各自都能充分发挥作用,并形成互相配合、

---

① 《清圣祖实录》卷248,康熙五十年十月乙亥。

互相制约的关系，高宗特别强调："为主司者，务宜矢公矢慎，藻鉴不爽，以襄盛典"；即便正副考官意见不合，亦应秉承"公则生明"的原则，一洗积习，协商衡文，无负任使。切不可违背衡文的使命，"尤宜留心区择，以得真才实学之士，朕实有厚望焉"①。既要使主考官充分发挥作用，同时又要防止其以权谋私。

有些考官年力已近衰颓，精神不能周到，阅卷时间又长，难免误人子弟。对此，乾隆二十一年，高宗令督抚等慎重遴选各省同考官，"精加考试，择其年壮学优者，共襄试事，以副国家抡才大典"②。贡院锁闱不过匝月，即使同考官等有着繁剧的本职工作，相较士子人生命运即决于此刻，官员亦应放下地方事务，专心投入到阅卷工作之中。

乾隆二十五年，对主考官、同考官的具体职责更加明确划分。根据《科场条例》，乡会试考官，原有搜阅落卷之责，有些佳文未经分校官呈荐，待考官搜出时，分校官每每以磨勘严密为说辞，而不肯补用荐条。但是对那些未经呈荐而被正副考官搜出之卷，"如分校官固执成见，竟即批'取中'字样，俟到部磨勘，卷果有疵，与分校无涉；如所搜

---

① 《清高宗实录》卷20，乾隆元年六月丁卯。
② 《清高宗实录》卷514，乾隆二十一年六月甲辰。

允当,分校官照滥抹佳文之例,严加议处"①。但就"涂改太多、形迹可疑"②之落卷,不应取中,虽有搜阅落卷之定例,也不该滥取落卷。

以往主考在落卷中搜阅,取中之后即可填榜,为了公平起见,乾隆三十三年覆准:"内帘正副主考,遵照定例,将落卷尽数搜阅,其有无取中,于奏报试竣折内声明。"③例如有无搜落、取中何人等事,必须专门向皇帝汇报,由皇帝来最后把关,这无疑是对主考官强有力的监督。

乾隆五十四年己酉科会试,榜发后,朝野议论纷纷。原来这科中式者内有很多是经正副考官,搜阅落卷而取中的,且都是在取中之后,"始发交同考官补用荐条",而被正、副主考王杰、铁保所搜的落卷,最高者竟拔置第二、第三名,虽然尚未发现舞弊情节,但为防患于未然,高宗特颁谕旨:"落卷不搜,则权在同考官,弊窦易生,自应准正副考官将落卷复行搜阅,以免遗珠。但搜中之卷,亦止准列于五十名以后,不得滥厕前列。"并将此谕旨"恭录刊刻,悬贴于各直省闱场内外,俾考官等触目警心,而应试士子等,

---

① 《清高宗实录》卷615,乾隆二十五年六月丙申。
② 《清高宗实录》卷671,乾隆二十七年九月乙酉。
③ 光绪《大清会典事例》卷347《礼部·贡举·内帘阅卷》。

亦得传观"。这是对主考可能舞弊而作的防范，也是对那些优先从荐卷内拔取的士子所作的必要保护，使其领会朝廷"抡别真材，鉴空衡平之至意"①。

嘉庆五年，为防止同考官舞弊，规定"各房每日将阅过若干卷，分注荐卷，统交监试御史收存。主考搜阅时，由监试交送，则主考得以从容翻阅，而房官亦可无争执之嫌"②。主考若阅完同考之荐卷，可以搜阅同考已经批抹之卷，"若试卷未经房考分校以前，考官辄行披拣，分别记注，殊非远嫌之道。且主试官先有成见以为取舍，亦何以服众士子之心乎？"因此，考试官应该"恪遵定例，先阅头场，后阅二、三场，先校荐卷，后搜落卷。务宜各秉虚公，以冀广收俊乂"③。

同年，就考官与落第士子各自的职责与本分，重新作了评定。考官定衡士子试卷，自必详加校阅。但是对于一些粗鄙俗陋之卷，难道非得通体点阅，才能确定优劣？若不论文章优劣，考官一味逐字逐句摭其瑕颣，这样做也太过繁琐

---

① 《清高宗实录》卷1327，乾隆五十四年四月甲辰。
② 《清仁宗实录》卷69，嘉庆五年六月甲子。
③ 光绪《钦定科场条例》卷19《内帘阅卷·同堂校阅·现行事例》；《清仁宗实录》卷141，嘉庆十年三月庚子；光绪《钦定科场条例》卷19《内帘阅卷·同堂校阅·例案》。

且不能切中。如果考官把精力都花费在大量的必不中式之卷上，这样做有"转妨阅卷之功，于考校更无裨益"。何况定例早已规定，士子领到落卷之后，如有不公，可以呈控、纠参。"若但以偶漏批词及点阅不完，概准士子评告，将房官议处，则落第之人，转得藉端横议，挟制考官"①。这种风气实属恶劣，断然不可助长。定例本已綦严，足以防弊。因此，朝廷照顾落第士子低落不满情绪，应采取合理的疏导教化措施，亦应按章办事，不必过于苛责考官。

道光十二年，林则徐回顾自己亲任考官的经历，从中发现一些科场积弊："江南为人文渊薮，入闱士子多至一万四五千人，额设同考官十八房，每房约须校阅八百余卷，稍有草率，即恐遗滥交讥。"于是各房考官竞相效尤，总以赶早荐完为分房捷诀。结果，"误分段落者有之，误读破句者有之，并有文非荒谬，仅首艺开讲数句而即摒弃者"。考官不精心阅卷，弃取定于俄顷之间，虽然皇上降谕，要求考官回顾自己的科考历程，设身处地为士子着想："回思未第之先，与多士何异？乃于落卷漠不关情，设身处

---

① 光绪《大清会典事例》卷347《礼部·贡举·内帘阅卷》。

地,于心何忍?"①

　　这种情况并非制度不完善所造成的,况且这些问题早在雍正、乾隆时已制定出对策。反思其屡禁不止的原因,不外乎这一政策具体的执行者,即考官本身的素质和责任心,已成为决定一项制度能否顺利执行的标准了。道光皇帝苦心告诫:房官不必抢先荐卷,应踏实阅卷,切不可以浮泛空洞的批词来搪塞了事;各直省正、副考官,宜涤虑洗心,振作精神,认真校阅;而主考的责任尤为重大,因其"精力有限,试卷量大,难免没有屈抑"。对于士子来说,"握椠怀铅,三年大比,一经屈抑,又须三年考试,或竟有终身沦弃者,岂不可惜!"②因此,典试各员,应主动分担主考,承担自己的责任,务求为国得真才。

　　难道这些考官们不知道自己的职责是什么吗?况且清代还有专门选拔考官的考差制度,这些考官都是经考试而选拔出来的佼佼者。然而,考差制度也好、科场定例也罢,都只是针对考官的学识与阅卷程序而定,并没有一项完善的制度可以察觉人心的变化,规定人员的素质,这些都不仅仅是制

---

　　① [清]林则徐:《请定乡试校阅章程并防剿袭诸弊疏》(道光十二年),载《皇朝道咸同光奏议》卷42。
　　② 《清宣宗实录》卷210,道光十二年四月丙午。

第三章　清代科举落第制度中的安抚政策

度所能规范的。而这些业经解决却屡禁不止的事情，仍不断出现在清朝中后期。从中不难看出，不论科举制度本身如何完善成熟，它本不是一个孤立的环节，必然脱离不了当时的社会政治环境。

咸丰五年，即便是落卷，如果试官点句错误，仍应"比照中式试卷圈点错句，同考官罚俸一年例，将该考官罚俸一年"①。

光绪十五年九月湖广乡试，弥封官将红号错印。开榜之后，湖南清泉县人王之杰领出落卷，与己作不符；"当经检查该员，头场墨卷弥封所原印缘字二十三号，另有湖北王之杰一名，头场墨卷弥封所原印声字五十六号，其二场墨卷，弥封所因姓名相符，未经细查卷面红号，彼此错印"②。虽然这二人试卷均未取中，也没有其他情弊，经过调查，弥封所户部主事张立德，并满监临文治、汉监临潘祖荫，却难逃疏忽渎职之责，以每卷罚俸三个月公罪办理。

综上所述，从清初至清末，为保证发领落卷后，士子能由衷信服，民心舆论安宁平和，政府不断将所有阅卷过程

---

① 光绪《大清会典事例》卷347《礼部·贡举·内帘阅卷》。
② 《续增科场条例》（483），沈云龙主编：《近代中国史料丛刊三编》第49辑，台湾文海出版社有限公司1989年版，第1119—1121页。

出现的问题及制度上的漏洞在发领落卷之前尽最大努力加以解决，制定出缜密的对策，如科举考试中阅卷程序、考官与同考官的职责和相互关系以及主考搜落卷的政策等，都在实践中得到历练与完善，为历代之最。而所有这些都是发领落卷的前提，都是为杜绝科场舞弊，以维护科举公平取士之精神，真正做到为国家选拔真才。可见，"发领落卷"措施绝不是做做样子，而是真正安抚落第士子，给他们以生命关怀、尊重和重视他们的心灵、精神及情感，并让他们监督和认可的明智之举。在实际运用中，如同多米诺骨牌一样，一旦打出"发领落卷"这张牌，科举制度之全身随之不断被刺痛，最终带来了充实并完善科举制度内部诸多环节的连锁效应。

三、"发领落卷"的作用与效果

发领落卷的施行与完善，带动了清朝科举制度很多方面的发展，其中包括防范与惩治科场舞弊；监督与规范考官阅卷程序；完善与丰富科举落第政策等内容。通过落实发领落卷，达到了考官专心慎重阅卷、减少并纠正科场冤案和安抚落第士子不平情绪之目的，可谓"既可服举子之心，又可防考官不遍阅也"①。

(一)监督考官

终清一世,因考官个体差异始终存在,虽兢兢业业、详慎阅卷之考官不乏其人,然一些考官之力不暇供的状况也一直没有得到彻底改观。发领落卷初行时,屡有落第士子发现阅卷有误,赴部具呈。如康熙时,叶梦珠有一位朋友叫周子鹰,当他领回落卷查阅,竟然发现,由于同考官点窜破句,三场试卷竟然误誊他人之作。于是,周子鹰"具呈礼部题参,将同考官及收卷誊录各官降革有差,士论称快"②。

康熙四十四年顺天乡试,圣祖钦点汪霦、姚士藟为正、副考官后,离京外出避暑。试后,有人反映考试不公,考官阅改"试卷不加圈点者甚多,应试者各执落卷以示人,又作草人至试官家门砍之,观其举动,人怨殆不可言矣。"经九卿等调查,汪霦等考试不公、不阅卷,人皆怨之,确是事实。于是将其交部严加议处,并严责九卿詹事科道等官员。事后,圣祖无不感叹道:"朕亲手封发,当不复生弊矣。由

---

① [清]法式善:《槐厅载笔》卷10,嘉庆间刻本。
② [清]叶梦珠:《阅世编》卷2《科举五》,上海古籍出版社1981年版,第46页。

此观之，亦不在此，但存乎其人之所行而已。"而科场作为选择人才之地，关系重大，这类考官"虽学问优长，何益之有"①？因有严格的制度，玩忽职守的考官得到了应有的惩治，但从中我们也可看出，再严谨、完善的制度，也有其不能左右的地方，要想使之真正发挥作用，关键在于执行这一制度的人。

嘉道时期的朝中大臣穆彰阿，自嘉庆十五年六月"充浙江乡试副考官"②之后，又屡次充当乡试、会试主考官等职，虽然他"屡主文衡，其心亦甚细"，然其阅卷之法甚是触目惊心："每置荐卷于几，焚香一炉，望空遥拜。衣袋中常置烟壶二，一琥珀，一白玉，款式大小相等，取一卷出，即向衣袋中摸烟壶，得琥珀则中，白玉则否。额满，则将余卷一律屏之。"③即便为数不多的荐卷，也不得心甚细致的主考之一顾，而余卷的命运就可想而知了。还有一些考官，

---

① 《清圣祖实录》卷223，康熙四十四年十一月辛亥。
② 《清史列传》卷40《穆彰阿传》，中华书局2005年版，第3162页。
③ ［清］徐珂：《清稗类钞·考试类·穆彰阿之对于荐卷》，中华书局2003年8月版，第597页。虽然这条史料出自清人笔记，但似此之记载还有，如［清］何刚德《春明梦录》上，第41页："况每科总裁，必有一老中堂或一老尚书。尝闻有满中堂充总裁，临场不耐看卷，只将荐卷排作一圈形，置鼻烟壶于其中，将壶一转，头向何卷，即中何卷。虽属谬举，然倚老卖老，任意作剧，类此者当尚不少。"

第三章 清代科举落第制度中的安抚政策

以自己之喜好为阅卷之标准,如喜好作诗之考官,则谓:"我只看诗,诗好则文无不好。"①可见其看文之不经意。

考官尚且如此,同考官阅卷之粗略疏忽者亦不乏其人。一些房考官阅卷,并非逐卷批点,不过走马看花,择其悦目者取而荐之,其余补点数语便掷落。甚至有些房官,竟预先拟定一些批较之词,泛而不切,如"欠精警""少出色"之类,不论何等文字,皆得以此贬之。②更有性懒之房考,将补批、补点之事委诸家丁,而家丁也有请友人冒充者。某科有一落第举子,领取落卷一看,内批"火腿一支"四字。后查房考系熟人,于是该生携卷与之理论,房考仓卒答曰:"大错了,此系向供给所取物之条。他们如何误贴在卷上?"举子乃大闹曰:"好,好,汝们作房考,只知需索火腿,将我卷不看,交与他们贴批。他们何人,明明汝家丁也。"房考曰:"我为的与汝是熟人,是以说老实话,汝何必打起官话来。"举子曰:"我三年辛苦,文章不能劳汝一顾,说甚么熟人!"房考曰:"若打官司,我们交情,汝

---

① [清]何刚德:《春明梦录》上,上海古籍书店1983年影印本,第41页。
② [清]林则徐:《请定乡试校阅章程并防剿袭诸弊疏》(道光十二年),载《皇朝道咸同光奏议》卷42。

当不忍,若论赔偿,此事如何赔得起?我是穷翰林,汝所深知。我厩中只有一骡,汝牵去便是。"举子曰:"罢了。"遂牵骡而去。这也是考官坐罚的一件重公案。① 更有离谱之事,某科某生领到落卷,其批语竟为"欠颠顶"②三字。该生大怒,写信给房官诘问,且将兴讼。房官一看,原来是自己请家人代写的,于是赠送大量银两,才将此事敷衍过去。

以上诸例显示:在士子领到落卷亲自查看之后,因考官及房考等人的疏忽大意,荒唐闹剧百出,虽然最后的解决途径和结果各异,但从中反映出发领落卷政策有着举足轻重的作用,即使士子的冤情未能彻底平复,但其心底亦是明白症结之所在;纵然个别官员逃避了惩罚,但其内心的警戒与教训恐怕不无存在。

(二)平反冤案

嘉庆三年有一桩科场大案,震动朝野。这一年戊午科湖南乡试场后,在省会各书院肄业的生员,皆将其考场所作之文呈请院长,订其高下。当时主讲岳麓书院的罗徽五先生看

---

① [清]何刚德:《春明梦录》上,上海古籍书店1983年影印本,第42页。
② 钟毓龙:《科场回忆录》,浙江古籍出版社1987年版,第72页。

第三章 清代科举落第制度中的安抚政策

到湘阴肄业生员彭珴的文章，认为其文品极高，必取第一名中式。待榜发后，解元乃傅晋贤，而彭珴竟未中式。罗公大骇。待乡试录出版，将解元所作之文刊出，彭珴见解元之文正是自己所作，即往取原卷不得，这显然是有问题的。而傅晋贤乃富家子，其人素无文名，然中式之文绝高，"人皆知其非出己也，于是物议纷然"。监临、监试诸公，乃遍搜落卷，竟查找到傅晋贤之原卷，共加讯究，悉得其情。原来傅晋贤以1200两银子贿赂承办科场五经房缮书樊顺承，勾串内帘刻字匠罗文秀，私自抽出取中红号之卷，交给樊顺承，樊随即假托生病而偷偷带出，让傅晋贤誊入空白试卷，而以伪造的假印盖之，弥封如式，密置怀中，随同填榜书吏混入。又贿属收掌卷箱书吏喻延选，于临写榜唱名提对墨卷时，换出原卷，傅晋贤就这样中式，并当了解元。案子审结，樊顺承立斩，傅晋贤、罗文秀处以绞刑，其余发配黑龙江为奴，而彭珴仍赏还举人。其实，在尚未结案时，有人从中劝傅晋贤，为彭珴捐一个知县，这样彼此两得，彭珴也有一些动心，而罗院长不答应，一定要彻底查办。而樊顺承临刑时，竟大言曰："彭某之事，何足异哉？前有新化戴某先生，历试八科均中试，均为我所抽换他人卷得之，彭某仅一试，何足异哉?"监斩官"虑生旁案,立为斩决以灭口"①。

可见,要真正做到净绝科场各个环节的舞弊现象,实属不易。虽然类似彭莪这般能平反冤屈的情况亦不多见,但终因有发领落卷之制度,考生能亲见己卷,使一些科场舞弊大案能够水落石出,蒙冤士子的冤情得以平复,并获得精神慰藉,重新看到希望而继续科举之路。对考官及所有典试官来说,也有警惕与惩戒之作用。

(三)抚慰落第士子

有一些考官不仅能恪尽职守,慎重阅卷,详注批语,以尊重士子经年寒窗之成果;还能面见不第者,当面指点迷津,令其茅塞顿开,五体投地。乾隆六年,陈兆仑担任"湖北乡试正考官"②,以往每科各直省乡试揭晓后,仅中式者谒见典试,绝无落第者参与其中,而文章德业为世之儒宗的陈兆仑,不仅将"闱中落卷亦一一别其纯疵,明白批示",就是在开榜发卷后,"下第士子率求见,咸指以要领,各得其意而去。有刘龙光者,闻其讲论,感激欣喜至泣下,次科

---

① 萧穆:《敬孚类稿》卷14《记嘉庆戊午科湖南乡试事》,载《中国考试史文献集成》第六卷,高等教育出版社2003年版,第499页。
② 《清史列传》卷71《陈兆仑传》,中华书局2005年版,第5844页。

联捷,成进士,历官御史,终其身,执弟子礼不衰"①。

乾隆年间督学浙江的彭元瑞,得人最盛。试卷皆自阅,"几置卷数百,二仆侍侧,左展卷,右收卷,循环不息,侍者告疲,公优游自若也",且做到"大场则万卷全披,小试无一字不阅"②。而他所取中之文往往不限一格,议论识力,词采气局,色色皆妙。万余试卷遍加评骘,虽著语不多,但皆切中作者之病,以至有手捧落卷而感泣者。其中有一位考生,其卷评仅一字"庸",于是他发愤揣摩,尽变其习,即于次科获隽。清末,考中光绪癸卯科举人的杭州人钟毓龙后来写成《科场回忆录》一书,中华人民共和国成立后担任杭州市政协委员、副主席等职,他在多年后回忆第一次参加乡试,领到自己的落卷时,看到考官的批语仍十分感动,记忆犹新:只见主考之批语深致惋惜,"详列种种可以补救漏写、添注涂改字样之法";而房师则深加责备,谓其"恃才"③等语。

乡试、会试放榜之后,考生亲自领到自己的落卷,不仅

---

① [清]徐珂:《清稗类钞·考试类·乡试落第举子谒主司》,中华书局2003年版,第644页。

② [清]陆以湉:《冷庐杂识》卷1《彭文勤公》,中华书局1984年版,第17页。

③ 钟毓龙:《科场回忆录》,浙江古籍出版社1987年版,第72页。

能从考官之批语中得到启示；而且随着大量题名录的刊刻出售，落第士子可以一边翻阅自己的试卷，一边对照题名录所载的中式佳卷，查找自己的不足，从中反省领悟，尽快摆脱郁郁情结，积极投身下一轮的备考之中。

可见，即使是中式士子，在试后看到解元之文，相较自己所作，亦能心悦诚服，那么落第者看到中式试卷的确胜过己作，还有什么冤屈和不平呢？发领落卷与题名录，无疑是快速安抚落第士子情绪的两剂良药。

更有一位科举考试的亲历者，名叫骆憬甫（1886—1954年），他一生经历了中国动荡不平的时代，后来长期从事教育工作，中华人民共和国成立后成为杭州市开明士绅。他在青年时期就考取了光绪二十七年杭州府生员，之后又两次参加乡试，皆败北。当时对于应试者能否中式，民间广泛流传着"一命二运三风水四阴功五积德"，以及"文章自古无凭据，但愿朱衣暗点头"的说法。而骆憬甫认为："这些都是鬼话，其实考不取完全由于自己学问不好之故，像我们这些人考不取举人，一点不冤枉，以这样恶劣平庸的文章，如果果然能依靠命运风水阴功积德而侥幸中得举人，那才是怪事哩。"试后他领来自己的落卷，买来浙江乡试题名录看看，"他们确实做得很好，自愧不如，难怪他们能'高掇巍科'，我们要'名落孙山'。"原来"这两场乡试中的题

第三章　清代科举落第制度中的安抚政策

目,天文、地理、历史、哲学、物理、化学、法律、政治、财政、经济等等,无所不包",而身处乡村的环境,"既无名师传授,又无益友研讨,从那里去求进益呢?"①

可见发领落卷确实能起到平复落第士子不服不忿心情的作用,而且那些有自知之明的人从此彻底打开心结,奋起直追,自然不会滋事生非。这是对科举取士公正之精神的最好诠释。

清政府不仅靠发领落卷给落第者予以心理上的慰藉,在经济上也对士子有所资助。早在顺治八年,即有政策:"举人会试,由布政使给予盘费。"②根据距京路程的远近,所给银两亦有差别。对于"会试下第举人,例给路引,以便下科起文会试"。通常是在会试榜发后,因为领取路费是要报销的。取中者,金榜题名,天下知,无须报销;落第者是否亲到京城参加过考试,则须证明。最初是发给"路引",即由礼部"劄行顺天府,并发直省点名原册,令照例逐名给发"③,士子拿到路引作为来京的凭证,方可回籍。路引,

---

① 骆憬甫:《浮生手记——1886—1954,一个平民知识分子的纪实》,上海古籍出版社2004年版,第44—45页。
② 光绪《大清会典事例》卷339《礼部·贡举·起送会试》。
③ 康熙《大清会典》卷53《礼部·贡举二·会试》。

即举子参加下科会试之凭证,如无路引者,地方官每多留难,不敢给文。试想,每逢"撤闱之后,孤寒下第,金尽裘敝,欲归无路,旅馆羁泊,情亦可悯"①。在乍暖还寒的初春时节,考试失败,心情本已郁闷之极,他们为了领取一纸凭据,却还要继续滞留在物价不菲的京师,徒耗本已捉襟见肘的盘费,无谓地耽误时间。因此,自雍正二年起,"下第举人免给路引,不必在京守候,令各省督抚转饬布政司,凡举人即与起文赴都,毋得留难"②。乾隆初年进一步规定:"举人会试,藩司所给公事银两,回籍验其落卷,无则追还入官,亦路引之意也。"③因清代已有发领落卷的制度,所以用考生本人的落卷代替路引,是证明其参加过会试的最好凭证,据此可报销路费。这一举措的付诸实践,废止了路引,减少了不必要的程序,体现了政府因时改制的灵活性,更反映出对落第者的体贴和人性化的管理。

纵观整个科举考试史,定制于康熙十八年的发领落卷政策,可谓创举。看似单薄的一项政策,带动了诸多环节的完

---

① 中国第一历史档案馆藏《宫中朱批奏折》,文教类,57:39,雍正元年礼科掌印给事中缪沅奏。
② 光绪《大清会典事例》卷352《礼部·贡举·下第》。
③ [清]赵慎畛:《榆巢杂识》下卷《举人路引》,中华书局2001年版,第204页。

善，促进了科举制度的成熟。虽然发领落卷在具体的运行中并非万能，但其对提高科举公正性的作用、对科场舞弊和考官阅卷之警示作用，不容忽视。同时，不论政策的出发点怎样，它对落第士子也具有一定的关怀与抚慰作用。

第二节 恩赏年老落第士子

恩赏年老落第士子是清代科举制度中落第政策的一个重要内容，也是安抚落第者的一项具体措施，包括对会试落第举人赏给职衔及缎匹；乡试落第诸生赏给举人、副榜衔；年老患病生员"告给衣顶"。这一制度的推行，表明清政府在调整社会心理、保持社会稳定上做出了努力，也是科举制度更加成熟的标志之一。因此，搞清这一制度的缘起、内容及实施效果，对深入研究清代科举制度无疑是有帮助的。

一、恩赏制度出台之背景

恩赏制度始于乾隆元年，终于光绪二十四年，前后共实施了一百六十余年，并在社会上产生了重要影响。它的制定及推行有着深刻的历史和文化背景。

(一) 科举制本身发展的需要

自古以来,对绝大多数读书人来说,参加科举考试并逐步入仕都是一个艰辛而漫长的历程。读书人在科场上的命运变幻莫测,难以把握。历来科举考试,总是中式者少,落第者多,而几乎所有落第者都会在考场失意后遭受到来自各方面的巨大打击。统治者推行科举制,不仅要选拔优秀人才充实到统治机构,更希望借科举考试以笼络天下的读书人。然而科举制发展到清代,其选拔人才这一特点得以充分发挥的同时,弊端也随之暴露。面对大量落第士子,统治者如何平衡其心态,并且妥善安置,就显得十分重要。

清人缪沅清醒地提出了这一问题。他指出:"每逢撤闱,向隅而泣者众矣。且孤寒下第,盘费几尽,欲归无路,情亦可悯。"而要使他们"群知悦服,势有所不能。惟秉公甄拔,妥善安抚,尚可抚慰下第者之心灵,使抡才大典,为天下士子所共仰"[①]。显然,如何妥善安抚落第士子,如何平衡其心态,已经成为继续推行科举制必须要解决的问题。

[①] 中国第一历史档案馆藏:《宫中朱批奏折》,文教类,57:39,雍正元年礼科掌印给事中缪沅奏。

如果对落第问题视而不见,抡才大典则不可能为天下士子所共仰,科举制度也就难以为继了。正因为如此,清政府对于落第问题极为重视,自顺治朝就推行了一系列相关措施,如发还落卷,赏发盘费银,创立明通榜、中正榜,推行举人大挑等。而对年老落第者之恩赏与这些措施共同构成了清代的落第制度,大大完善了科举制度。

(二)稳定社会的需要

赏赐年老士子职衔并非清代首创,早在宋代已有先例。为了笼络士人,保持社会安定,宋朝统治者充分认识到唐末落第士子"如王仙芝辈唱乱,而敬翔、李振之徒,皆进士之不得志者"所带来的巨大社会影响,究其原因,"盖四海九州之广,而岁上第者仅一二十人,苟非才学超出伦辈,必自绝意于功名之途,无复顾藉。"故而,宋代广开科举之门,"俾人人皆有觊觎之心,不忍自弃于盗贼奸宄"。于是,开宝三年三月,太祖诏礼部阅进士、诸科十五举以上曾经终场者,具名以闻。并颁发诏令:"司马浦等一百零六人,困顿风尘,潦倒场屋,学固不讲,业亦难专,非有特恩,终成遐弃,宜各赐本科出身。"此特奏名所由始。从此,"士之潦倒不第者，皆觊觎一官，老死不止"①。特奏名制度，称特奏名及第，又称恩科及第。因其所取者均为老人，又称"老榜"。它的实行，虽然有宋代特殊的政治背景，但无疑给久困场屋者以极大的诱惑，使科举更具有吸引力，"本录潦倒于场屋，以一命之服而收天下士心尔"②。

落第者的凄惨和愁苦，早在唐代，诗人白居易就曾这样形容："乞钱羁客面，落第举人心"③。而《容斋四笔》卷八中对人生四大失意是这样记录的："寡妇携儿泣，将军被敌擒，失恩宫女面，下第举子心。"那些落第者，"三年辛苦，梦想皆虚，于是有流涕者，郎当归者，诠庄求者，愿以金纳者，向贵人请托者，河房花市之客尽作可怜色矣。"更有甚者，"一宁国生自投于井，视身若蟣蟓，然令人心恻然。"④童生自缢府堂之事并非偶然现象。⑤蒲松龄屡试不第，为铭其矢志不移之志，刻下自勉联："有志者，事竟

---

① ［宋］王栐：《燕翼诒谋录》卷1，中华书局1981年版，第1页。
② ［宋］蔡絛：《铁围山丛谈》卷2，中华书局1983年版，第29页。
③ 白居易：《把酒思闲事二首》，见《全唐诗》第454卷。
④ ［清］诸联：《明斋小识》卷7《录遗告示》，同治四年秋重校，吴趋亦西斋藏版，第22页。
⑤ ［清］诸联：《明斋小识》卷9《童缢府堂》，同治四年秋重校，吴趋亦西斋藏版，第18页。

第三章 清代科举落第制度中的安抚政策

成,破釜沉舟,百二秦关终属楚;苦心人,天不负,卧薪尝胆,三千越甲可吞吴!"虽然他的决心令人钦佩,然而面对屡次落第,他那种沮丧之心依然无法掩饰:"忽然而飞骑传人,报条无我,此时神色猝变,嗒然若死,则似饵毒之蝇,弄之亦不觉也。"刚刚得知自己落第时,"心灰意败,大骂司衡无目,笔墨无灵,势必举案头物而尽炬之;炬之不已,而碎踏之;踏之不已,而投之浊流。从此披发入山,面向石壁,再有以且夫、尝谓之文进我者,定当操戈逐之。"他的情绪由激动转而自暴自弃,其实依然不平静,从一个极端走向另一个极端,随着时间慢慢过去,情绪渐渐平复,心里又开始痒酥酥的,再次萌发要去考一考的想法,"遂似破卵之鸠,只得唧木营巢,从新另抱矣。"①科场总是无情的,中式者欢天喜地,落第者痛哭欲死,还有旁观者觉得这些当局者可笑无比。莫不是屡次亲身经历过,蒲松龄断不可如此真切而细腻地描摹出落第者的心理。

康乾时期,河南汤阴有一位读书人杨灏,是一个可怜的科场落第者,64岁去世时只是个贡生,他在去世前为自己写了墓志铭,总结自己的一生:"功名艰于遇,家业拙于谋,

---

① [清]蒲松龄:《聊斋志异·王子安》,中华书局2004年版,第441页。

择配弗称中馈，教子难振箕裘。"最后发出悲惨的呼呛："抑郁愤悉难诉，含悲抱恨墓丘。"①如此近乎绝望的呼喊，代表的并非杨灏一人。这在社会上无疑会产生巨大的影响，会使一些人丧失继续奋战科场的信念和意志，丧失对政府的信任，对社会稳定极为不利。

当然也有落第者看透科考和功名，隐居山林，独自逍遥，但毕竟洒脱之人为数甚少。而历代统治者最不愿意看到也最警惕的是那些由此怀恨在心，伺机报复之人。"下第举子之口，真可畏哉！"②更可畏的是下第举子铤而走险的报复行为，"牛金星以下第举人作贼，凡进士官必杀，举人出身者不杀。后其党杀一县令，询知举人出身，乃弃而奔逃。"③太平天国的领导者洪秀全、冯云山、洪仁玕等，也均为科场失意者。

清代恩赏制度的出台，对于那些在考场上屡受挫折和打击的人，无疑给予了精神上的抚慰和鼓励，使相当一批人能够矢志不渝地坚持下去，直到获取功名的那一天。有人说，

---

① 《杨灏墓志》，载中国文物研究所、河南省文物研究所编《新中国出土墓志·河南（壹）》，文物出版社1994年版，第54页。
② ［明］沈德符：《万历野获编》卷14《薛文清主试》，中华书局1959年版，第375页。
③ ［清］赵翼：《簷曝杂记》卷5，中华书局1982年版，第83页。

这正反映了科举制度对读书人的摧残，促使他们终生投入考场，直到老死。这一点不可否认。但是，从另一方面来看，读书人是有这种需求的，哪怕只是一个职衔，也是对他们皓首穷经之志的肯定，使他们能够平静对待自己的落第。正如朱克柔一语道破："世上多一项优老之举人、进士及各虚衔，毫无妨于治礼，能令六十五岁以上之进士不伤放弃而转乐成全。朝廷亦何靳此区区乎？"①政府恩礼优渥落第者，并未伤及国体大雅。恩赏老年落第者，妥善安抚落第士子，对缓和科举制对落第者的打击，缓解社会矛盾，稳固政权，起到了重要作用。从这一角度看，清代对老年落第者之恩赏制度与宋之特奏名有异曲同工之妙。

（三）时代的产物

清初一段时间并未推行恩赏制度，而是到了乾隆元年才开始。这与乾隆时期政局稳定，疆域拓展，经济发展，文化教育空前繁荣，国家逐渐步入鼎盛这一背景不可分割。恩赏除了针对年老落第士子之外，还有更宽泛的内容：恩赏功臣、大臣子孙中的落第者，以及赏赉耆儒，如"乾隆四十五

---

① ［清］朱克柔：《朱强甫集》卷1，载《中国考试史文献集成》第6卷，高等教育出版社2003年版，第858页。

年，高宗五巡江浙，三月初六日……赏赉耆儒陈应腾等御书、缎匹、荷包"①。在《清高宗实录》中我们还屡见恩赏四世、五世同堂的耆民以及耆农老夫等。如乾隆五十五年，山东清平县民张玫、张珩兄弟二人，均年逾百龄，蒙特旨旌表，"期颐上寿，振古稀逢，至以一家骨肉之亲，同膺百岁延洪之算，又恭值高宗纯皇帝御宇周甲，五世同堂，曼福庞厘，君民同庆，则诚昇平嘉话，寿宇祥征，书契已还，于斯为盛者也"②。这里所探讨的针对老年落第士子的恩赏制度，也离不开当时的时代背景。雍乾之际正是清代科举制度迅速发展的重要时期。这一时期的特点之一就是清政府以各种方式增加科举名目，从明通榜、博学鸿词、孝廉方正、恩科的开设，到乾隆朝的二十次增广学额，③以及举人大挑、中正榜、挑誊录等皆与此并行。它们之间似有相通之处，无论从其数量、质量、社会效果来说，都是借各种方式增加科举名目，给科举考试落第者以更多的入仕机会。这不仅显示

---

① ［清］陈康祺：《郎潜纪闻二笔》卷6《百岁举人》，中华书局1984年版，第429页。

② ［清］陈康祺：《郎潜纪闻初笔》卷1《寿民寿妇》，中华书局1984年版，第14页。

③ 李世愉：《清代科举制度考辩》，沈阳出版社2005年版，第177页。

了朝廷引年劝学、嘉惠士林、崇儒重道、重视发展文化教育事业的主导思想,同时也激发了士子发奋读书的精神,在全社会形成了一种文化繁荣的景象。因此,恩赏年老落第士子政策在清朝繁盛之时的乾隆年间出台,有其深刻的社会历史原因。

(四)清代特有的科举文化现象

宋人对特奏名入仕,不以为然。即使是特奏名入仕本人,对此也觉脸上无光。明代以前,世人对久困场屋者多表示同情,且老而不第者亦自感辛酸。明代宰辅张居正之挚友——荆州公安县刘珠,"困公车三十六年",直到六十六岁始成进士,是科恰由张居正任会试主考官,刘珠感慨万千,在给张居正的信中写道:"欲知座主山为寿,先看门生雪满头。"①悲凉之感溢于言表。至清代,这种现象有了很大变化,不仅世人对那些坚守科场的老者表示赞赏,而且他们自己也以"奋志科名"而得意。康熙三十八年己卯乡试,广东贡生黄章应举,时年已百岁,入闱时,大书"百岁

---

① [明]谈迁:《枣林杂俎·圣集》,"刘珠董又莘",中华书局2006年版,第180页。

观场"四字于灯,令其曾孙为之前导,①且自言:"吾今科且未中,来科百五岁亦未中,至百八岁始当获隽,尚有许多事业,出为国家效力耳。"②乾隆时,番禺县生员王健寒年九十九,尚应乡试,握笔为文,翁方纲曾作诗赞之。③礼亲王昭梿在《啸亭杂录》卷九中专记《老年科目》,将嘉庆朝以前老年中式者一一列出,其中年龄最大者为嘉庆丙辰科的元和人王岩,八十六岁中式,可惜未及殿试而卒。对这些年老中式者,昭梿大加赞赏,称之为"熙朝盛事"。陈康祺在《郎潜纪闻初笔》中也专列《耆年科第》一条,列举嘉庆年间老年中式者,体现了当时社会上爱惜人才,敬礼耄学的风气。道光六年丙戌春闱,广东三水县人陆云从一百三岁应会试,恩赐国子监司业衔。陆云从百岁时,始入学。同时朝臣,多以诗笔纪述盛事。④著名学者王鸣盛的父亲是一位老秀才(生员),屡试不第,当王鸣盛已入仕做高官时,他仍

---

① [清]徐珂:《清稗类钞·考试类·黄章百岁应乡试》,中华书局2003年版,第639页。
② [清]王士禛:《香祖笔记》卷1,上海古籍出版社1982年版,第15页。
③ [清]徐珂:《清稗类钞·考试类·王健寒九十九岁应乡试》,中华书局2003年版,第645页。
④ [清]陈康祺:《郎潜纪闻二笔》卷3《一百三岁老人应会试》,中华书局1984年版,第373页。

"扶杖应试"。一次,在他参加生员岁科试时,主持考试的学政是王鸣盛的同年,见他入场,便离座揖曰:"老年伯正当婆娑风月,何自苦为?"老人正色道:"君过矣。大丈夫奋志科名,当自得之,若藉儿辈福,遽自暴弃,我甚耻之。"①

清代科场非常重视重游泮水、重宴鹿鸣、重宴恩荣。重游泮水,是指生员届临周甲六十年,逢其原取入学之年,与新入学者重进学宫,再次体验、享受当年的礼遇。重宴鹿鸣、重宴恩荣,是指举人、进士届临周甲六十年,逢其乡试、会试原中之科分,与新科举人、进士一同参加鹿鸣宴、恩荣宴。江苏青浦(今属上海)人王昶,于乾隆五年十七岁时考取入学,后中进士,官至刑部右侍郎,致仕后归乡讲学娄东敷文书院。至嘉庆五年,"适当花甲一周",江苏学政钱樾送其重游泮水,"箫鼓鸾旗,遍游城市",王昶"乘八人肩舆,花翎蟒服,率领新生诣圣庙,槃辟雅拜,邑令卢某谨随于后而扶掖之"②。此时的王昶简直比当年入学时还要

---

① [清]徐珂:《清稗类钞·考试类·王西庄随父应岁科考》,中华书局2003年版,第615页。

② [清]徐珂:《清稗类钞·考试类·王述庵重游泮水》,中华书局2003年版,第603页。

兴奋，还要威风。嘉庆十五年七月，将行庚午科乡试，特颁旨，"准江苏前任道员赵翼、安徽前任郎中姚鼐重赴鹿鸣宴，并赏赵翼三品顶带，姚鼐四品顶带"①。此二人均为乾隆十五年庚午科举人。重宴鹿鸣的赵翼，心情非常激动，"恩施非望，感切难名。惟有咏歌太平，虔祝纯嘏，教儿孙经书奋迹，世笃忠贞；率乡里孝弟力田，各勤耕凿，以期仰报高厚洪慈于万一"②。清代独有的重游、重宴之举，反映出科举制度发达的同时，更体现了整个社会对老年科第者的重视。

清代的风气不以年至耄耋仍继续科考为耻，而是以不懈努力追求功名为荣。对于一生奋战于考场的老年士子来说，最大的幸事莫过于在人生的最后能够给自己的科考生涯画上一个圆满的句号，心理上也得到了无限的慰藉。显然，对年老落第者的赏赐，也正是清代科举文化在制度上的反映。

---

① 《清仁宗实录》卷232，嘉庆十五年七月乙丑。
② ［清］赵翼：《簷曝杂记》续《钦赏三品职衔准赴鹿鸣宴谢折》，中华书局1984年版，第126页。

二、恩赏制度之沿革

恩赏制度主要包括两个方面：恩赏会试落第举人职衔及缎匹；恩赏乡试落第诸生以举人、副榜衔。

（一）恩赏会试落第举人

恩赏会试落第举人之制，始于乾隆元年，完善于嘉庆朝，道、咸、同、光各朝继承，直至光绪二十四年结束。

乾隆元年，尚书傅鼐奏报："各省来京会试举人内，有年岁七十、八十以上者四十余人，志切观光，可否酌量加恩录用。"乾隆皇帝阅后，即令大臣在落卷中重新查阅，续取中五人。而其余未取中者，"著交与礼部验看，酌量分别作何赏给职衔之处，妥议具奏"。乾隆帝非常重视此事。同时他也明确地表述自己的心意："此等年老举人，朕格外加恩，乃一时之旷典。在伊等无心遭遇则可，若心存希冀，强赴公车，以致皓首寒儒，跋涉辛苦，既存侥幸之心，亦非朕爱士恤老之意。"乾隆帝此举乃一时之恩典，但毕竟开启了清代恩赏老年落第者之先例。由于这一新制度带来的社会效应不明确，乾隆帝自然持有谨慎的态度，故而称"此事后不为例,著礼部通行晓谕知之"①。实际上,经过二年丁巳恩科、四年己未科、七年壬戌科三科会试之后,乾隆皇帝就推翻了"后不为例"之说,在十年乙丑科会试中,又对会试下第八十岁以上之举人董一世等六人恩赏了职衔和缎匹。②

真正促使恩赏形成定制的是连续三次的太后万寿恩科。乾隆十七年,诏开太后六旬万寿恩科。时士子云集于京师,乾隆帝甚喜,谕称:"其中有年臻耄耋,尚与观光者,虽未经入彀,而庞眉鹤发,偕试礼闱,亦场屋中人瑞也。"③此时,乾隆帝对年老落第举子的态度,已由一开始的不可"心存侥幸"转变为"亦场屋中人瑞",并明确规定:"八十岁以上举人赏翰林院检讨衔,七十岁以上举人赏国子监学正衔。"二十六年,奉上谕:"圣母皇太后七旬万寿,普天同庆,特开万寿恩科,所有应试举子,年在七十、八十以上者,虽未经入彀,而耆年宿学,恭遇盛典,宜沛渥恩,以广慈福。"④遂赏衔如例。三十六年,特开皇太后八旬万寿恩科,"本年会试举子内年登百岁之李炜,著赏给国子监司业

---

① 《清高宗实录》卷15,乾隆元年三月乙卯。
② 《清高宗实录》卷239,乾隆十年四月丙寅。
③ 光绪《大清会典事例》卷354《礼部·贡举·恩赐一》。
④ 光绪《大清会典事例》卷354《礼部·贡举·恩赐一》。

职衔"①，其余七十、八十以上者赏衔如例。至此，恩赏年老会试落第举子职衔终成定例："会试后，年老举人奉特旨加恩，由礼部查明年岁具奏，令引见者，带领引见，其从优赏给职衔者，仍咨吏部办理。至该员等恭谢天恩，俱据呈代奏，带诣午门行礼。"②

次年，恩赏制度又因一起突发事件而中断。乾隆三十六年时恩赏制度推广到乡试中，山西八十岁生员张静深有幸在第一次开乡试恩赏时，即获赏举人职衔，并参加了乾隆三十七年的壬辰科会试。然而，在头场考试中，张静深因藏匿于袖内的性理论二纸被搜出而受枷号。事发之后，乾隆皇帝失望、气愤之余，不得不对恩赏制度重新反思，并颁谕旨："此次下第举子，即有年逾八旬者，亦无再行施恩之理……"③如此，本应继续推行的恩赏，被这一突发事件搁置了。

然而三十余年中的六次恩赏已然成为年老落第者的期盼，也是朝廷笼络士子的有效措施。赏例既开，欲罢不能。因此在乾隆四十三年，又恢复赏衔之例。"落第举子中年

---

① 《清高宗实录》卷882，乾隆三十六年四月庚辰。
② 《钦定礼部则例》卷95《仪制清吏司·下第举人拣选给衔》。
③ 《清高宗实录》卷904，乾隆三十七年三月甲辰。

九十以上者赏国子监司业衔，八十、七十以上分别赏检讨、学正衔。"①五十二年丁未科会试，所赏翰林院职衔的级别有了提高，"年老举人李宏道钦赐翰林院编修衔，彭一猷等钦赐翰林检讨衔，项朱等钦赐国子监学正衔。"②五十四年，除赏职衔外，又加赏缎匹，"其九十以上者，各加赏缎三匹，八十以上者，加赏缎二匹，七十以上者，加赏缎一匹。"③

五十五年，乾隆帝迎来八十大寿，特开万寿恩科。各省举子中年老应试者，至一百余人之多。"庞眉皓首，踊跃观光，洵为升平盛事"④，其中有九十余人获得恩赏。至乾隆六十年，恩赏会试落第者达到了高峰，除赏职衔外，"其凡九十以上者，再各加赏缎三匹；八十以上者，各加赏缎二匹；七十以上者，各加赏缎一匹。以示朕加惠耆年，寿世作人至意"⑤。

嘉庆帝继位后，继续推行恩赏制度，并有所完善。嘉庆十三年戊辰科会试，依次赏年老落第举人国子监司业，翰

---

① 《钦定礼部则例》卷95《仪制清吏司·下第举人拣选给衔》。
② 光绪《大清会典事例》卷354《礼部·贡举·恩赐一》。
③ 光绪《大清会典事例》卷354《礼部·贡举·恩赐一》。
④ 《清高宗实录》卷1353，乾隆五十五年四月戊辰。
⑤ 光绪《大清会典事例》卷354《礼部·贡举·恩赐一》。

林院编修、检讨,国子监助教、学正衔。十四年万寿恩科,各省老年举子观光踊跃,三场完竣者有三百七十余名之多,均分别赏赐加衔,且定:"嗣后年老举子,止得学正、助教衔者,仍准其会试,若未经中式,加衔检讨。其已得检讨衔者,即不必再会试,著为例。"①因为按惯例,只有进士散馆才授检讨,既赏检讨衔,则已享受了进士的荣耀,故不必再会试。嘉庆二十四年规定,年老举人只报名应会试而未入场者,及入场后因违式被贴出者,均不在恩赏之列。二十五年定:"嗣后会试举人,年至九十五岁以上者赏编修衔,至百岁以上者,俱赏给国子监司业衔。"②

道光十六年规定:"嗣后年老举人业经钦赐翰林院职衔者,不必再行会试。"③嘉道以后,年老举人赏赐条例修订为:"会试三场完竣,由知贡举将年老举人移查礼部,核对年岁,如未经中式,开写清单,奏交礼部核议,请旨赏给职衔,礼部行知吏部及各该督抚,有蒙特恩加赏缎匹者,由礼部发给,并据呈代奏,恭谢天恩,带诣午门前行礼。"④此

---

① 光绪《大清会典事例》卷355《礼部·贡举·恩赐二》。
② 光绪《大清会典事例》卷355《礼部·贡举·恩赐二》。
③ 光绪《大清会典事例》卷356《礼部·贡举·恩赐三》。
④ 光绪《钦定科场条例》卷53《年老举人给衔·现行事例》。

条例至清末沿用未改。咸丰以后,基本是援例办理。其间,针对恩赏的具体操作程序,相应作了一些规定。

(二)恩赏乡试落第诸生

恩赏乡试落第诸生,始于乾隆三十五年,完善于嘉庆朝,道、咸、同、光各朝继承,直至光绪二十四年结束。

乾隆三十五年万寿恩科乡试,顺天奏报,应试诸生内有八十五岁者一人,八十岁者一人。乾隆帝认为:这些年臻耄耋,尚来赴试者,皆"不无望恩之意,寿考作人,亦盛典也"。由于已开会试落第恩赏例,遂颁旨,"著礼部、顺天府查明此二人,如未能中式,即将姓名、籍贯奏闻,特赐举人,以满其志"。同时入场的还有年仅十一岁、十三岁的两名年幼生员,对此,乾隆帝称:"如此髫龄志学,果能即赴鹿鸣,固亦科名佳话。如未能入彀,原不妨策其精进,以待将来。"自然不必对年幼者一体加恩,以遂其速成之愿。像这样分别年老、年幼的做法,也是"因材乐育之道也"[①]。此举,为赏赐乡试落第诸生职衔之始。同年江西乡试,广信府属之兴安县生员李炜年已九十九岁,"三场完卷,虽未入

---

① 光绪《钦定科场条例》卷53《年老举人给衔·附历科乡会试钦赐职衔举人、副榜各案》。

第三章　清代科举落第制度中的安抚政策

縠，其志实堪嘉尚"。乾隆帝认为，李炜"年及期颐，尚能康强应试，洵为盛世休征"，著一体赏给举人，"副朕推恩引年至意"①。广东九十四岁生员张次叔也得到了恩赏。凡赏举人衔者，与正榜举人一样，可以参加次年的会试。

年老举子张静深夹带案，不仅影响了会试的恩赏制度，而且也波及乡试恩赏。乾隆三十七年，停赏赐举人例。直至四十四年己亥科乡试，才恢复赏赐例。

恩赏制度在发展中不断完善，乾隆五十四年己酉科乡试，始区分八十岁、七十岁以上，分别赏给举人、副榜。是科乡试毕，各省陆续奏到，乡试诸生，年届八十、七十以上者共百余人。"虽未经中式，而三场均能完竣，洵为士林盛事。"②自此，年八十以上者俱著加恩赏给举人，准其一体会试；七十以上者俱著加恩赏给副榜。其后即依此例行。乾隆五十九年规定："下科乡试奏报年长诸生时，应将例监及入学年分较近，并精力衰迈不能进京之人先行汰去，毋得概行胪列。"③恩赏制度更加有针对性，更加有效。

嘉庆六年又变其例：嗣后各省办理年老诸生，如三场完

---

① 《清高宗实录》卷872，乾隆三十五年十一月甲辰。
② 《清高宗实录》卷1344，乾隆五十四年十二月丙辰。
③ 光绪《大清会典事例》卷354《礼部·贡举·恩赐一》。

竣即一体奏请施恩。其进京与否悉听其便；其捐监在十科以前、曾经应试者，即照生员之例一体奏请赏给；至近年入学诸生，自不必拘定入学年分。①嘉庆九年，对那些已经于前科恩赏副榜的各省老生，"本年又赴乡试，现年八十、七十以上者，均赏给举人"②。恩赏条例越来越宽松，致使虚报年龄的现象开始出现。于是，嘉庆十年规定：老生入学后，未应乡试之前，责成地方官会同该学教官详加核查，如有虚捏年岁者，即行举发，并于每科乡试造册录科时，出具并无老生捏报年岁汇结，申详督抚、学政衙门存案。③十四年，进一步就审核年龄的细节做出规定："嗣后凡老生年岁业在合例以上，档内无细数可核者，准其先取具同乡京官印结，声请办理，俟该省续报到日详加复核。如有虚捏情弊，照例惩办。"④尽管如此，虚报年龄的现象仍然是禁而不止。

嘉庆十八年，御史汪梅鼎指出：捏报年岁、冀图蒙混者日渐增多。尽管定制已属详备，但那些教职、地方官"率皆扶同徇隐，曲为申报，故冒滥邀恩者，每科皆不能免"。

---

① 光绪《钦定科场条例》卷53《年老举人给衔·例案》。
② 光绪《大清会典事例》卷355《礼部·贡举·恩赐二》。
③ 光绪《钦定科场条例》卷53《年老举人给衔·例案》。
④ 光绪《大清会典事例》卷355《礼部·贡举·恩赐二》。

第三章 清代科举落第制度中的安抚政策

他建议日后凡遇举行之年,"除年届九十以上各生,仍照成例开列外,其八十、七十以上向系合例各生,应请递加五岁,以八十五岁、七十五岁以上为率,方准入单具奏。"这样,"则其年齿较增,庶人数可免浮滥"。同时要加大处罚力度,凡老生浮开在五岁以上,交部分别议处;浮开在十岁以上,分别加等议处,将该生一并斥革治罪。他还建议,以后凡遇万寿恩科或国家庆典时所开恩科,仍照例举行,在正科时,则概行停止。就此嘉庆帝颁旨:"历科乡会试后,查明年老诸生三场完竣者,分别加恩,用以加惠耆儒,行之已久,未便遽尔停止,著每科仍照旧查办。惟浮开年岁,人数冒滥,其弊不可不除,著照旧例,递加十岁,方准列入。如有捏报朦混情弊,将该生斥革治罪,所有造册、出结各官,查明交部,分别议处。"①这样,自嘉庆十八年起,乡试后的恩赏制度作了调整,原来规定的七十岁以上可赏副榜,八十岁以上可赏举人,改为八十岁以上赏副榜,九十岁以上赏举人。

道光二十年复准:"乡试年老诸生,有由俊秀捐监者,查明捐监系在十科以前,曾经应试者,如三场完竣,照生员

---

① 光绪《钦定科场条例》卷53《年老举人给衔·例案》。

例,一体奏请恩赏。"①

咸丰二年,礼部通行各省:"近科各省办理老生,于年岁、履历,有仅于折内声叙者,另缮写清单者,亦有造具清册者,而新进士一项,多未注明。至捐纳贡监生,系某年报捐,是否应试,曾在十科以前,又多遗漏。各省监临既未能照例划一办理,本部又无档案可稽,势必辗转行查,耽延时日。该生等皓首穷经,未得早邀恩赏,往往有该省先行给咨会试,届期又因尚未核准,不得入场者。殊非体恤耆儒之意"②。因此规定:"嗣后各省办理年老诸生恩赏,由各学政录科时,将该老生等何年入学,何年报捐贡监,何年应试,现年若干,分别查明,详晰登注。榜后即行一面具奏,一面逐细造册送部,以备复核。"③这一决定对年老落第者无疑是一个福音。因为老生在获得恩赏举人之后的第二年需赴京会试,距离京师较远省份的士子如果等到礼部核准后方准给咨,那是肯定赶不上会试了。

对于乡试年老诸生,但能三场完竣,朝廷不问老生文字佳否,即为奏请赏给副榜、举人,会试完竣则赏给司

---

① 光绪《大清会典事例》卷356《礼部·贡举·恩赐三》。
② 光绪《钦定科场条例》卷53《年老举人给衔·例案》。
③ 光绪《大清会典事例》卷356《礼部·贡举·恩赐三》。

第三章 清代科举落第制度中的安抚政策

业、编、检职衔。可见朝廷"所以励皓首穷经之儒,典至渥也"。光绪五年,御史戈靖奏称:"乡试年老诸生,奏请赏给副榜、举人,其初每省不过一二人,或四五人,近来各省多倍于前,有甫经入学,即填注七十、八十、九十者,难保不虚填年龄,滥窃荣名。"而"部臣止凭学册之填注,无从有驳斥者。"因此,他建议:"臣请自今以后饬下礼部,欲核老生之年岁,须查其入学年分已满三十年以后者为真,即再宽为定限,必入学已过二十年,或十年以后者,方准奏请恩赏。其甫经入学,虽填注八十、九十者,概为驳斥,是亦慎重名器之一端也。"①同年礼部议准:"乡试年老诸生,查系三科以前者,方准具奏。有甫经入学,并入学在三科以内者,虽年例已符,概不准开列。至从前由生员年届八十以上,得邀副榜者,年届九十后,准奏请恩赏举人,毋庸再查入学年分。"②

---

① 中国第一历史档案馆馆藏档案,军机处录副奏折7181:64。
② 光绪《大清会典事例》卷356《礼部·贡举·恩赐三》。

三、恩赏制度之实施状况

恩赏制度推行了一百多年,其实施状况、规模又是怎样呢?我们仅根据《钦定礼部则例》、光绪《钦定科场条例》、《大清会典事例》、《续增科场条例》,及清代乾隆朝至光绪朝的历朝《实录》,并参照《明清进士题名碑录索引》,以清代会试、乡试的恩赏人数、年龄为依据,加以统计和分析,以窥一斑。同时针对恩赏制度在实施过程中产生的一些问题,作简要的阐述和分析。

(一)会试恩赏制度之实施

首先,我们根据以上文献资料,做成清代会试恩赏统计表,以此来看会试恩赏的规模。

表3.2.1 会试恩赏人数与中式人数比较表

年份	科分	百岁以上人数	九十五岁以上人数	九十岁以上人数	八十岁以上人数	七十岁以上人数	七十、八十岁以上人数	恩赏人数	中式人数
乾隆元年	丙辰科						40余人	40	344
乾隆十年	乙丑科				6			6	313
乾隆十七年	壬申恩科				4	10		14	231
乾隆十九年	甲戌科					6		6	241
乾隆二十六年	辛巳恩科				7	18		25	217

第三章 清代科举落第制度中的安抚政策

续表

年份	科分	百岁以上人数	九十五岁以上人数	九十岁以上人数	八十岁以上人数	七十岁以上人数	七十、八十岁以上人数	恩赏人数	中式人数
乾隆三十六年	辛卯恩科	1			18	16		35	161
乾隆四十三年	戊戌科			1	2	5		8	157
乾隆四十五年	庚子恩科				5	25		30	155
乾隆四十九年	甲辰科			1	20	5		26	112
乾隆五十二年	丁未科			1	40	5		46	137
乾隆五十四年	己酉科			4	31	2		37	98
乾隆五十五年	庚戌恩科			3	72	19		94	97
乾隆五十八年	癸丑科				52	12		64	81
乾隆六十年	乙卯恩科			5	83	25		113	111
乾隆朝合计		1		15	340	148	40余人	544	2455
嘉庆元年	丙辰恩科			3	104	14		121	144
嘉庆四年	己未科			3	95	24		122	220
嘉庆六年	辛酉恩科			5	122	57		184	275
嘉庆七年	壬戌科			1	116	62		179	248
嘉庆十年	乙丑科			1	156	111		268	243
嘉庆十三年	戊辰科			2	108	119		229	261
嘉庆十四年	己巳恩科			8	130	235		373	241
嘉庆十六年	辛未科				85	203		288	237
嘉庆十九年	甲戌科				4	55		59	227
嘉庆二十二年	丁丑科				1	4		5	255
嘉庆二十四年	己卯恩科			1	13	148		14	224

续表

年份	科分	百岁以上人数	九十五岁以上人数	九十岁以上人数	八十岁以上人数	七十岁以上人数	七十、八十岁以上人数	恩赏人数	中式人数
嘉庆二十五年	庚辰科		1	2	4			7	246
嘉庆朝合计			1	26	938	884		1849	2821
道光二年	壬午恩科			2	4			6	222
道光三年	癸未科			1	4			5	246
道光六年	丙戌科	1		7	1			9	265
道光九年	己丑科		1	7	3			11	221
道光十二年	壬辰恩科	1	2	7	7			17	206
道光十三年	癸巳科		1	7	2			10	220
道光十五年	乙未科		2	11	1			14	272
道光十六年	丙申恩科			8	2			10	172
道光二十年	庚子科		1	8	3			12	180
道光二十四年	甲辰科	1		14	3			18	209
道光三十年	庚戌科		6	14	5			25	212
道光朝合计		3	13	86	35			137	2455
咸丰二年	壬子恩科	1	6	22	4			33	239
咸丰三年	癸丑科		1	5	2			8	222
咸丰朝合计		1	7	27	6			41	461
同治二年	癸亥恩科	1	3	13				17	200
同治四年	乙丑科	2	8	24	2			36	265
同治七年	戊辰科	2	4	13	2			21	270
同治十年	辛未科	2	15	43	4			64	323

续表

年份	科分	百岁以上人数	九十五岁以上人数	九十岁以上人数	八十岁以上人数	七十岁以上人数	七十、八十岁以上人数	恩赏人数	中式人数
同治朝合计		7	30	93	8			138	1058
光绪二年	丙子恩科	2	10	28				40	324
光绪三年	丁丑科		5	28	4			37	329
光绪九年	癸未科		8	19	5			32	308
光绪十二年	丙戌科	2	8	18	4			32	319
光绪十五年	己丑科	4	6	10	3			23	296
光绪十六年	庚寅恩科	4	6	12	2			24	326
光绪十八年	壬辰科	5	6	8				19	317
光绪二十一年	乙未科	1	5	8				14	293
光绪二十四年	戊戌科	3	6	17	2			28	346
光绪朝合计		21	60	148	20			249	2858
六朝总计		33	111	395	1347	1032	40	2958	12108

结合表格可知：乾隆朝开会试27科，其中有14科推行恩赏老年落第举子制度，共赏544人，平均每科恩赏39人。在推行恩赏的14科里，中式进士为2455人，恩赏年老落第举人占中式进士的22.2%。嘉庆朝开会试12科，每科皆实行恩赏制度，共赏1849名，平均每科恩赏154人，恩赏年老落第举人占中式进士的65.5%。道光朝举行会试15科，其中有11科行恩赏，赏赐137人，平均每科恩赏12人。其中在推行恩

赏的11科里，中式进士人数为2455人，恩赏人数占中式人数的5.6%。咸丰朝5科会试，其中行恩赏的2科里中式进士为461人，恩赏人数为41人，恩赏人数占中式人数的8.9%。平均每科恩赏21人。同治朝6科会试，其中行恩赏的4科里中式进士为1058人，恩赏人数为138人，恩赏人数占中式人数的13%。平均每科恩赏35人。光绪朝13科会试，其中行恩赏的9科里中式进士为2858人，恩赏人数为249人，恩赏人数占中式人数的8.7%。平均每科恩赏28人。

我们以朝代为横坐标，以每朝每科平均恩赏人数为纵坐标，绘图如下：

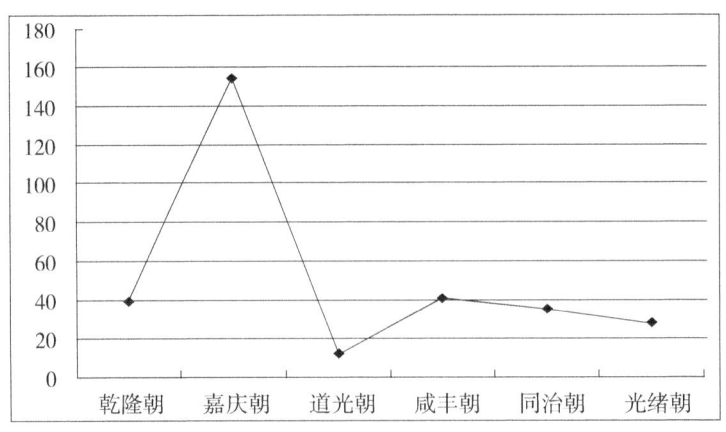

图3.2.1 会试恩赏人数与中式人数比较

从每朝恩赏的总人数，或每朝每科恩赏的平均人数来看，嘉庆朝都以绝对优势高居第一位。

第三章 清代科举落第制度中的安抚政策

从乾隆至光绪六朝里共开会试78科，其中52科推行恩赏制度，这52科中式进士为12422人[①]，恩赏的老年落第士子为2958人。即52科中恩赏人数占中式人数的23.8%，也就是每取三个进士就会有一名年老举子受到相应恩赏，这个比例还是不小的。由此可见，恩赏制度在科举考试中占有重要地位。

另外，乾隆五十五年恩赏人数首次接近中式人数，六十年则超过中式人数2人；嘉庆朝的恩赏不仅在人数上遥遥领先于各朝，其中嘉庆十年、十四年、十六年三科的恩赏人数都超过中式人数，尤其是十四年，恩赏人数比中式人数多出132人。就恩赏科数来说，嘉庆朝仅次于乾隆朝位居第二，但就每科的平均恩赏人数来看，嘉庆朝以每科恩赏154人而高居第一。而且无论是恩赏的绝对数还是平均数，嘉庆朝都是最高的。可见，嘉庆朝作为恩赏制度最为成熟和完备的时期也正是其执行最为得力和彻底的时期。从这些数字中我们可以看出当年恩赏老年落第举子的盛况，以及恩赏制度给当时的科举社会所带来的巨大影响。尤其从光绪朝恩赏持续的时间来看，虽然科举制度本身日渐衰败，但老年落第士子的

[①] 表格中中式进士人数是笔者根据朱保炯、谢沛霖编著的《明清进士题名碑录索引》（上海古籍出版社1980年版）一书统计而得。

恩赏制度对于广大落第士子仍然有着强大的吸引力。

从获得恩赏者的年龄来看，乾隆、嘉庆两朝，八十岁以上这一年龄段获得恩赏的人最多，道光以后，则是九十岁以上获得恩赏的居多。恩赏主体的年龄阶段的变化与恩赏制度的演变密不可分。从乾隆十七年会试始，八十以上举人给翰林院检讨衔，七十以上给国子监学正衔。三十六年会试，有年登百岁者一人，赏给国子监司业衔。四十三年会试，九十以上者一人，赏给国子监司业衔。随着恩赏制度的不断推广，恩赏次数与人数都越来越多，吸引了越来越多士子，其中作伪之徒与日俱增。对此，嘉庆二十五年定："嗣后会试举人，年至九十五岁以上者赏编修衔，至百岁以上者，俱赏给国子监司业衔。九十以上，赏给翰林院检讨衔；八十以上，赏给国子监学正衔。"① 因而从道光朝开始，原来在前朝只需七十岁以上就可得到的国子监学正衔，此时要熬到八十岁以上；原来八十岁可得到的翰林院检讨衔，现在要等到九十以上；九十五岁以上才可获得翰林院编修衔；而国子监司业衔，则要等到百岁以上才可获得。可见，表格中的数字符合制度的演变。清政府不断提高恩赏年龄，是因为捏报

---

① 光绪《大清会典事例》卷355《礼部·贡举·恩赐二》。

年岁之人太多，只有调整获得恩赏的年龄底线，以此保证恩赏的纯洁性。实际上，即使提高了恩赏年龄，并不等于从根本上制止了谎报年龄，只不过水涨船高罢了。这一点，作为制定这一政策的乾隆皇帝，也是心知肚明，"其在九十以上者，即有虚饰，谅尚不甚相悬"①。

恩赏制度在实施过程中影响较大的事件，是乾隆三十七年恩赏制度创建之初张静深夹带案。张静深原本就是"毫无素蕴，难以终场"，因为有了恩赏制度，才得以凭借年老，幸邀一第，而其在考场作弊，实在是"不知自爱"②，受罚实属咎由自取。这一作弊案不仅使乾隆朝的恩赏一度中断，而且造成了恶劣影响，是乾隆朝既创立恩赏制度而并未发展的一个重要原因。

恩赏制度发展到嘉庆、道光朝，逐步完善和规范化。嘉庆皇帝在位二十五年间，开会试科12次，每次都有对老年落第举子的恩赏，共恩赏1800余人，相比乾隆朝14次恩赏500余人的数目，可谓增加了三倍。恩赏制度在推行过程中也产生了一些新问题，但均做了相应的调整。咸丰以后，基本是援例办理。同治年间，会试恩赏更加细化，针对一些士

---

① 《清高宗实录》卷894，乾隆三十六年十月戊辰。
② 《清高宗实录》卷904，乾隆三十七年三月甲辰。

子乡试清册未到的情况下，相应作了一些规定。如乡试清册尚未到部，而恩赏的举子已经赶到京城参加会试，在这种情况下，经礼部查明，情况属实，也允许这些年老举子纳卷入场。就执行过程而言，清中后期已经没有前期那么严格了，随着实际运行中新问题的不断出现，恩赏制度也随之做出相应的弹性化的调整与变通，也越来越体现出人性化的一面。值得我们注意的是，即便到了科举制摇摇欲坠的光绪朝，恩赏制度依然贯彻执行，恩赏人数一直持续，从中我们多少可以看出恩赏制度潜在的生命力，或者说是惯性，尤其对广大年老落第士子而言，在他们内心深处，恩赏制度并不会随着科举制度的崩溃而立刻消失得无影无踪。

（二）乡试恩赏制度之实施

乡试恩赏年老落第诸生以举人或副榜职衔，始于乾隆三十五年，终于光绪二十四年，共恩赏39科。各省实行恩赏的时间和科数不尽相同。乾隆三十五年，首次举行乡试恩赏的是顺天、江西和广东三省。乡试恩赏的第二次即乾隆三十六年，江南（江苏、安徽）、山东、山西、河南、陕西（含甘肃）、福建、湖北七省，随之推广。乡试恩赏的第三次即乾隆四十四年，贵州省开始实行。乡试恩赏的第四次即乾隆五十一年，浙江、湖南、四川三省随之举行。乡试恩赏

第三章 清代科举落第制度中的安抚政策

的第五次即乾隆五十四年,云南推行。乡试恩赏的第六次即乾隆五十七年,广西举行。至此,16个省份皆推行乡试恩赏制度。

我们依次将各省乡试恩赏举人的情况统计如下:

顺天乡试恩赏25科,历朝恩赏的举人人数依次为,乾隆朝:三十五年2名,三十六年3名,四十四年8名,五十一年5名,五十七年10名,五十九年23名,六十年8名,共59名。嘉庆朝:三年32名,五年49名,六年50名,十二年38名,十三年55名,十八年38名,二十四年1名,共263名。道光朝:十五年1名,二十六年2名,共3名。咸丰朝:元年4名,二年1名,五年4名,共9名。同治朝:九年3名,共3名。光绪朝:二年1名,五年1名,八年5名,十六年1名,十八年1名,共9名。顺天25科恩赏举人总共为346名,每科中式额102名[1],25科中式人数为2550名,恩赏人数占中式人数的13.6%。其中嘉庆朝恩赏人数居历朝之首,嘉庆十三年的恩

---

[1] 因恩赏举人职衔大都分省计算,各省实行恩赏的时间和科数也不尽相同。而各省乡试中额之多寡,则依文风之高下、人口之多寡、丁赋之轻重而确定。我们根据光绪《大清会典事例》卷348《礼部·贡举·乡试中额一》中乾隆九年议准的数字为基数,与各省恩赏举人人数相对比,以此分析恩赏制度的执行状况。其中顺天的情况较为复杂,除八旗生员、各省监生名额暂不列入外,直隶生员取中数为102名。

赏人数最多。

江西恩赏28科，历朝恩赏的举人人数依次为，乾隆朝：三十五年1名，四十四年1名，五十一年1名，五十四年6名，五十九年9名，六十年6名，共24名。嘉庆朝：三年36名，五年47名，六年24名，十二年38名，十三年56名，十八年44名，共245名。道光朝：十二年1名，十五年3名，二十年3名，二十四年2名，二十六年5名，共14名。咸丰朝：二年20名，共20名。同治朝：九年4名，共4名。光绪朝：二年11名，五年6名，八年8名，十六年14名，十七年1名，十八年7名，二十年4名，二十一年3名，二十四年3名，共57名。江西28科恩赏举人总共为364名，每科中式额94名，28科中式人数为2632名，恩赏人数占中式人数的13.8%。其中嘉庆朝恩赏人数居历朝之首，嘉庆十三年的恩赏人数最多。

广东恩赏32科，历朝恩赏的举人人数依次为，乾隆朝：三十五年1名，五十一年2名，五十四年7名，五十七年3名，五十九年8名，共28名。嘉庆朝：三年6名，五年15名，六年22名，十二年63名，十三年20名，十八年79名，共205名。道光朝：二年1名，十二年1名，十五年2名，十九年7名，二十年4名，二十四年5名，二十六年6名，共26名。咸丰朝：元年8名，二年8名，五年10名，共26名。同治朝：七年2名，九年20名，共22名。光绪朝：二年26名，五年12名，八年11

第三章 清代科举落第制度中的安抚政策

名,十五年15名,十六年10名,十八年19名,二十年27名,二十一年6名,二十四年20名,共146名。广东32科恩赏举人总共为453名,每科中式额71名,32科中式人数为2272名,恩赏人数占中式人数的19.9%。其中嘉庆朝恩赏人数居历朝之首,嘉庆十八年的恩赏人数最多,超过中式人数8人。

江南恩赏32科,历朝恩赏的举人人数依次为,乾隆朝:三十六年2名,五十一年6名,五十四年17名,五十七年6名,五十九年17名,六十年13名,共61名。嘉庆朝:三年30名,五年9名,六年42名,十二年34名,十三年21名,十八年58名,共194名。道光朝:元年2名,十二年4名,十五年3名,十九年3名,二十四年4名,二十六年6名,共22名。咸丰朝:元年5名,二年4名,五年1名,共10名。同治朝:九年19名,共19名。光绪朝:二年5名,五年10名,八年9名,十二年5名,十五年19名,十六年12名,十八年4名,二十年3名,二十一年2名,二十四年6名,共75名。江南32科恩赏举人总共为381名,每科中式额114名,32科中式人数为3648名,恩赏人数占中式人数的10.4%。其中嘉庆朝恩赏人数居历朝之首,嘉庆十八年的恩赏人数最多。

山东恩赏30科,历朝恩赏的举人人数依次为,乾隆朝:三十六年3名,五十一年7名,五十四年5名,五十七年5名,五十九年5名,六十年6名,共31名。嘉庆朝:三年5

名,五年6名,六年16名,十二年31名,十三年47名,十八年58名,共163名。道光朝:二年1名,十二年3名,十五年2名,十九年7名,二十年3名,二十四年4名,二十六年4名,共24名。咸丰朝:元年6名,五年6名,共12名。同治朝:九年3名,共3名。光绪朝:二年10名,五年15名,八年7名,十六年8名,十八年9名,二十年2名,二十一年3名,二十四年4名,共58名。30科恩赏举人总共为291名,每科中式额69名,30科中式人数为2070名,恩赏人数占中式人数的14.1%。其中嘉庆朝恩赏人数居历朝之首,嘉庆十八年的恩赏人数最多。

山西恩赏23科,历朝恩赏的举人人数依次为,乾隆朝:三十六年1名,五十四年6名,五十七年5名,五十九年2名,六十年7名,共21名。嘉庆朝:三年9,五年7名,六年12名,十二年14名,十三年22名,十八年12名,共76名。道光朝:十九年1名,二十年1名,二十四1名,共3名。咸丰朝:二年1名,五年1名,共2名。同治朝:九年3名,共3名。光绪朝:二年3名,十六年4名,十八年6名,二十年2名,二十一年1名,二十四年3名,共19名。23科恩赏举人总共为124名,每科中式额60名,23科中式人数为1380名,恩赏人数占中式人数的9.0%。其中嘉庆朝恩赏人数居历朝之首,嘉庆十三年的恩赏人数最多。

第三章 清代科举落第制度中的安抚政策

河南恩赏34科,历朝恩赏的举人人数依次为,乾隆朝:三十六年1名,四十四年4名,五十一年7名,五十四年7名,五十七年6名,五十九年5名,六十年5名,共35名。嘉庆朝:三年8名,五年14名,六年10名,十二年19名,十三年18名,十八年20名,二十四年1名,共90名。道光朝:元年1名,二年1名,十二年4名,十五年1名,十九年1名,二十年4名,二十四年5名,共16名。咸丰朝:二年6名,共6名。同治朝:元年6名,九年18名,共24名。光绪朝:二年3名,五年4名,八年6名,十五年1名,十六年2名,十八年2名,二十年6名,二十年6名,二十一年2名,二十四年3名,共35名。34科恩赏举人总共为206名,每科中式额71名,34科中式人数为2414名,恩赏人数占中式人数的8.5%。其中嘉庆朝恩赏人数居历朝之首,嘉庆十八年的恩赏人数最多。

陕西恩赏19科,历朝恩赏的举人人数依次为,乾隆朝:三十六年2名,四十四年5名,五十一年2名,五十四年5名,五十七年8名,五十九年12名,乾隆六十年21名,共55名。嘉庆朝:三年9名,五年1名,六年2名,十二年13名,十三年29名,十八年14名,共68名。道光朝:无恩赏。咸丰朝:二年6名,五年1名,共7名。同治朝:无恩赏。光绪朝:二年2名,十五年2名,十八年1名,二十年2名,共7名。19科恩赏举人总共为137名,每科中式额61名,19科中式人数为

1159名，恩赏人数占中式人数的11.8%。其中嘉庆朝恩赏人数居历朝之首，嘉庆十三年的恩赏人数最多。

福建恩赏29科，历朝恩赏的举人人数依次为，乾隆朝：三十六年1名，四十四年4名，五十一年4名，五十四年3名，五十七年5名，五十九年10名，六十年13名，共40名。嘉庆朝：三年7名，五年1名，六年8名，十二年31名，十三年51名，十八年28名，共126名。道光朝：元年1名，二年2名，十五年1名，二十年3名，二十四年3名，二十六年13名，共23名。咸丰朝：二年10名，五年8名，共18名。同治朝：九年7名，共7名。光绪朝：二年4名，五年6名，八年4名，十六年1名，十八年2名，二十年3名，二十四年2名，共22名。29科恩赏举人总共为236名，每科中式额85名，29科中式人数为2465名，恩赏人数占中式人数的9.6%。其中嘉庆朝恩赏人数居历朝之首，嘉庆十三年的恩赏人数最多。

湖北恩赏23科，历朝恩赏的举人人数依次为，乾隆朝：三十六年1名，四十四年2名，五十四年4名，五十九年12名，六十年13名，共32名。嘉庆朝：三年9名，六年9名，十二年13名，十八年23名，共54名。道光朝：十九年1名，二十年1名，二十四年2名，二十六年2名，共6名。咸丰朝：二年7名，共7名。同治朝：九年21名，共21名。光绪朝：二年15名，五年5名，八年6名，十五年5名，十六年1名，

第三章 清代科举落第制度中的安抚政策

二十年8名，二十一年4名，二十四年9名，共53名。23科恩赏举人总共为173名，每科中式额48名，23科中式人数为1104名，恩赏人数占中式人数的15.7%。其中嘉庆朝恩赏人数居历朝之首，嘉庆十八年的恩赏人数最多。

贵州恩赏15科，历朝恩赏的举人人数依次为，乾隆朝：四十四年1名，五十一年3名，五十四年5名，五十七年3名，五十九年5名，六十年5名，共22名。嘉庆朝：三年2名，六年2名，十二年1名，十三年4名，十八年1名，共10名。道光朝：二十四年1名，共1名。咸丰朝：无恩赏。同治朝：无恩赏。光绪朝：二年1名，八年1名，十八年1名，共3名。15科恩赏举人总共为36名，每科中式额36名，15科中式人数为540名，恩赏人数占中式人数的6.7%。其中乾隆朝恩赏人数最多。

浙江恩赏25科，历朝恩赏的举人人数依次为，乾隆朝：五十一年4名，五十七年11名，五十九年5名，六十年6名，共26名。嘉庆朝：三年11名，五年11名，六年10名，十二年26名，十三年20名，十八年20名，共98名。道光朝：十九年1名，二十年1名，二十四年1名，二十六年1名，共4名。咸丰朝：二年1名，五年1名，共2名。同治朝：九年14名，共14名。光绪朝：二年4名，五年3名，八年4名，十六年2名，十八年1名，二十年4名，二十一年2名，二十四年6名，共26

名。25科恩赏举人总共为170名，每科中式额94名，25科中式人数为2350名，恩赏人数占中式人数的7.2%。其中嘉庆朝恩赏人数居历朝之首，嘉庆十二年的恩赏人数最多。

湖南恩赏21科，历朝恩赏的举人人数依次为，乾隆朝：五十一年3名，五十四年7名，五十七年6名，五十九年8名，六十年16名，共40名。嘉庆朝：三年18名，五年17名，六年12名，十二年20名，十三年13名，十八年28名，共108名。道光朝：十二年1名，十五年1名，二十年4名，共6名。咸丰朝：元年4名，五年4名，共8名。同治朝：无恩赏。光绪朝：二年4名，八年6名，十六年1名，十八年1名，二十年1名，共13名。21科恩赏举人总共为175名，每科中式额45名，21科中式人数为945名，恩赏人数占中式人数的18.5%。其中嘉庆朝恩赏人数居历朝之首，嘉庆十八年的恩赏人数最多。

四川恩赏28科，历朝恩赏的举人人数依次为，乾隆朝：五十一年2名，五十四年6名，五十七年7名，五十九年9名，六十年4名，共28名。嘉庆朝：三年7名，五年5名，六年2名，十二年8名，十三年6名，十八年4名，共32名。道光朝：十二年2名，十五年2名，十九年2名，二十年6名，二十四年1名，二十六年1名，共14名。咸丰朝：二年7名，五年6名，共13名。同治朝：九年23名，共23名。光绪朝：二年1名，五年10名，八年10名，十六年2名，十八年3名，

第三章 清代科举落第制度中的安抚政策

二十年1名,二十一年1名,二十四年2名,共30名。28科恩赏举人总共为140名,每科中式额60名,28科中式人数为1680名,恩赏人数占中式人数的8.3%。其中同治朝恩赏人数最多。

云南恩赏14科,历朝恩赏的举人人数依次为,乾隆朝:乾隆五十四年2名,五十七年4名,五十九年6名,六十年6名,共18名。嘉庆朝:三年4名,五年13名,六年6名,十二年15名,十三年24名,十八年26名,共88名。道光朝:二十四年1名,二十六年1名,共2名。咸丰朝:二年1名,共1名。同治朝:无恩赏。光绪朝:二十年1名,共1名。14科恩赏举人总共为110名,每科中式额54名,14科中式人数为756名,恩赏人数占中式人数的14.6%。其中嘉庆朝恩赏人数居历朝之首,嘉庆十八年的恩赏人数最多。

广西恩赏15科,历朝恩赏的举人人数依次为,乾隆朝:五十七年1名,共1名。嘉庆朝:三年1名,五年2名,六年16名,十二年14名,十三年23名,十八年19名,共75名。道光朝:十九年1名,二十四年2名,二十六年2名,共5名。咸丰朝:无恩赏。同治朝:九年2名,共2名。光绪朝:五年3名,八年2名,十六年2名,十八年3名,共10名。15科恩赏举人总共为93名,每科中式额45名,15科中式人数为675名,恩赏人数占中式人数的13.8%。其中嘉庆朝恩赏人数居历朝之首,嘉庆十三年的恩赏人数最多。

根据以上统计,我们做一归纳,见下表:

表3.2.2 清乾隆至光绪朝各省乡试恩赏举人数字简表

省份	乾隆朝	嘉庆朝	道光朝	咸丰朝	同治朝	光绪朝	各省合计
顺天	59	263	3	9	3	9	346
江西	24	245	14	20	4	57	364
广东	28	205	26	26	22	146	453
江南	61	194	22	10	19	75	381
山东	31	163	24	12	3	58	291
山西	21	76	3	2	3	19	124
河南	35	90	16	6	24	35	206
陕西	55	68	0	7	0	7	137
福建	40	126	23	18	7	22	236
湖北	32	54	6	7	21	53	173
贵州	22	10	1	0	0	3	36
浙江	26	98	4	2	14	26	170
湖南	40	108	6	8	0	13	175
四川	28	32	14	13	23	30	140
云南	18	88	2	1	0	1	110
广西	1	75	5	0	2	10	93
各朝合计	521	1895	169	141	145	554	3435

第三章 清代科举落第制度中的安抚政策

从表格中可以看出，乡试实行恩赏共计39科，而没有一个省份恩赏达到39科。其中，恩赏科数由多到少的省份依次是：河南（34）；广东、江南（32）；山东（30）；福建（29）；四川、江西（28）；顺天、浙江（25）；山西、湖北（23）；湖南（21）；陕西（19）；贵州、广西（15）；云南（14）。

恩赏的举人人数由多到少的省份分别是：广东453人，江南381人，江西364人，顺天346人，山东291人，福建236人，河南206人，湖南175人，湖北173人，浙江170人，四川140人，陕西137人，山西124人，云南110人，广西93人，贵州36人。16个省共计3435人，还有省份不明的146人，其中，光绪十二年正月、二月恩赏的各省72名士子为举人职衔，但《续增科场条例》中并未分省记录。[①]各省总共得举人职衔者3581人。恩赏的副榜大多不知省份，故下文对副榜不作分析。不过查阅各种官书，从乾隆三十五庚寅科到光绪二十四年戊戌科的39科乡试中，大致恩赏副榜职衔者为5117人。恩赏举人与副榜总共为8698人。

各省恩赏科数、人数的不同，多少也能反映出各地区

---

① 详见《续增科场条例》，沈云龙主编《近代中国史料丛刊三编》第49辑，台湾文海出版社有限公司1989年版，第156—194页。

人口、文风的差异。河南开乡试最多为34科，广东为32科，而广东的六朝恩赏人数位居第一，河南却位居第七，就其平均每科的恩赏人数来看，广东是河南的二倍多。顺天比四川少开3科，但顺天的恩赏人数竟是四川的2.5倍。推行恩赏乡试最少即14次的云南，其恩赏人数却并不是最少的。相反，开15次乡试恩赏的贵州省六朝恩赏人数仅为36人，无论从其平均每科的恩赏人数，还是从恩赏的举人人数占中式人数百分比来看，贵州依然处于末位。就历朝恩赏总人数来看，广东位居第一，其次是江南、江西。江南乃文风繁盛之地，而广东、江西等地区正是清中后期比较重视读书及文化发展、重视科举考试的科举大省，故应试者多，年老获恩赏者也较多。

从各朝恩赏的总人数来看，嘉庆朝依然第一，乾隆朝次之，光绪再次之，之后分别是道光朝、同治朝，咸丰居末位。从每朝各省恩赏的人数的角度来考察，从乾隆至光绪的六朝里，除贵州之外，其他省份的恩赏人数最高峰都集中在嘉庆朝，而嘉庆朝的恩赏之最又多集中在嘉庆十三年和十八年两次。其中恩赏人数超过中式人数的唯一一次是嘉庆十八年广东省的乡试恩赏。从各朝每科平均恩赏的举人数字看，乾隆朝行恩赏共8科，平均每科恩赏各省举人65人；嘉庆朝行恩赏7科，平均每科恩赏270.7人；道光朝行恩赏8科，平均每科恩赏21人；咸丰朝行恩赏3科，平均每科恩赏47人；同治朝行恩赏3科，平均每科恩赏48.3人；光绪朝行恩赏10科，平均每科恩赏56.4人。这里嘉庆朝仍然位居第一。我们以朝代为横坐标，平均每科恩赏人数为纵坐标，绘图如下：

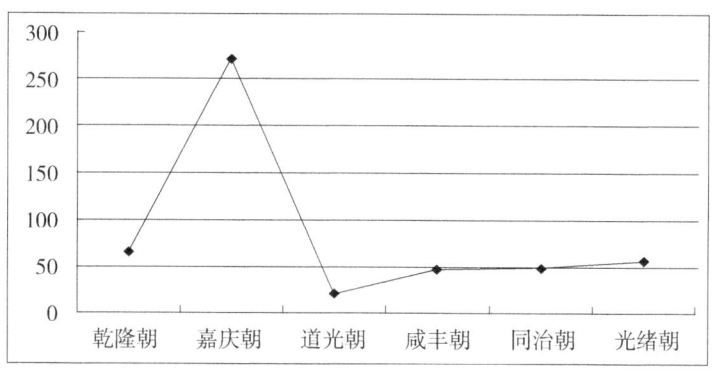

图3.2.2　乡试恩赏举人数字

可见无论从每朝恩赏的总人数，还是每朝每科恩赏的平均人数来看，嘉庆朝都是最高的，这一点与会试恩赏相同。这恰恰反映出清代恩赏制度发展到嘉庆朝已经更加完善，故而有如此之盛况。这一时期政府非常重视恩赏年老落第者，地方官也积极落实，因此会有这样明显的效果。但是我们必须指出，嘉庆朝恩赏数字之多，还有另一个原因，即虚报年龄者多。对于那些一生追求功名的老生来说，恩赏政策有着极大的吸引力，为获此殊荣，一些未到年限的老生虚报年龄来获赏。这从嘉庆朝诸多臣工的奏报中可以看出。因此，我们考察嘉庆朝如此显著的恩赏业绩时，不仅要看到恩赏人数盛极一时的状况，而且要深入这一现象的背后，看到突出的数字里面，隐藏着不少虚假的成分。当然，这并不等于说道光以后就没有谎报事件，但嘉庆时期针对恩赏群体的日益庞大，制定出日益详备的规制，以及这一时期，士子中认真读书之人越来越少，加之清代中后期的政治日趋腐败，都是造成恩赏人数下降的原因。

另外，从恩赏制度的实施情况看，始终存在着两个问题：一是考生虚报年龄，二是地方官执行不力。

首先，虚报年龄的现象自恩赏制度推行之初，即已出现。乾隆三十六年开皇太后八旬万寿恩科会试之际，乾隆皇帝附带将此恩典推广到乡试中，一时间，各省奏报应乡试之年老生员众多，"皓首庞眉，较上科倍盛"①。其中，广东的情形引起了乾隆皇帝的注意。广东巡抚德保奏请：广东八十、九十以上士子共19名，例应赏赐。乾隆皇帝虽然明白"寿世固多人瑞"之理，但何至于"士林鲐耇，与宾兴者连艺成群"！对此，他无不担忧地表示："此必若辈见有上年恩旨，各萌倖泽之心，增填年齿，以致多人混冒。"而若此

---

① 光绪《大清会典事例》卷354《礼部·贡举·恩赐一》。

滥邀名器，作伪涉欺之事，关系到士林风气，不可不防微杜渐。"其在九十岁以上者，即有虚饰，谅尚不甚相悬。著该抚查明姓名，确核年岁，另行奏闻请旨"；"其八十以上之人，则断难凭信"，若不然，为何"上科未闻一人，而今年遽聚至如许耶"！①广东巡抚德保身任监临，自然难辞其咎。他不详细查明，以致滥列多名，且率行入告，殊属不合，交部察议。同时，乾隆帝又指出：乡试诸生的年貌册籍，属学政专责，广东学政翁方纲在上个月还奏称"严月课、惩健讼"，而此时"胶庠之中，顿增耄耋"的现象，难道真的查不出个中缘由吗？生员报考时的旧册都在学政处，历历可征，只需按籍而稽，便可查得水落石出。而翁方纲却听任士子滥报年岁，置若罔闻，所司何事？遂将翁方纲交部严加议处。

连年恩赏，自然激起一些心怀侥幸者对获取功名更加迫切的渴求，他们试图投机钻营，最简便的办法就是增报年岁。广东出现的增报年岁、滥邀恩赏之事使乾隆皇帝对年老士子有些失望，对这一制度所引发的负面影响有所警觉，但还不至于动摇制度本身，只是作为巡抚、学政，他们面临的

---

① 《清高宗实录》卷894，乾隆三十六年十月戊辰。

任务更加艰巨，只有认真查明士子姓名、学册等档案，核定年岁，才能确保恩赏无误。至嘉庆六年，制度上明确规定："嗣后各学政报部名册及各省题名录，均于姓名下注明年岁，俟乡、会试具奏年老举子之时，敕交礼部覆核相符，再行具奏请旨。"①从制度发展的角度看，尽管嘉庆朝就谎报年岁一事已比乾隆朝有所重视，可是面对恩赏的诱惑，无论会试或乡试恩赏，不轨老生妄图增报年岁的事情皆屡禁不止。嘉庆十年，湖南学政吴廷琛发现上年该省乡试年老诸生内，"有列入八十以上之附生刘亨鼎等五名，均年未八十；列入七十以上之附生李再茂等二名，均年未七十"。经礼部查明，谎报情形是由前任学政何学林造报舛误所造成的，而现任学政吴廷琛也没能及时查出，以致与学册不符。对此，嘉庆皇帝认为吴廷琛"甫经到任，未经查出，咎尚可宽"，对其加恩免予处分。前任学政何学林难辞其咎，交部议处。那些私添年岁之附生刘亨鼎等，则严行斥革，与书吏并交督抚查讯办理。

谎报年岁之事为何屡禁不止？嘉庆十年，江西巡抚秦承恩分析了年老诸生的奏报程序，指出其中存在的漏洞：按

---

① 光绪《钦定科场条例》卷53《年老举人给衔·例案》。

照历年定例，教官惟据本生供结申送学政，学政以教官所送之册为据申报部臣，部臣以学政所送之册为据奏报礼部。"作伪之徒，往往年届五六十岁童试时辄捏写六十七八岁，侥幸入学，一届三年乡试之期，即年逾七十，例准邀恩"。由此看来，"其捏填年岁，系在未经入学以前，即教官、学政亦无从预防其弊"。因此他建议："嗣后学臣造册咨部时，知会臣衙门转行地方官，取具保邻亲族甘结备案，以杜冒捏。"① 然而，嘉庆皇帝并未采纳秦承恩的建议，因早在嘉庆六年制定的体例已属周详，"查童生应试，例取廪生保结，五童互结，于册内填注年貌，俾令互相觉察，如有虚捏容隐等弊，五人连坐，廪保黜革治罪。"如果令由地方官取具族邻甘结，"不惟胥吏等藉端滋扰，即族邻亦不无因此射利之弊"②。况且这样做，对于老童年貌，还是不能核实。

就在这一年，江西新昌县人熊绍梁谎报年岁侥幸邀恩一事被查出。嘉庆六年该县童试，熊绍梁应考时将实年六十四岁，在试卷内虚作八十一岁，次年考取入学。嘉庆九年乡试，他在卷面上填写八十四岁，三场完竣后，蒙恩赐举人。他唯恐被人查出，还将族谱内年岁存谱页抽换。后被告发，

---

① 光绪《钦定科场条例》卷53《年老举人给衔·例案》。
② 光绪《钦定科场条例》卷53《年老举人给衔·例案》。

经审讯，熊绍梁供认不讳。经过严查，并无贿串别情，"应照违制律，杖一百，折责四十板"①，而那些族房、教官等知情不举，也都相应受处罚。从这起审理谎报年岁以图邀恩的事件来看，它并不亚于一起科场案。从中反映出一个问题：科举制度发展到清代中后期时，国家乃至全社会的关注点并不仅仅限于那些金榜题名的进士，而是增加了更多的关注点，致使"抡才大典"的工作内容也随之不断扩展、细化和完善。

嘉庆二十二年，为了尽量防止乡、会试年老举子冒滥事宜，御史王耀辰提出新的对策，"嗣后应试老生，其年例相符者，先令廪生，大学十名，小学五名，公同具保，由该学教官查明，实系立品老儒，加结保送，不准一概录取，以昭核实"②，并得到了嘉庆帝的赞赏。尽管针对虚报年龄问题，嘉庆朝的恩赏制度在实践中不断完善，增添了许多新的内容，制定了许多新的条例，也取得了一时的效果，但终清一世，这一弊病也没能根除。

其次，从地方官执行的角度来看，恩赏制度实施过程中，一些地方官玩忽职守，不认真审查，滥报或迟报等情弊

---

① 光绪《钦定科场条例》卷53《年老举人给衔·例案》。
② 光绪《钦定科场条例》卷53《年老举人给衔·例案》。

第三章 清代科举落第制度中的安抚政策

时有发生。

嘉庆五年庚申恩科乡试后,广西巡抚谢启昆没有按定制即时查明未经中式年老诸生名单并及时奏报。自九月揭晓后,一直延至十一月始行具奏,嘉庆帝指责说:"此数月中,该抚奏事折便甚多,何难早为附入。该省又无别项紧要事件,何以迟滞乃尔。"不仅广西有此类情弊,陕甘、贵州两省年老诸生亦未奏到。像这些"循例具奏事件,有何难办?若实无年老诸生,亦应及早附折陈明,乃迟延至今。可见外省于地方事务办理延玩,大率类是。"①这些拖延迟误中,似乎另有文章。"再查历科乡试,各省监临竟有不将年老诸生陈奏者",试想一省之大,至少也有一二个老生应试。因此嘉庆皇帝从制度上规定:"嗣后各省监临,于榜发后核实办理,即该省应试竟无一二老生,亦于折内奏明,不得执见不办,致令向隅。"②而这一现象在一些笔记、小说也多有记载,老生能否被奏报得到恩赏这一循例办理的事情,却与某些巡抚的个人偏好密切相关。

嘉庆六年,乡试恩赏制度发生了一些变化,体现了人性化的管理。对那些例监及入学年份较近,然而精力衰迈不

---

① 光绪《钦定科场条例》卷53《年老举人给衔·例案》。
② 光绪《钦定科场条例》卷53《年老举人给衔·例案》。

能进京者,各省官员则无庸再论其能否进京,"如其三场完竣,即一体奏请施恩,进京与否悉听其便"①。这一决定更体现了朝廷对老年落第者的关怀。

道光十九年己亥科山东乡试中,"老生张景韩,学册所注年岁,前后不符,显有弊混"。身为学政的刘绎却未能事先查明,交部议处。后经山东巡抚托浑布一年的调查,道光二十年查明,"濮州老生张景韩因虑乡试未第,妄图钦赐副榜,贿串学书捏增年岁,殊属玩法"。张景韩自然少不了受处罚,革去增生,杖六十,徒一年。同时,濮州学正游金垣、训导顾士松,虽讯无通同舞弊情事,但是其不详查底册,殊属疏忽,也应照例议处。②恩赏制度发展到此时已无创新,在循例办理过程中却屡见不循例之事,虽然焦点仍是老生想尽一切办法获得恩赏,但办事官员的疏于核查,往往也起到了推波助澜的作用。

光绪元年乙亥恩科,顺天乡试年老生韩士元,在单内写明:"年八十一岁,直隶廪贡生。照例奏请赏给副榜"。光绪二年,查明"该生上年乡试,系岁贡生,非廪贡生"。顺天学政查明:"老生韩士元,系于光绪元年考出,同治十三

---

① 光绪《钦定科场条例》卷53《年老举人给衔·例案》。
② 光绪《钦定科场条例》卷53《年老举人给衔·例案》。

第三章　清代科举落第制度中的安抚政策

年分岁贡，所有录遗册及移文，向凭该生亲填，卷面照写录送，实系该生笔误等因。"[1]韩士元既系岁贡，从前由廪贡生赏给副榜之案，则应更正，照八十以上岁贡生之例，加赏举人。因为此事是韩士元自己笔误造成的，并无别故，所以免其置议。韩士元年老糊涂，似有可原，而经办之地方官为何不查对呢？

光绪三年，翁同爵奏报，二年湖北丙子科乡试，"未经中式之黄梅县学附生蒋高翔，前因年已八十，奏请恩施"[2]。经查核，该生实际只有六十七岁，在上年入学时误填八十岁。首先将蒋高翔即行扣除，究竟因何误填年岁，是否有心捏报？个中缘由，责成翁同爵确切查办。同年河南丙子科乡试，巡抚将三场完竣、未经中式的年老诸生奏请恩赏，其中一名老生名叫薛兆祥，单开九十六岁，学册系一百零五岁。虽然在乡试后学政等已经发现有误，却无人更正，直到会试后，因年岁问题牵涉恩赏有别，才最终得以更正。

光绪六年己卯科乡试，礼部下发的广东老生恩赏单内，没有潮阳县副贡生赵春魁之名。然检查头年该省巡抚原奏清单发现并未开列赵春魁。为此，只得派员赴内阁查对原单，

---

[1]　光绪《钦定科场条例》卷53《年老举人给衔·例案》。
[2]　光绪《钦定科场条例》卷53《年老举人给衔·例案》。

有"潮阳县副贡生赵春魁,现年九十二岁"。原来是因为司员漏抄造成,"漏抄司员,应开具职名,移送吏部,照例议处"①。对赵春魁的恩赏,自应补行办理。而八十以上之湖北老生胡正桂,因于光绪三年更名云楣,并由学政批准注册,却在六年己卯科乡试后未获恩赏。究其原因,原来是该抚未能及时更改学册内姓名而造成的。虽然以上两位老生最后都得到了恩赏,但这些政府官员办理恩赏事宜的态度亦可见一斑。

恩赏制度发展到光绪朝,只是按章办事而已。其间不少荒谬可笑之事,让人印象深刻的便是舛错不断,或地方官呈报错误,或司员抄写错误,或老生自己填错,或改名出错,抑或笔误等等。总之,科举制度发展到清末的衰败特征同样也体现在恩赏制度上。

综上所述,恩赏制度制定于乾隆朝,盛行于嘉庆朝,它是清代科举制度中的重要内容,对清代中后期的科举社会产生过重大的影响。从广大士子的角度来看,恩赏制度虽然只针对老年落第群体,但读书人如果在老年时仍然奋斗科场,且确实能够获得恩赏,也确实是一件令人期盼的事情。尽管

---

① 光绪《钦定科场条例》卷53《年老举人给衔·例案》。

这种恩赏只有职衔，只是一种名誉，但对穷一生之精力而苦志读书的士子，这不仅是心理上无限的安慰，也是读书生涯的一个圆满句号。从制定恩赏制度的统治者角度看，朝廷开恩赏之举，使得年老落第之士能得奏请恩赏的原因，是"其耄年勤学，久踬名场，故分别赏给职衔，以慰其皓首穷经之苦志"①。这恰恰满足了读书人的虚荣心，了却了一些老年士子追求功名的心愿，而且使越来越多的读书人被长久地吸纳进科举轨道，不仅达到了笼络士人的目的，对于稳定社会也起到了一定的积极作用。

然而任何一项制度在实行过程中都有其负面的影响，何况恩赏年老落第士子政策的出台脱离不了清代科举制逐渐走向没落这一现状。乾隆朝出台并确立了恩赏制度的基本内容，发展到嘉庆、道光朝，随着推行的深入，面对实际中不断产生的新问题，朝廷制定了应对措施，使这一制度更加系统化和完备化。恩赏制度的不断普及与深入推广，无形中助长了很多觊觎功名者的虚荣心及贪婪本性，他们想尽一切办法试图分享到这种恩惠，于是问题和弊端也逐步暴露，舞弊现象则屡禁不止。对此，朝廷出台的措施越来越细密，越来

---

① 《续增科场条例》，沈云龙主编《近代中国史料丛刊三编第49辑》，台湾文海出版社1989年版，第1018—1020页。

越有针对性。一方面，这表明恩赏制度越来越完备和成熟；另一方面，我们可以看到，当一项制度越来越细密、越来越繁琐时，执行过程中势必涉及更多的部门，牵连到更多的人，无疑增加了额外的负担，生出许多意想不到的问题和麻烦。因此，从某种程度来讲，我们看到的不仅仅是这项制度本身如何，更多的是透过这项制度，反映出承载这一制度运行的社会状况，似乎越来越不堪重负了。尽管恩赏制度在清代中后期的历史上确实产生过积极的作用，但它毕竟脱离不了日益衰败的历史背景，与其说它主动地发挥积极作用，不如说它更多的是对科举制发展到这一时期而被迫做出的调整和挽救。

第三节　告给衣顶

"告给衣顶"一词始见于清代典籍，是清代科举落第政策的一部分，主要针对屡试不第且身患疾病的生员而制定的一项抚慰性政策：凡身患笃疾或"入学已历三十年，或年届七旬"的生员，朝廷准许他们终身穿着标志其功名等级的衣服和顶戴；同时一旦享有衣顶，则不再参加学政主持的岁试和科试，不准参加乡试。清代告给衣顶的政策在继承明代的基础上又有所发展,早在顺治初年就已实行,一直持续到清末,且在实践中逐渐充实。告给衣顶政策的背景、实施的条件以及给顶生员的管理等诸多方面不断发展,不断完善。然清代典籍中有关这方面的史料记载非常有限,前人的研究中亦少有提及。作为清代科举落第政策中的一个内容,告给衣顶是专门针对落第者中身患笃疾这一生员群体而制定的,可见清代科举落第政策的全面和细致之处。

一、"告给衣顶"之背景

读书人走上科举之路的第一步就是参加童试,历经县试、府试和院试,通过考试者直接进入官办地方学校——府学、州学、县学,由教授、学正、教谕及训导统一教育和管理,称为生员。一旦考取了生员,就步入了士的阶层,享有国家给予这一群体所独有的特权。清代对生员尤为优待,他们在经济、政治、法律等方面皆享有不同于庶民的待遇。如顺治十三年规定:"各省提学,将各学廪、增、附名数细查在学若干,黜退若干,照数册报,出示各该府、州、县、卫张挂,俾通知的确姓名,然后优免丁粮。"①生员即便犯了法,也不能轻易用刑。康熙九年规定:"嗣后生员如果犯事情重,地方官先报学政,俟黜革后,治以应得之罪。若词讼小事,发学责惩,不得视同齐民,一律扑责。"②生员遇到官员只须长揖,不必下跪;对长官自称生员,不称小的,各衙门官对生员则要以应有的礼节接待;甚至在衣冠上,生员也不同于庶民。生员"公服袍,蓝绸为之,青缘,披领如袍饰,公服带,制如文九品朝带",所戴之冠,为"顶镂花银座,上衔银雀"③。朝廷给予生员各方面的优待,使其专享身份所带来的尊严与地位,为的是什么呢?这在顺治帝亲撰的告诫生员卧碑文中解释得很清楚:"朝廷建立学校,选取生员,免其丁粮,厚以廪膳,设学院、学道、学官以教之,各衙门官以礼相待,全要养成贤才,以供朝廷之用。诸生皆当上报国恩,下立人品。"④可见,清政府从制度上规定了生员有不同于一般百姓的社会地位,生员则须心无旁骛,认真读书,积极应考,以便成长为贤才,为朝廷所用。

---

① 光绪《大清会典事例》卷392《礼部·学校·优恤诸生》。
② 光绪《大清会典事例》卷392《礼部·学校·优恤诸生》。
③ 光绪《大清会典事例》卷327《礼部·冠服·士庶冠服》。
④ 《钦定学政全书》卷4《学校条规》。

第三章 清代科举落第制度中的安抚政策

众所周知，成为生员仅仅是开始，他们还要不断地学习，完成一些考核：平时由学官主持的考校，有月课、季考，除丁忧、患病、游学、有事故外，凡是不应月课三次者，加以戒饬，无故终年不应者，黜革。并且，他们必须于在校期间参加本省学政主持的岁试和科试。各省学政在三年任内，按规定考试所辖学校生员两次，岁试是学政在三年任内主持的第一次考试，是学政之主试，一般限定于学政上任的第一年十二月考完，考试结果分为六等，称六等黜陟法：一等前列者，视廪生有缺，一次充补；其次补增广生，一、二等皆给赏；三等如常；四等挞责；五等降为青衣；六等发社。而科试则是学政在任内主持的第二次考试，类似于生员参加乡试前的资格考试，故而称为录送乡试之考试。考试结果分为六等，其一、二等方可参加本省乡试，三等不能应乡试，四等以下挞责、降等、黜革。

自明朝以来，"科举必由学校"[①]，即诸生进入府州县学的唯一目的，就是等待科举考试。而成为生员仅仅是取得了参加科举考试的入场券，之后的考试生涯才是漫长而艰辛的。那些将一生之心血与精力都付诸科考路上却始终未能跨

---

① 《明史》卷69，中华书局1974年版，第1675页。

入仕途大门的老生员们，至死都向往着举业功名。科举制发展到明清，统治者早已深谙其笼络广大士子、巩固统治的巨大作用。政府如何抚慰这一屡受挫折的失意群体，以便更好地维护科举秩序，稳固统治，便提上了日程。如万历年间，对那些"累科不第、年五十以上，愿告退闲者"，朝廷则赋予他们终身的荣誉与权利，"给与冠带荣身，仍免本身杂泛差徭"①。这是前所未有的优惠生员政策。清代将此政策继承并发扬，列入则例，成为定制。早在清初就已规定，"生员告给衣顶，除患笃疾外，或入学已历三十年，或年届七旬，俱为合例。统令呈明该学出具印结，申详学政，均准给予衣顶，免其岁考，仍不准应乡试"②。可见，生员一旦获得了终身穿着标志其功名等级的衣服和顶戴的权利，即告给衣顶之后，就意味着他们无需再参加通往乡试之门而必考的岁试，以及类似资格选拔的科试，自然也没有资格参加乡试了；同时，他们不能再奢望任何功名前程了，漫漫科举路，他们已走到了尽头。只有用已经得到的告给衣顶的荣耀来慰藉其一生矢志追求功名的拳拳之心了。

---

① 万历《大明会典》卷78《学校·儒学》。
② 《钦定礼部则例》卷54《仪制清吏司·生员事例》。

二、"告给衣顶"的条件与内容

告给衣顶政策订立于顺治初年，持续到清末，其间不断调整、完善。申请告给衣顶的条件主要是年老、有疾，只有符合这两大原则之后，再具体考察科考次数、入学时间等硬性指标，才能决定该生能否享受告给衣顶这一殊荣。

顺治初年规定，只要符合以下条件者即可给顶："凡优恤诸生，初入学免本身徭役，入学三十年及未至三十年、齿已七十者，免岁、科试，以生员冠带终其身。"① 九年题准："年老生员如无违碍，可申请告给衣顶，于学政按临半月前申详免试，不准再参加乡试。"② 由于年龄大、身体差，他们可以不参加在校生员的各项考试，且永远可以享受生员的礼遇，当然也就不能再参加乡试了。与此同时，顺治九年进一步提出：年老生员"若已赴考，及缘事未结，青衣发社，与行止不端者，俱不准给顶"③。也就是说，不符合条件者不得给顶：第一，已经参加了乡试而未取中者。第

---

① 乾隆《大清会典》卷32《礼部·仪制清吏司·学校》。
② 《钦定学政全书》卷35《告给衣顶》。
③ 《钦定学政全书》卷35《告给衣顶》；光绪《大清会典事例》卷390《礼部·学校·告给衣顶》。

二,有案子缠身尚未了结者。第三,在岁试中考列五、六等者,则有"青衣、发社"的处罚。青衣指的是生员由蓝衫改着青衣,发社则是生员由县学降入乡社学,如果以后再考能列一、二等,又可重新回到县学。第四,行为举止不端者。那些在岁试中考列五、六等的青衣、发社者,即便年岁再长,即便身患笃疾,即便赴考多次,也无缘享受告给衣顶的荣耀了。可见,能够享有这一荣耀,并非仅仅凭借年长或参加科考次数多就可轻易获得,而是那些在府州县学勤勤恳恳地参加岁试,考核达标并且品行端正,或身患笃疾者,才能享有恩荣。只有这样,才能维护告给衣顶的纯洁性,使其真正成为一种年老生员的荣誉。当然,生员既然享受了朝廷告给衣顶的恩荣,就意味着永绝于科考入仕之路了。

雍正二年,告给衣顶也面向八旗生员,"满洲、蒙古、汉军生员,年老有疾,亦准给衣顶"①。随着告给衣顶政策的普及,越来越多的生员了解到其中的好处,努力争取这一荣誉,因此政策也越来越严格。如雍正四年,对能够享受告给衣顶生员的科考次数做了明确规定:"至告给衣顶,必限十科之外,或实系年老病废,及进学时年已衰迈者,该教官

---

① 光绪《大清会典事例》卷390《礼部·学校·告给衣顶》。

第三章 清代科举落第制度中的安抚政策

出具印结,具详学臣核验准给。"①这里的十科,指的是生员参加乡试十科,若按正常三年一考算,也得二十七年,如遇到恩科等特殊情况,时间自然会缩短,但总归也得二十余年。为慎重体现告给衣顶的荣耀,维护衣顶的尊严,雍正十二年,对于那些"斥革贡、监劣生,不得冒给衣顶;如有夤缘给顶者,一经发觉,除本生从重治罪外,将该学政一并严加议处"②。

相较前朝,乾隆年间的告给衣顶政策在继承中有所变通。如乾隆五年,告给衣顶政策普及武生,其具体规定与文生大致相同,具体条件有三:第一,身患笃疾之武生;第二,"以年老告给衣顶者,查其入学已经三十年,无论衰病与否,均为合例";第三,"入学虽不满三十年,而其年已及七旬者,亦为合例"。③只要符合以上要求的武生,则"统令呈明该学教官,查验确实,出具并无假捏规避印结,申送学政衙门,给予衣顶,免其岁考,仍不准应乡试"④。

---

① 光绪《大清会典事例》卷748《刑部·吏律职制·信牌》;光绪《大清会典事例》卷815《刑部·刑律诉讼·越诉一》。
② 《钦定学政全书》卷35《告给衣顶》;光绪《大清会典事例》卷390《礼部·学校·告给衣顶》。
③ 《清高宗实录》卷119,乾隆五年六月庚寅。
④ 光绪《大清会典事例》卷390《礼部·学校·告给衣顶》。

与文生告给衣顶的条件相比较，武生更为宽松与容易，即便是降为青衣或者是发到社学的武生，只要符合条件，依然可以获得衣顶。如乾隆五年又覆准："武生降为青社者，如未满十科，不得给予衣顶，其入学已及三十年，及年届七十者，虽未满十科，亦允给予衣顶。"①可见，即便是曾经考列五、六等者，也有机会均享告给衣顶之尊荣。乾隆八年，清政府考虑到武生所试项目有别于文生，以外场为重，而外场考试更重身体，"必年富力强，始可入选。若年届六十，力已衰迈，一切技勇，不能娴习，徒令充考，诚属无益。"因此，对武生告给衣顶的年龄做了调整，即"嗣后武生告给衣顶，虽未经十科，而年届六十者，亦准给与衣顶"②。从乾隆五年至八年，时隔三年，武生告给衣顶的政策实施不过一科，就对武生告给衣顶时的年龄做出了更加客观而符合实际的调整。

乾隆八年又议准："嗣后患病欠考之生，请给衣顶，由该学教官查明，如已成痼疾，及年届七旬者，出具并无假

---

① 光绪《大清会典事例》卷720《兵部·武科·武生童考试二》；光绪《大清会典事例》卷390《礼部·学校·告给衣顶》。
② 《钦定学政全书》卷35《告给衣顶》。

冒规避印结，申详该学政，即准给衣顶，免其补考。"①然而，这里并未明确规定那些已成痼疾且年届七旬者欠考岁、科试的次数，只要他们没有作假，就可获得衣顶。对此，乾隆三十九年重议，并进一步放宽了标准，只要不是有意逃避考试，即便他们欠考岁、科试二三次，也不必补考，照例给衣顶。

乾隆三十九年提出，根据以往的规定，只要"生员已成痼疾，及年届七旬者，准给衣顶，免其补考。其欠考次数并未载明。"但这些病废生员，原本就忍受病痛的煎熬，实属无奈。况且他们与有心规避者不同，毕竟"病废日久，既不能希冀痊愈，虽欠考二三次，尚非托词展限可比"，应"照例准给衣顶，免其补考"②。因此，只要已成痼疾且年届七旬、欠考二三次的生员，也不必担心享受不到告给衣顶的恩惠。即便皇帝也是本着普施仁义的原则，使这种恩荣性质的政策，在具体的实施过程中，能够不拘泥于政策本身而有所变通。虽然仅仅是衣顶荣身这一小小的举措，在保持其基本原则不变的基础上，也愈来愈灵活而富有人情味了。

---

① 《钦定学政全书》卷35《告给衣顶》；光绪《大清会典事例》卷390《礼部·学校·告给衣顶》。

② 《钦定学政全书》卷35《告给衣顶》。

乾隆五十三年，根据湖南学政钱沣奏报，因湖南辰州府溆浦县情况特殊，属汉瑶杂居区，汉人冒考瑶籍者甚多，故而也有汉人冒瑶籍而得衣顶者。对此，清政府严饬当地政府清查"新籍生员，除病故不论外，其现在应试及告给衣顶者，必实居瑶地，确有户族田庐可凭，取具瑶头、瑶总甘结，日后子孙方准以新籍应试，其余概令改归民籍"①。可见，只有真正杜绝冒籍行为，才能从根本上保证瑶籍生员的切身利益不受侵犯。

在推行告给衣顶政策多年之后，享受告给衣顶的面越来越宽，同时也带来了一些新问题：那些已经享受告给衣顶的生员，是否依然可以承袭世职？对此，嘉庆八年规定："生员告给衣顶，准其兼袭世职，给予全俸，学册内注明，仍不准应试。"②譬如，江西周元之裔孙周光瀚，"系康熙年间阵亡诸臣后裔，议给恩骑尉世职"，然而经过调查之后，得知"江西上饶县文生周光瀚，业已告给衣顶"，根据上述政策，"应照兵部单开，准其兼袭恩骑尉世职，照例给与全俸，于存部学册内，注明兼袭恩骑尉，仍不准应试。"③由

---

① 《清高宗实录》卷1306，乾隆五十三年六月乙巳。
② 光绪《大清会典事例》卷390《礼部·学校·告给衣顶》。
③ 《钦定学政全书》卷35《告给衣顶》。

此可见，承袭世职与享受告给衣顶并不冲突，只是享受告给衣顶之后，即便兼袭了世职，同样意味着科举入仕之路走到尽头，自然无缘于乡试了。

嘉庆二十二年规定："附生告给衣顶，准其报捐贡生，仍不准再应乡试。"①所谓附生，即附学生员，指的是新入学的生员，是生员中资历最低者。他们一般凭借参加岁考，以成绩优异者递补廪生、增生缺额。可见，只要附生符合条件，亦可享有告给衣顶。虽然允许他们捐纳为贡生，但这也没有什么实际意义，只是如同告给衣顶一样，是一种荣誉、头衔。

道光十五年规定："生员在军营效力致病，业经批准废疾，给顶注册。病愈不甘自弃，准其收复补考。"②只要那些曾经保卫国家，在军营效力致病的生员，获得衣顶后，若仍不甘心放弃举业，只要在他们自身身体条件允许的情况下，就准许他们补考岁、科试，进而参加乡试。

咸丰八年，正值太平军事起之时，朝廷亟须资金，对付内忧外患，因此扩大捐纳之途，放宽捐纳条件，允许生员告给衣顶之后继续报捐贡、监，只是必须"由本学调取执照验

---

① 光绪《大清会典事例》卷390《礼部·学校·告给衣顶》。
② 光绪《大清会典事例》卷390《礼部·学校·告给衣顶》。

明，填注'不准乡试'字样发还，随时将注照缘由，专案报部"①即可。咸丰九年，明确强调上述内容，即生员告给衣顶后，虽可以捐纳贡生、监生，领取国子监颁发的执照，但如果按"训导分发"，则"概不准行"②。可见，即便告给衣顶的生员可以靠捐纳而兼具贡生、监生身份，但并不能等同于真正意义上的贡生、监生，只是一种名号与荣誉，若想借此得以授职为训导，则是绝对不允许的。

光绪七年，进一步补充嘉庆二十二年的规定。我们知道，已经享有告给衣顶的生员，在其病愈后可以参加乡试的只有一种情况——曾经在军营效力致病者。对普通的因自身因素而非因公身患笃疾而享受告给衣顶的生员，如果其在病愈后，仍然请求收入府州县学继续参加乡试，则"概不准行"③。可见，"在军营效力"是一个非常重要的前提，因保卫国家而致病与自身原因致病有着明显的分界线。

综上所述，告给衣顶政策终清一世，在实践中能够不拘泥于本身，而有所变通，并在变通中不断发展与完善。首先，其享受对象不断扩展，从文生到八旗生员、武生、附

---

① 光绪《大清会典事例》卷390《礼部·学校·告给衣顶》。
② 光绪《大清会典事例》卷390《礼部·学校·告给衣顶》。
③ 光绪《大清会典事例》卷390《礼部·学校·告给衣顶》。

第三章 清代科举落第制度中的安抚政策

生、军队效命者、瑶籍生员,甚至是曾经考列五、六等者,只要符合特定的条件,也有机会均享告给衣顶之尊荣。其次,告给衣顶政策兼容的方面也越来越宽泛,如生员享有告给衣顶之后,还可承袭世职;或者报捐贡生、监生。如此一来,那些垂垂老矣的生员告给衣顶后,并非单单享受衣顶带来的荣耀,尤其对那些家境相对富裕的人来说,还可以通过捐纳而成为贡生或监生。能够告给衣顶者,不是年老有疾,就是屡经科举考试打击,正所谓"弃置复弃置,情如刀剑伤"[1],他们历经科考折磨而始终徘徊于科考仕进的大门外,并且永远不可能迈入真正意义上的功名之门。虽说告顶之后再捐纳为贡生、监生,对他们没有多少实际意义,因为告给衣顶后捐纳而得的贡生或监生不能等同于真正的贡生、监生,不能借此授官或参加乡试。但是,即便从满足虚荣心的角度而言,生员捐纳为贡生或监生与告给衣顶的身份同时享有,他们的头上除了告给衣顶的光环之外,又多了一层贡生或监生的庇护,如同双保险,给脆弱不堪的心灵增添了些许慰藉。告给衣顶的条件在各个时期也不尽相同,在推行过程中,一方面保持其基本原则不变,以此维护告给衣顶的尊

---

[1] 《全唐诗》卷374,孟郊《落第》,文渊阁四库全书版。

严；另一方面，具体内容不断调整，愈加灵活而富有人情味。当然，这些调整与变化都离不开当时的社会政治背景，是当时社会历史的真实反映。生员一旦享受了告给衣顶之后，虽然可以兼袭世职，可以捐纳为贡生、监生，但是，这些都意味着他们已经选择了另外一条路，一条截然不同于按部就班地参加科举考试而步入仕途的路。因为他们在心灵、身体屡屡受挫时得到了朝廷的体恤与恩荣，与此同时，也永远失去了科考仕进的机会。

三、对给顶生员的管理

明清以来，"科举必由学校"，士子入学读书，朝廷给他们提供优越的地位与特权，是使其没有后顾之忧，进而专心读书，接受正统儒学教育和严格的管理，被统治者塑造成儒家道统的卫道士，培养成政府需要的人才，以便更好地维护统治。生员作为士阶层的一个群体，为"四民之首，一方之望"，是一个关键的社会阶层，有着特殊的社会地位，因此，历代统治者都十分注重对芸芸士子的笼络与控制。明清两代，中央政府的权力止步于府、州、县一级，在地方基层社会，生员在日常具体事务中的作用非常关键，某种程度上是介于地方官、乡绅与庶民之间的一支重要媒介,他们在稳定地方社会、带动地方士习民风和风俗舆论等方面起到了重要的作用。所谓士习影响着民风,士人安则社会宁。对此,雍正皇帝曾有明确的论述:"为士者,乃四民之首,一方之望。凡属编氓,皆尊之奉之,以为读圣贤之书,列胶庠之选,其所言所行俱可以为乡人法则也。"①尤其是清代,在民间社会广泛推广宣读与讲解《圣谕广训》的集会活动,并形成一种强制性的制度规定,而承担宣讲主力的就是生员。如雍正七年,清廷规定:"直省各州县大乡大邨人居稠密之处,俱设立讲约之所,于举贡生员内拣选老成者一人以为约正,再选朴实谨守者三四人以为直月,每月朔望,齐集乡之耆老、里长及读书之人宣读《圣谕广训》,详示开导,务使乡曲愚民共知鼓舞向善。"②

虽然制度上对生员各个方面进行严格规定:"生员之家,父母贤智者,子当尽孝;父母愚鲁或有非为者,子既读书明理,当再三恳告,使父母不陷于危亡;生员立志当学,为忠臣清官,书史所载,务须互相讲究,凡利国爱民之事,更宜留心;生员居心忠厚正直,读书方有实用,出仕必为良

---

① 《清世宗实录》卷48,雍正四年九月丁巳。
② 光绪《大清会典事例》卷397《礼部·风教·讲约一》。

吏，若一味邪刻，读书必无成就，为官必取祸患，行害人之事者，往往自杀其身，常宜思省；生员不可干求官长，交结势要，希图进身，若果心善德全，上天知之，必加以福；生员当爱心忍性，凡有司官衙不可轻入，即有切己之事，止许家人代告，不许干与他人词讼，他人亦不许牵连作证；为学当尊敬先生，若讲说皆须诚心听受，如有未明，从容待问，毋得蓄疑，为师者，亦须尽心教训，勿致怠惰；军民一切利病，不许生员上书陈言，如有一言建白，以违制论，黜革问罪；生员不许纠党多人，立盟结社，把持官府，武断乡曲，所作文者，不许妄行刊刻，违者听提调官治罪。"①然而，政府对士子的优待与重视，也养成了一部分人的坏习气，他们凭借朝廷给的特权与生员的身份，在地方上胡作非为，招摇过市，把持词讼，甚至置国家的法令于不顾，稍不遂意，便倡首胁众，煽动闹事等。因此，历代统治者在笼络士子的同时，也非常重视对他们的控制与管理，告给衣顶者也不例外。

享受告给衣顶的生员，无需去府州县学参加岁试，相较一般生员来说，自由得多。然而有些人不甘寂寞，并不安分

---

① 《钦定学政全书》卷2《学校条规》。

第三章　清代科举落第制度中的安抚政策

守己，总想利用自己的身份谋求利益。清政府对此制定了一套严格的制度来规范他们。

雍正四年定："文武生员，除事关切己、及未分家之父兄、许其出名告理外，如代人具控作证者，该地方官申详学臣，褫革之后，始行审理曲直。"如果生员获得衣顶之后，仍有包揽词讼者，则应"加倍治罪，将出结之教官及学臣交部查议"①。

虽然制度规定很严格，但总有一些告给衣顶的生员仗着不需考课，又不开报优劣，自恃无所约束，反而倚仗生员名色，包揽词讼，妄生事端。雍正七年规定："嗣后照礼部覆文武生员五人互结之例，结得并无抗粮、包讼等情，一生犯事，互结之生同罪。于每年十月内投递该学教官，加具印结，岁考时另造优劣清册，一同呈送学政查察。该教官仍不时访查，有行止不端者，详情褫革。如徇隐袒护，一经查出，照徇庇例议处。"②即用结保之制对其进行连环控制。

乾隆三十一年四月，左副都御史张若溎在奏报考试情形一折中讲到，一些告给衣顶生员因置身考试之外，而"无

---

① 光绪《大清会典事例》卷748《刑部·吏律职制·信牌》。
② 《钦定学政全书》卷35《告给衣顶》；光绪《大清会典事例》卷390《礼部·学校·告给衣顶》。

所拘管，转得为匪作恶，官司乡里，均受其累"，他认为这些人可谓是"纵之宫墙之外，得以旷荡为奸"，并对告给衣顶政策提出质疑。乾隆皇帝亲自批复，认为"生员内果有包揽词讼，把持官府情事，一经发觉，原不必问其曾否告给衣顶，均当严行惩治。"如果真是入泮年久，不能上进及齿逼衰迈、笃疾难痊者，符合定例，自然准给衣顶。而告给衣顶之制已经实行多年，"于饬学校，本无斗碍"。至于其中一些人"恃符滋事"未尝没有，但是，难道他们"必待告给衣顶之后，始得逞其伎俩，扰累闾阎？"况且，国家对于给顶生员，并非放任自流、不予管束，他们"虽不复与岁、科两试，而名籍仍隶学宫，该学教官，例当一体管束。如有过犯，或申报劣行注册，或详请褫革衣顶，仍可随事示以惩儆。又何至如所称'纵之宫墙之外，得以旷荡为奸乎'？"如果因为"此辈内偶有一二败类，生事犯科"，就将所有符合给顶者，概不准给顶，这样做未免过于拘泥教条。对生员的管理应该贯穿在日常，如"该学政但当严饬教官，于所属生员随时训饬防范，有犯必惩，则士习自渐整顿"[①]。同年，对告给衣顶的八旗生员也加强了管理。因生员告给衣顶

---

① 《清高宗实录》卷759，乾隆三十一年四月丁卯。

之后，在学校的学册上"业已除名，考课亦行停止，其中优劣，该教官无从查察"。所以，告给衣顶的八旗文武各生，应按照贡监归地方官约束之例，"凡在京者，令该教官查明造册，申送本旗都统管束；其屯居及驻防者，该教官造册申送地方官，会同理事同知就近约束。如有违犯，随时惩治，报部查核"①。

光绪五年议准："告给衣顶生员犯法，该学教官免其议处。"②毕竟享受告给衣顶之生员，平日也不在府州县学中，不受教官管束，如果他们真有犯法等情，实在也与教官无关。

纵观以上制度，清政府对告给衣顶的生员也有严格的管理与约束，因其本身之荣耀乃是朝廷对年老有疾生员的额外恩宠，如果他们不知惜福，不知珍惜已得的荣耀，反借此生出是非，则将受到严厉的惩处。

综上所述，生员竭尽一生之力奋斗于科场名屋，不仅蹉跎了岁月，增长了年轮，却落得身患笃疾、贫病交加的下场，连健康的体魄都抛撒在这条功名路上，可谓屡考屡败，屡败屡考，却依然被排斥于科举考试的大门之外。这样的一

---

① 光绪《大清会典事例》卷387《礼部·学校·旗学事宜》。
② 光绪《大清会典事例》卷116《吏部·处分例·考核教职》。

生，能不凄凉悲惨乎！而清政府制定的"告给衣顶"，允许他们在告病退出科考之后，穿戴朝廷颁给的衣服、冠带，并终身享有这一荣耀。就清政府而言，通过一个小小的告给衣顶政策，就把这些年老有疾的生员笼络到自己的阵营中，使其不致心生怨恨，继而走上反抗政府的道路。对于这些垂垂老矣且身患疾病的生员来说，虽说仅仅是顶戴荣身，但它也充分体现了朝廷的关心与重视，因为他们得到的不单是荣耀与头衔，更是莫大的心理慰藉与人性的关怀。

这项政策的出台使漫漫科考路上的广大士子们明白，即便是最差的结果，如老年有病生员那样，一生都在科考的路上却始终没能摘到胜利的果实，最终也可以享受到朝廷的体恤与恩荣，有着终身的衣顶而不同于庶民。正因如此，他们也不致太过懊悔自己以科举考试作为一生的追求了。由此看来，告给衣顶政策，无疑是一粒定心丸，让这些在科举征途中上下求索的人更加死心塌地地追求功名，即便失败了，也有朝廷的各项保证与关怀作为最后的庇护。尽管这种关怀很有限，也不能真正解决所有问题，但至少为他们的人生路抚平了一些创伤，减少了一些顾虑，增多了一些勇气和毅力。这也许就是所有安抚政策的真正目的之所在吧！结合上一节所述清代针对年老落第者推行的另外一项政策——恩赏年老落第士子，虽然告给衣顶与恩赏政策有所不同，一个针对的是屡屡考不中乡试的年老有疾的生员；一个针对的是会试落第的举人。相比较而言，恩赏年老落第士子政策的影响面要大得多，毕竟，告给衣顶仅仅是一种荣誉，获得这种荣誉的同时，也意味着永远离开了科举仕途；而恩赏则不同，得到恩赏者还可继续参加考试，取得更高的功名，或授以相应的职衔。不论怎样，从享受这些政策的落第者角度来讲，他们得到朝廷给予的关怀与慰藉的同时，也了却了自己追求功名的毕生心愿；从制定政策的统治者角度而言，这些政策的推行，多少都起到了稳定社会、巩固统治的作用。总之，告给衣顶与恩赏年老落第士子政策作为清代科举落第政策中的不同内容，两者是相辅相成、双规并行的。

第四节 赏会试下第举人盘费银

所谓会试下第举人盘费银，指的是那些在京城参加会试的举人，在春闱失利后，由清政府额外给他们的不同于赴京考试时的正项银两，使其在科场失意后，也不至于流落街头，从而得以顺利返回故乡。这是清代所特有的对落第举人的安抚与慰藉政策。

赏赐会试下第举人的盘费银不同于发给举人赴京参加

会试的路费,这里再次强调一下,以示区别。发给举人赴京参加会试的路费,早在明代已有这样的规定,当时称"举人会试盘缠银""会试举人水手银"。清代定鼎中原之后,继承明制,给参加会试的举人赏盘费银,通常均由各省布政使颁发路费银,在官方政书中称之为"起送会试银",在民间社会又称为"举人盘费""举人长夫银""举人会试脚价""举人水脚银""公车路费""公车银两"①。并于顺治八年明确规定:"举人会试,由布政使给予盘费,安徽二十两,江西、湖北皆十七两,福建十五两,湖南十四两,广西十二两,浙江、河南皆十两,山西七两,陕西六两,甘肃、江苏皆五两,直隶、四川皆四两,山东一两,广东二十两,惟琼州府增十两,每名三十两,于领咨日给发。"同时又定:"云南、贵州举人,给予盘费,每名三两,仍给驿马。"这一规定在清代后继的统治者中得以不断完善和修订。而本节所讲的赏赐会试下第举人盘费银,是清代为了安抚落第举人而采取的一项官方政策。作为清代科举落第政策之一,它实行的时间虽然不长,但深受落第士子欢迎,体现了朝廷对落第者的关怀与照顾,起到了积极而良好的社会效

---

① 杨学为主编《中国考试大辞典》,上海辞书出版社2006年版,第350页。

果，意义非凡。

一、历史沿革

清代，举人从原籍来京参加会试，政府都给盘费银，但本就在京者则不发。而发给会试落第举人盘费，"例给路引，以便下科起文会试"。路引，一般是在会试榜发后，落第者还得继续留在京城，领到路引，表明其可以参加下科会试，如此才能回籍。具体做法是："发榜后，礼部即札行顺天府，并发直省点名原册，令照例逐名给发。"①

雍正二年，考虑到元年、二年连续两科会试，落第举人较往届更多，若都为领取一纸凭据，留在京城，羁泊异地，花费本就为数不多的盘费，承受落第的失意与落寞，过着零落飘沦的生活。因此，雍正二年规定："嗣后下第举人免给路引，不必在京守候。令各省督抚转饬布政司，凡举人会试，即与起文赴都，毋得留难"②。雍正八年，这一做法

---

① 康熙《大清会典》卷53《礼部·贡举二·会试》。
② 《钦定科场条例》卷54《会试下第举人·下第举人回籍·例案》。

进一步完善，"各省会试举人，向例给与盘费银两，所以体恤士子，助其资斧之需。从前俱赴该省布政司衙门领取，道途跋涉，守候需时，吏胥又多勒索扣克之弊，士子所得无几。嗣后著在本州县衙门照数领给。该州县取各举人领状，申详布政司，于奏销册内报部查核，庶吏胥无侵扣之事。而士子亦免跋涉守候之苦。若州县稍有扣克需索，而督抚失于觉察者，经朕访闻，将督抚一并议处"①。即将原来士子必须赴该省布政司衙门领取，改为在本州县衙门领取，这样一来，既可免去道途跋涉之苦，又可避免吏胥勒索扣克之弊。乾隆初年进一步规定："举人会试，藩司所给公事银两，回籍验其落卷，无则追还入官，亦路引之意也。"②可见，乾隆以后，用考生本人的落卷代替路引，凭借落卷，即可报销路费。

---

① 《清世宗实录》卷93，雍正八年四月丁未。
② ［清］赵慎畛：《榆巢杂识》下卷《举人路引》，中华书局2001年版，第204页。

二、雍正年间的实施情况

雍正帝登基之初,元年特开癸卯恩科,二年甲辰科正科,连续两年皆举行会试。正所谓"上年天下举人会试来过一次,今年会试来者甚多",无论是那些连续两年往返于京师与家乡之间的举人,还是从异地赴京参加会试因未中式便留守在京城的举人,"恐往返道路及在京守候,盘费均难接济"。因此,雍正二年特加恩赏,"将入场之云南、广东、广西、贵州、四川五省举人,每名赏银十两;福建、浙江、江南、江西、湖广、陕西六省举人,每名赏银七两;直隶、山东、河南、山西四省举人,每名赏银五两"。赏赐银两是由礼部按照进场参加科举考试的举人之名籍,查明之后,给与本身,俾得均沾实惠。并"于明日出榜时,一同出示晓谕,勿致稽迟遗漏"①。试想,那些一直守候在京城的举人,离开家乡很久,除却思乡念家之情不说,单单留在京城,日常所需之衣食住行等费用就是一笔不小的支出。此时,即便朝廷给这些士子所提供的资助很有限,也确是雪中送炭之举。尤其正值这些举人因会试落第而心情郁闷,心理

---

① 雍正《大清会典》卷74《礼部仪制司·贡举三·会试通例》。

极其脆弱之时，这些银两虽然为数不多，却体现了朝廷对士子的关怀与抚慰之情。

雍正五年，世宗又一次赏赐会试落第举人盘费银，颁布谕旨："会试下第举子，著每人赏给盘费银五两。"[①]这一年，欣逢世宗皇帝五十万寿，一些来京参加会试之举人，特意在京城寺庙，设立经坛，以申颂祝。结果，这件事情让雍正帝知道后，他专门为此颁布一道谕旨："朕临御天下，孜孜求治，凡所行之事，惟以循理为本，诚以理之所在，即天意所在，感孚默应，捷于影响。若朕所行悉合于理，则问心无愧之处，即可以对越神明，而舆情之颂祝与否，皆可置之不问也。朕儆戒干惕之切，无时或释。"更对举人这一举动发表看法："举人乃平日读书明理之人，当效法古之圣贤，岂可为此世俗诞妄之举！且朕正念士子贫寒，归途艰于资斧，是以赏给路费。今乃费于无用之地，尤不能体朕之心矣。其所设经坛，即行禁止。"并要求地方大员等皆停止进献方物土产之行为，一再令督抚诸臣息奔竞之风，切忌玩物丧志，只有这样，才能使吏治澄清，民安物阜。作为会试落第之举人，朝廷给予他们本就不多的盘费，更应用到最需要

---

① 光绪《大清会典事例》卷352《礼部·贡举·下第》；《钦定科场条例》卷54《会试下第举人·下第举人回籍·附载旧例》。

第三章 清代科举落第制度中的安抚政策

的地方,而不必阿谀逢迎,设坛作法,只需安心读书,为朝廷所用。最后,对所有臣工提出寄语:"内外诸臣,其共体朕心,祗遵朕谕,殚竭诚意,屏绝虚文。勉之,勉之。"①

雍正八年,对给予各省下第举人盘费银两做了一些调整,"云南、贵州二省,每人七两;四川、广东、广西三省,每人六两;福建、浙江、江南、江西、湖广、陕西六省,每人五两;河南、山西、山东三省,每人四两;直隶每人三两。其在京中书举人等,仍照上科之例,不必发给"②。即云南、贵州两省举人盘费银比雍正二年少了三两,广东、广西、四川三省举人则少了四两;而福建、浙江、江南、江西、湖广、陕西六省举人,则比雍正二年多了二两;河南、山西、山东三省举人比原来多了一两,直隶则比原来多了二两。正所谓"给直省下第举人路费银两有差"③。虽然一些省份银两比原来减少,但大部分省份还是有所增加,而且有些省份所给的落第举人盘费已超过了举人赴京时的正项盘费,如山东的正项银两只有一两,四川为四

---

① 《清世宗实录》卷55,雍正五年闰三月乙酉。
② 《钦定科场条例》卷54《会试下第举人·下第举人回籍·附载旧例》。
③ 《清世宗实录》卷92,雍正八年三月辛巳。

两。①

　　清代为赴京参加会试之举人提供路费、为会试落第后之举人提供回乡之盘费银。这些经济上的资助虽然有限，但却体现了清政府广揽人才、笼络士子为其所用的良苦用心。赏赐会试落第举人盘费银只是清代科举落第制度中的一小部分，其实行时间不长，经费有限，但社会效果却不错。尤其是清中后期，科举制度逐步走向没落，虽然抨击科举取士的声音此起彼伏，但参加乡、会试的人数却有增无减，读书人依然非常热衷于参加科举考试从而获得功名这一传统的入仕方法。其中，除了长久以来科举考试本身对读书人的吸引力与魅力之外，还与清政府的这些科举经费政策（如为赴京参加会试之举人提供路费、为会试落第之举人提供回乡之盘费银）不无关系。尤其是赏赐会试落第举人盘费银的做法，更体现了清廷对落第举人的安抚与笼络，这也是我们研究清代科举落第制度时不容忽视的一个内容。

---

① 　光绪《大清会典事例》卷339《礼部・贡举・起送会试》。

第三章　清代科举落第制度中的安抚政策

本章结语

　　本章主要讲述了清代推行的落第制度中有关安抚士子的政策，包括于康熙十八年形成定制的发领落卷政策，始于乾隆元年的赏给会试落第举人职衔及缎匹；始于乾隆三十五年的乡试落第诸生赏给举人、副榜衔；及订立于顺治初年的年老患病生员"告给衣顶"政策，雍正年间的赏赐会试下第举人的盘费银等政策，集合起来共同构成了本章。这些政策虽然不能从根本上给落第士子带来什么变化，但从其制定到实施的整个漫长过程，我们可以看到清政府对于落第士子的照顾与考虑，使其本就孤独脆弱的心灵得到暂时的安慰与关怀，这也是我们称之为清代科举落第制度中的安抚政策的原因。

第四章

清代科举落第制度中的安置政策

落第政策作为科举制度的一部分，很重要的一个内容就是尽可能地为落第士子提供一定的入仕机会。在这方面，清代有很多独特的政策，如雍正年间的明通榜、乾隆年间的中正榜、挑誊录及举人大挑等，都为会试落第者提供了具体的安置措施，使他们中的一部分人得以步入上层社会，人生命运发生重大转折。虽然，不论明通榜还是中正榜等，实行时间都不算太长，但它们产生的影响却不容忽视。尤其当我们考量这些落第制度推行的时代背景，就不难发现它们大多产生于雍乾之际，此时正是清朝发展的全盛时期，长期安定的政治局面和社会经济的繁荣促进了文化教育的大力发展，清廷对举国关注的人才选拔制度——科举考试制度及相关问题也尤为重视，正基于此，才形成了极具特色的清代科举落第制度。因此，关注与研究清代科举落第制度，不仅使我们对科举制度有着更加全面和客观的认识，更加有助于我们深入了解这一历史时段，进而得以全面把握与认识整个王朝的兴衰命运。

第一节 明通榜

明通榜创立于雍正年间,真正得名"明通榜"则是乾隆元年,结束于乾隆五十五年。何为"明通榜"?它指的是除了会试后公布的正榜之外,在落选的会试试卷内,再挑选一些文理明通者,另出一榜。虽然这些试卷与会试入选试卷相比,稍为欠佳,但也属于文通理顺,因此为区别于正榜,称明通榜。作为一项专门针对会试落第举子并为其提供出路的具体措施,明通榜能够在清代政治稳定、经济繁荣、文化鼎盛的雍乾之际实行七十余年,绝非偶然,它与当时的社会政治、历史文化、经济状况、士风民情等因素都有密切的关系,即任何一项政策皆非其政策本身,必定是那个时代的反映,"明通榜"的实行亦不例外。

一、明通榜产生的背景

明通榜出现于清代雍正、乾隆年间,并非偶然。这一时期,清廷已经从创立初期的混乱发展到安定平稳时期,国家安定,边疆地区业已收复,归中央统一管辖。此时,政治安定,经济繁荣,文教发展也日益受到重视。科举考试不仅在文教发达的地方蔚然成风,改土归流之后,即便地处边疆的云南、贵州、广西等土司管辖之地,也日渐崇尚儒学,随着文教事业的兴盛,参加科举考试而步入仕途的观念也日渐深入人心。

顺治、康熙之时,清朝入主中原不久,经历了南明残余势力的斗争及农民起义余部的对抗,纷争混乱了四十余年,经济凋敝,满目疮痍,民不聊生。在这种艰难的局势下,清朝统治者最终还是渡过了难关,实现了政治上的稳定,疆域上的统一和经济上的复苏乃至繁荣。究其根本原因,乃是"帝王敷治,文教是先"[①]的治国原则发挥了积极的作用,崇儒重道,培养人才,充分重视文化教育的功效,定开科取士为国家之抡才大典,以此笼络士子之心,向所有读书人敞开了仕进的大门。正所谓"中国历代统治者,无不把争取知识界的合作作为施政的基本方针"。清朝也不例外,如顺治初定鼎中原,三年丙戌科会试,"奉旨:首科人文宜广,准中四百名"。第二年,即顺治四年丁亥科再行会试,"奏准取中三百名,凭文取中,不分南北中卷"[②]。连续两年会

---

① 《清世祖实录》卷90,顺治十二年三月壬子。
② 光绪《大清会典事例》卷350《礼部·贡举·会试中额》。

试,取中七百余名士子,这样无疑对扩大新政权的影响有着重要影响。尤其是以"康熙十七年的诏举'博学鸿儒'为标志,清廷为争取知识界的全面合作取得了巨大成功"①。正如康熙帝给吏部的谕旨所言:"自古一代之兴,必有博学鸿儒"②。在这种重视文教的国策指导下,科举考试的重要性日益显现,随着参加科举考试的士子人数倍增,有限的录取名额与庞大的考生群体相形见绌。正如圣祖所讲"今文教广敷,士子皆鼓励勤学,各省赴试之人,倍多于昔,贫士自远方跋涉,赴试至京,每限于额,多致遗漏,朕深为轸念"。以会试录取方式为例,在顺治九年时,依照明制,将全国会试分为南、北、中三个考区,分别录取。然这一做法对于那些归入文化发达省份的边远省份却颇为不公,如福建、广东、浙江、江西等省归为南卷,"四川、广西、云南、贵州四省与安徽的安庆、庐州、凤阳三府及滁、徐、和三州为中卷,取中十四名"③。这么多地区,总共才十四个名额,可谓少之又少。尤其是顺治十二年,针对这一"分卷未公"做

---

① 郭松义主编《清代全史》第三卷,方志出版社2007年版,第309页。
② 《清圣祖实录》卷71,康熙十七年正月乙未。
③ 光绪《大清会典事例》卷350《礼部·贡举·会试中额》。

法，兵科给事中魏裔介"于此不能无议焉"，他指出："若以将来长久之计言之，地方各有风气，人文互有消长，则宜如臣所请，变通分卷之法，然后可以服天下士子之心，收一代人才之报，不然而拘守明朝之旧制，不酌时势为变通，恐非皇上作人图治之雅意也。"①可见，南北分卷之法，对边远地区尤其不利。在此之后，清廷不断调整方案，尤其是一些边远地区，文化教育发展相对缓慢，在会试考试中甚至出现脱科之省，康熙帝对此十分重视，并对边远地区加以照顾。如康熙四十二年癸未科会试，广东省举人会试无一人取中，"东莞举人林贻熊等联名吁请"②，引起康熙皇帝的重视，命九卿议，如何补救脱科问题？经九卿议定："嗣后会试揭晓后，如有脱科之省，将未中式试卷，交正副主考检阅，拣选进呈，取中一二名。"③康熙五十年，又增加贵州乡试中额六名。康熙五十一年，根据都察院左都御史赵申乔题请，"云南、贵州、广西三省中额，量增数名"，圣祖

---

① 《兵科给事中魏裔介为科考南北分卷宜公事题本》，载《历史档案》1987年第3期。

② ［清］徐珂：《清稗类钞·考试类·会试中额分省》，中华书局2003年版，第658页。

③ 《清圣祖实录》卷212，康熙四十二年五月壬戌。

"令赵申乔将所取三省备卷举人,亦带来考试"①。随后,礼部等衙门覆赵申乔之题请,康熙帝十分轸念:"朕先因此三省路远人少,每至脱科,念边陲穷士,跋涉山川,曾谕该部酌量增额,以示劝兴,故今三省文风日盛,士子俱各黾勉肄业,考试者渐多,但取中额数尚少,宜更加增,尔等会议具奏。"②大学士九卿等遵旨会议:"云南、贵州、广西三省,应各增进士一名。"③康熙五十一年,"近见直隶各省,考取进士额数,或一省偏多,一省偏少",造成这种情况的主要原因就是"南北卷中,未经分别省分,故取中人数甚属不均",因此,圣祖决定改变南北中卷的分卷方法,谕礼部等:"今文教广敷,士子皆鼓励勤学,各省赴试之人,倍多于昔,贫士自远方跋涉,赴试至京,每限于额,多致遗漏,朕深为轸念。自今以后,考取进士,额数不必豫定,俟天下会试之人齐集京师,著该部将各省应试到部举人实数,及八旗满洲蒙古汉军应考人数,一并查明,豫行奏闻,朕计省之大小,人之多寡,按省酌定取中进士额数,考取之时,就本省卷内择其佳者,照所定之数取中,如此则偏多偏少之

---

① 《清圣祖实录》卷249,康熙五十一年正月庚子。
② 《清圣祖实录》卷249,康熙五十一年正月癸卯。
③ 《清圣祖实录》卷249,康熙五十一年正月戊申。

第四章 清代科举落第制度中的安置政策

弊可除,而学优真才,不致遗漏矣。"礼部等遵旨议定:"嗣后会试,不必豫定额数,亦不必编南北、官民等字号。惟按直隶各省及满洲、蒙古、汉军分编字号,印明卷面,于入场时,礼部将直省举人各实数奏闻,酌定省分大小,人材多寡,钦定中额,行文主考,就各省内择其文佳者照数取中。"①如此一来,录取中出现的脱科或偏多偏少之弊病可以免除,而那些学优真才者也不致遗漏,会试录取则进一步完善。次年,适逢康熙帝六十万寿,特开恩科,"始分各省中额,自是遵行无改"②。实际上,这是清朝科举考试中会试中额的一次重大改革,对于边远省份来说,无疑有着深远的影响,从此以后,这些省份也有一定的中额比例,再也不会出现脱科或悬殊的多寡差异等不公现象。有人对此也有不同看法,认为分地取士对于文化发达地区的士子而言似乎有些不公,然而从宏观的国家整体利益的角度来看,"分地取士有利于文化落后地区的发展,而且公平公正的原则仍贯穿其中,即各个地区的人才还是要公平竞争,择优录取。分地取士的方式,包含了对文化落后地区的扶植和政策倾

---

① 光绪《大清会典事例》卷350《礼部·贡举·会试中额》。
② [清]王庆云:《熙朝纪政》卷1《纪进士》,光绪二十四年刻本。

斜"①。清代不仅会试分省取士，即便是馆选庶吉士也照顾到了这一点。因此，照顾到更多数人的利益，是科举制发展的必然趋势。

然而，不论如何完善录取方式，"就会试中式名额看，从清初至雍正朝，大体在二百至四百名之间，少数科只有一百余名"②。试想，统治者不断制定方针政策吸引士子投身科场，献身科考之途，即便是四百名录取名额，相对日渐庞大的考生群体，亦不为多。正榜有限的名额，已经无法满足士子登进的梦想，在这种情况下，明通榜作为一种新的能够扩大录取面、使得更多士子有机会步入仕途的方式自然出现。而明通榜从雍正朝开始实行，至乾隆朝屡有增加，如乾隆七年会试，来京城参加考试的举子有五千九百九十三人，三场考毕，经过糊名、誊录直到最后交到内帘手中的试卷有五千零七十三卷，最后，经过考官、同考等殚心甄别后，"录定正榜三百一十九名，明通榜六百九十名"③。虽说录进明通榜者与入正榜者待遇不同，举人考中会试正榜，即为

---

① 杨学为主编《中国考试简史》，高等教育出版社2009年版，第179页。
② 李世愉：《清代科举制度考辩》，沈阳出版社2005年版，第91页。
③ ［清］鄂尔泰：《壬戌会试录序》，见《皇清文颖》卷17。

贡士，之后参加殿试，再重新排名，分为三甲；而入明通榜者，除了个别"人文俱属可取"者，准其一体殿试外，那些"其人可取而文稍次"①者，则无需殿试，只是由吏部记名，以备拣选教职。即便如此，入明通榜者绝大多数即用为本省教职，且明通榜的录取人数已大大超过正榜，对扩大科举考试的录取面起到了积极的作用，也为士子又提供了一条入仕途径，自然深受士子欢迎。

二、明通榜的历史渊源

明通榜之称虽然仅清代有之，但类似之做法是否也属清代之独创？清乾隆年间进士、刑部右侍郎阮葵生在其《茶余客话》中曾讲道："按明永乐初年，令会试下第文字稍优者除教官，其下者入监读书，即明通榜之意。"②由此可知，明通榜这一名称虽然出现在乾隆年间，然类似于明通榜之做法，却早已有之。

---

① 光绪《大清会典事例》卷353《礼部·贡举·明通榜》。
② ［清］阮葵生：《茶余客话》卷2《明通榜》，见《清代笔记小说大观》第三册，上海古籍出版社2007年版，第2497页。

根据明人王世贞的《弇山堂别集》，这部被当时人称为可以比之一代实录的著作所记载，明建文三年，命礼部："乙榜举人署教谕、训导事者，给俸三年，入礼部试，试中，计所教人得中乡试，就进士出身资格递升一级，否从本级；其下第而所教人中乡试者，与实授。"①可见，在明初，下第举人任职教谕、训导即已有之。明永乐二年，海内尚未承平，朝廷亟需人才，永乐帝对科举考试非常重视，且对落第士子多有体恤之情，曾对礼部大臣讲道："会试下第举人既多，其中必尚有可取者，盖虑一时匆猝，或本有学问而为文之际，记忆偶差，遂致谬误；或本不谬误而考阅之官神情昏倦，失于详审，以致黜落，此皆可矜。"造成士子落第的原因很多，不单单是士子本身，那么如何尽可能地避免英才流落于市井？永乐帝制定出对策，即"令翰林院出题更试，择文词优等者以闻"，仅这一科，就得"贡士张铉等六十人"，永乐帝亲自召见，并赐以冠带，"命于国子监进学，以俟后科"，并寄语士子，勉励之曰："士当立志，志一则工专，工专则业就，尔等于学已有根本，但更百尺竿头进步，尔后科第一甲，人有不在其尔曹乎！"②此后，形

---

① ［明］王世贞：《弇山堂别集》卷81《科试考一》。
② 《明太宗实录》卷32，永乐二年六月甲午。

第四章　清代科举落第制度中的安置政策

成定制。永乐十三年,对会试下第举人中或有学问可取者,"命翰林院再试之,得朱瑛等二十四人,并赐冠带,给教谕俸,送国子监进学,以待后科"①。然而,随着国子监生日渐增多,加之会试下第举人中学问可取者都送入监,而国子监校舍非常有限,以致人多地隘不能容纳,于是在永乐十九年,"以监生南人者送南京国子监,下第举人发还原学进业,以待后科"②。从对以上史料的梳理中我们可知,在明代,会试下第士子中学问可取者还有机会再参加一次由翰林院出题的考试,成绩优异者,不仅可以顶戴荣身,且得到教谕的俸禄进而入国子监学习,等待下次科考。

从制度发展的脉络来看,明通榜与副榜也有着密切的关系,在清代政书《大清会典事例》第353卷专门讲到"明通榜"一节,开篇即从副榜讲起,顺治初年定:"举人中副榜者,免其廷试,礼部咨送吏部授职。"③那么,何为副榜?副榜指的是"在乡试、会试正式录取的定额外,增加录取的名额,以别于正式名额的正榜"④,即那些"乡、会试卷,

---

① 《明太宗实录》卷162,永乐十三年三月癸巳。
② 《明太宗实录》卷238,永乐十九年六月甲寅。
③ 光绪《大清会典事例》卷353《礼部·贡举·明通榜》。
④ 李世愉:《清代科举制度考辩》,沈阳出版社2005年版,第92页。

有文理优长限于额数者取作副榜,与正榜同发"①。副榜早在明代永乐年间即有,"永乐二年六月,命选会试下第举人入监肄业,以俟后科仍给以教谕俸,时会试有副榜,大抵署教官,故令入监者亦食其禄"②。副榜在"明代曰激赏"③,又名"给赏",其目的是"盖慰其侥得而失之也"④。"明代会试有副榜,而乡试无之"⑤。会试中副榜者,大多授教职,或入国子监读书,并享有教职之俸禄。⑥乡、会试卷,有文理优长限于额数者取作副榜,与正榜同发。凡中副榜者,免其廷试,即由礼部咨送吏部授职。

清沿明制,并有所发展,清初即定,不仅乡试,而且会试均有副榜。顺治二年,定取中副榜之制。"乡、会试卷有文理优长、限于额数者,取作副榜,与正榜同发。举人中

---

① [清]徐珂:《清稗类钞·考试类·乡会试有副榜》,中华书局2003年版,第629页。
② 《钦定续文献通考》卷47《学校考》,文渊阁四库全书版。
③ [清]徐珂:《清稗类钞·考试类·乡会试有副榜》,中华书局2003年版,第629页。
④ [清]陈康祺:《郎潜纪闻四笔》卷2《乡试副榜充贡定例》,中华书局1997年版,第25页。
⑤ 乾隆《乐陵县志》卷5《选举·贡》。
⑥ 关于明代副榜详见本书第一章第三节"明代科举制度之状况及相关落第政策"。

副榜者，免其廷试，礼部即咨送吏部授职"①。清初，天下尚未安定，人心惶惶，读书人对新政权充满疑惑，朝廷亟需选拔人才，安定天下，稳固统治。于是，"世祖时，诏天下选诸生文行兼优者，与乡试副榜、贡生，咸入国子监肄业"②。如顺治二年定，"顺天乡试副榜五十五名，增、附准作贡、监，廪生及恩、拔、岁贡、贡监俱免其坐监，即与廷试。"顺治十一年，礼部议准："直省乡试副榜各送监肄业，内廪生副榜照恩、拔贡生例坐监六月，增、附生副榜照岁贡例坐监八月，永为定例。"③当然，后来亦有停止。有关清初副榜的沿革发展，介绍最为详善的莫如浙江鄞县人陈康祺，他在《郎潜纪闻》中明确记载了副榜的脉络，并认为副榜作为科举掌故之一，虽然时代未遥，然"规制屡改，恐今之身为副榜，昧厥渊源者多多也，故详述之"，具体如下：

> 本朝顺治五年戊子科，诏天下廪生中副榜者，贡至吏部谒选。入最者，以推官用，次知县，次州郡佐。增广、

---

① 乾隆官修《清朝文献通考》卷47《选举考一·举士》，浙江古籍出版社2000年版，第5301页。

② ［清］陈康祺：《郎潜纪闻初笔》卷2《举优生》，中华书局1997年版，第38页。

③ 乾隆《乐陵县志》卷5《选举·贡》。

附学中副榜者,入成均读书,满一年送吏部历事,考用如廪生。此恩诏,不为例。八年辛卯,顺天副榜第一张叔泰,上疏乞如戊子科。得旨:下部议。时礼部尚书陈之遴,以次子容永适在是科副榜前列,引嫌逡巡未定。明年,给事中王桢具疏,谓"诸生以一二字之疵,或限于额,有毫厘千里之叹,诚可悯恻,乞以前十名充贡"。疏上,再下礼部,而满、汉尚书遂议:"自后直隶大小省,或二十名、十名、八名、五名前准贡"。诏著为令。以原文有"自后"二字,于是辛卯科副榜仍罢为诸生,而十一年甲午、十四年丁酉、十七年庚子三科,均如议行。嗣康熙二年癸卯、五年丙午、八年己酉,复不许立副榜名色。至十一年壬子,国子监复请举行如甲午例。得旨俞允。嗣后大小省乡试副榜,遂有定额,且不论名次之高下,出身之增、附,俱准充作贡生矣。①

清代乡试副榜始于顺治初年,曾于康熙二年、五年和八年中断过,之后又继续实行。至于副榜之名额,是随着正榜而定的,康熙十一年议准:"直省乡试,每正榜中额五名,

---

① [清]陈康祺:《郎潜纪闻四笔》卷2《乡试副榜充贡定例》,中华书局1990年版,第25页。

设副榜中额一名。"①如雍正元年,在湖南、湖北的乡试中,"湖北中式五十名,副榜十名,湖南四十九名,副榜九名"②。由于各省乡试的录取中额是固定的,副榜的中额也随之固定。"副榜中最优者可至吏部谒选授官外,多数准作贡生,即所谓副贡生,下次若欲得举,仍需参加乡试"③,可见,副榜的实际地位自然逊色于正榜。如雍正四年,雍正帝认为,"近来试官多以《四书》文为主,而于经艺不甚留心,士子读书制行之道,首在明经"。在这种风气影响之下,那些"以《五经》取中副榜者,必系有志经学之士"。因此颁布谕旨:"著将今年各省五经取中副榜之人,俱准作举人一体会试。再今科各省所中副榜,内有两次中副榜者,亦准作举人,一体会试。以上俱系特恩,后不为例。"④陈康祺在其笔记中也有记载:"雍正四年丙午科,奉上谕:《五经》取中副榜,及两次中副榜者,俱准作举人,一体会试,后不为例。"⑤

① 光绪《大清会典事例》卷385《礼部·学校·副榜事宜》。
② 《清世宗实录》卷14,雍正元年十二月己酉。
③ 李世愉:《清代科举制度考辩》,沈阳出版社2005年版,第93页。
④ 光绪《大清会典事例》卷385《礼部·学校·副榜事宜》。
⑤ [清]陈康祺:《郎潜纪闻初笔》卷6《副榜准作举人》,中华书局1984年版,第117页。

会试副榜，与乡试副榜大致同时推行，"顺治初年，举人中副榜者，免其廷试，礼部即咨送吏部授职"，因乡试副榜于康熙二年停止，故而在康熙三年，由礼部题请"嗣后停止会试副榜"①。自此以后，乡试副榜得以恢复，然会试副榜终未实行。"其后，仅乡试有副榜，会试无之"②。

无论是乡试副榜，抑或会试副榜，都是在正榜名额之外另加的录取名额，会试副榜可以直接授官，乡试副榜中优秀者可以授官，但大多数还是作为副贡生而继续参加科举考试。"从这个意义上说，明通榜同副榜是一样的，也是正式名额外录取的所谓文理明通者"③。因此，在《大清会典事例》的编纂者看来，其性质是相同的，其发展历程是一脉相承的，只不过名称不同而已。从这个意义上讲，明通榜不是凭空出现的，它的产生与副榜有着密切关系，可以说"是在原有制度的基础上发展变化而形成的制度"④。加之明通榜出现于雍正、乾隆年间，正值清廷文教兴盛之时，清政府为了选拔更多的人才，以科举考试为指挥棒，吸引更多优秀的

---

① 光绪《大清会典事例》卷350《礼部·贡举·会试中额》。
② ［清］徐珂：《清稗类钞·考试类·乡会试有副榜》，中华书局2003年版，第629页。
③ 李世愉：《清代科举制度考辩》，沈阳出版社2005年版，第93页。
④ 李世愉：《清代科举制度考辩》，沈阳出版社2005年版，第93页。

读书人投身考场，笼络更多士子为其所用，在会试录取的正榜名额之外，选择会试落卷中文理明通者另出一榜，增加录取名额，安定士子向学之心，不失为一种稳定社会的重要政策。

三、明通榜的实施

明通榜之做法创于雍正年间，雍正帝即位伊始，加恩于天下士子，于雍正元年、二年连续两年开科取士，即于雍正元年特开恩科，于当年九月会试，十月殿试。而将癸卯甲辰乡会试正科，改于雍正二年举行，即雍正二年八月会试，九月殿试。①雍正元年恩科会试，雍正帝亲下谕旨："此次进士，照朕所定之数入榜取中，仍降旨与朱轼、张廷玉，此外不拘省分，不限额数，有可取好卷，选出另行具奏。"同时，为避免佳卷遗漏，"著徐元梦、田从典、张伯行、励廷仪、阿克敦、查嗣庭、李凤翥、逢泰会同南书房、翰林院检阅，春间检阅落卷"，原本仅派了十名翰林，因这次参加会

---

① 《清世宗实录》卷2，康熙六十一年十二月癸亥。

试的士子人数、卷子甚多，世宗令徐元梦等将自己所知道的翰林再推荐数名，派出同看。因此，这一年的恩科会试，"于正额一百八十名外，又取中落卷七十八名"①。

雍正二年八月甲辰科会试，主考官朱轼等将场内备卷七十七卷进呈，雍正帝谕礼部："今岁会试取中二百九十名，朕兹续取朱卷，著于本科榜后，再行出榜。"②

雍正元年、二年两科会试，共选落卷准殿试者一百五十五名，而这两科正榜取中四百七十名贡士，与正榜取中的人数相比，落卷中选出者占正榜的三分之一，由此可知，由落卷中选拔出来的士子并不是少数，也并非做做样子，而是他们与正榜贡士一同参加殿试，同时一生的命运也由此发生根本的转折。这无疑为乾隆年间明通榜的正式确立做了重要准备。

雍正五年，这一年雍正帝五十万寿，会试举人，"叨荷特恩，合词陈谢"，雍正帝以为，"读书乡荐之人，异日俱可作朕股肱耳目，是以朕心待之，实有一体联属之意，爱养培护，皆出于中心之自然，并非欲邀天下士子之感颂也！"借此直抒胸臆，表明自己对士子寄予的殷切希望："尔等读

---

① 光绪《大清会典事例》卷350《礼部·贡举·会试中额》。
② 《清世宗实录》卷24，雍正二年九月丙辰。

书之人，实四民之所观瞻，风俗之所维系。果能诵法圣贤，躬修实践，宅心正直，行己端方，则通籍于朝，必能为国家宣猷树绩，膺栋梁之选。即退处乡间，亦必能教孝劝忠，为众人之坊表。故士习既端，而人心尚有不正、风俗尚有不淳者，无是理也。"①

广大士子为祝福雍正帝五十万寿，并感谢皇帝特恩，"特于京城寺庙，设立经坛，以申颂祝之意"。对此，雍正帝颇不以为然，认为"此举甚为虚妄""举人乃平日读书明理之人，当效法古之圣贤，岂可为此世俗诞妄之举！且朕正念士子贫寒，归途艰于资斧，是以赏给路费。今乃费于无用之地，尤不能体朕之心矣。其所设经坛，即行禁止。"②虽然雍正帝禁止了士子设坛庆祝等仪式，但作为一位生逢政治太平、文教兴盛时代的帝王，又遇士子对他的感念与拥戴，他内心的喜悦之情还是无法掩饰的。尤其是当湖北学臣于振条奏请"于会试后，将下第举人拣选发回各省，亦以教职补用"③时，他欣然应允。况且，各省教职多衰老荒疏者，

---

① 《清世宗实录》卷54，雍正五年三月辛亥。
② 《清世宗实录》卷55，雍正五年闰三月乙酉。
③ ［清］李绂：《穆堂初稿》卷40《请酌用下第举人劄子》，见《续修四库全书》第1422，集部·别集类，上海古籍出版社2002年版，第51页。

而教官对于士子有着重大的责任，教官"果能实心训导，使诸生读书循理，无佻达嚣凌之习，则齐民有所观法，风俗可望淳厚，所关非浅鲜也"①。于是，同年议准："嗣后将各省会试下第举人落卷，取出检阅，如文理明顺，交与吏部带领引见，恭候简用，令回本籍候补。"②这些举人如能在当地教职任内干满六年，"如果著有成效，督抚题荐，朕格外加恩；如负职守，经督抚题参，朕不姑容也"③。同时，作为亲民之官的州县守令，与百姓的关系最为休戚，"故得其人，则民生被泽，而风俗日淳。不得其人，则民生受累，而风俗日薄。自古安民必先察吏，此不易之经也"。然而，历来各省县令，都循资排辈而来，"故其中庸碌无能者有之，年力衰惫者有之，少不更事者有之，以致苟且因循、贪位窃禄、诸事阘冗、职掌废弛，此等之人，尚不能顾一身之考成，岂能为地方之凭藉乎？"据此，雍正帝想到天下举子

---

① 《清世宗实录》卷56，雍正五年夏四月己丑；中国第一历史档案馆编《雍正朝汉文谕旨汇编》第十册，广西师范大学出版社1999年版，第167—168页。

② 光绪《大清会典事例》卷353《礼部·贡举·明通榜》。

③ 《清世宗实录》卷56，雍正五年夏四月己丑。中国第一历史档案馆编《雍正朝汉文谕旨汇编》第十册，广西师范大学出版社1999年版，第167—168页。

齐集京师参加会试的盛举,不禁考量"其中必有才品兼优之士,是以特加遴选,畀以县令之任",而且这些举子"现经下第,选期尚远,朕破格遴选,授以官职,即论感恩图报之常情,亦当人人自奋。况朕心实仗尔等,为朕教养斯民,移风易俗,以成一道同风之盛"。因此,"吏部遵旨,会同九卿拣选下第举人引见,上命分发各直省,以州县委署试用"[1]。可见,会试落第举人,一部分署以州县守令,成为与百姓最为亲近的父母官;一部分以教职补用,成为地方清明士风民情的重要维护者。此时虽然没有明通榜之制,但这些会试落第者也享受到了实际的恩惠。而雍正帝的这一做法,开创了明通榜的先例,为明通榜的出现提供了现实依据。

雍正十一年,专门针对云南、贵州、广东、广西、四川、福建六省举人,选取其会试落卷中文理明通者,不仅为一部分落第士子提供即行录用的机会,而且允许其中"人文俱属可取之时余等十名,准其一体殿试"[2],即他们与考中正榜之贡士享有同等权利,一同殿试,这是前所未有的。其实,早在雍正三年,据贵州学政王奕仁奏疏,每逢岁、科

---

[1] 《清世宗实录》卷55,雍正五年闰三月乙丑。
[2] 光绪《大清会典事例》卷353《礼部·贡举·明通榜》。

试，于黔省定额外，取进一名苗人子弟，以示鼓励。①雍正十年，贵州学政晏斯盛条奏，礼部议覆："苗童应试，加取一名，请用汉廪生同苗生联名保结，苗童五名互结，以杜汉童冒占。其苗童名目，改为新童，苗卷改为新卷。"②清政府不仅在文化相对闭塞的边远地区建立地方儒学，且广设义学，以满足当地少数民族子弟上进求学之心。"以云南为例，康雍两朝在云南建义学五百六十二处，其中康熙朝建九十九处，雍正朝建四百六十三处"③。这些举措对于发展普及边疆少数民族地区文化教育事业起到了积极的推动作用，加之清廷中央放宽了这些地区的录取标准，为这些苗族、瑶族的聚居区专门设立苗童、瑶童等名额，与汉童名额互不干涉，以确保苗、瑶等少数民族子弟得以入学，参加科考。尚未全面实行的明通榜，首先在这些地区的落第举人中得以体现，这也是加强边疆统治的重要举措之一。

雍正十一年三月谕内阁：

  云南、贵州、广东、广西、四川、福建六省举人，

---

① 《清世宗实录》卷35，雍正三年八月戊子。
② 《清世宗实录》卷120，雍正十年六月丙辰。
③ 据乾隆《云南通志》卷7《义学》项统计，转引自李世愉：《清代科举制度考辩》，沈阳出版社2005年版，第95页。

第四章 清代科举落第制度中的安置政策

赴京会试，邮程遥远，非近省可比。朕意欲于落卷中，择其文尚可观，而人材可用者，添取数人，候旨录用，以昭朕格外加恩之意。著传谕主考官，于六省试卷，遵旨取中外，其次等可取之卷，不拘数目，秉公选出。俟发榜后，朕另派大臣，会同主考官，验看人材，更加遴选。再，六省下第举子内，除愿与下科会试者，不必报名外。若有情愿小就，以图即行录用者，著在礼部报名，一并交与派出之大臣、主考官拣选，奏闻请旨。①

这一科定会试中额三百三十名，其中云南十名，贵州八名，广西四名，广东十八名，四川七名，福建二十名。②共计六十七名。其后，雍正帝派彭维新、莽鹄立、韩先基，会同正副主考官将六省会试落卷内选中之考生"传齐，秉公验看，随其中人文二者俱属可取，或有一可取者，一一分别开写奏闻"；同时也会同验看了那些情愿小就以图即行录用者。最终，从六省选出五十卷，分别奏闻。最后由雍正帝定夺："此内人文俱属可取之时余等十名，准其一体殿

---

① 《清世宗实录》卷129，雍正十一年三月丙戌。
② 光绪《大清会典事例》卷350《礼部·贡举·会试中额》。

试"①;其他四十名是人可取而文稍次之赵绳其等,"著于拣选六省举人时一并奏闻"②。

雍正帝还在圣旨中强调,此次加恩远省落第举子之所为,"乃格外偶然举行一次之恩,后岂可以为例"③!尤其是那些年老举人,本不打算参加会试者,千万不要对此抱有希望,以免下次勉强赴考,希图得官,却空多往还,岂不冤哉!毕竟这只是针对边远六省的偶然举措。在雍正帝执政的十三年中,于元年、二年、五年和十一年,四次实行明通榜,为乾隆年间明通榜成为定制准备了重要铺垫。

乾隆元年,乾隆帝谕兵部尚书傅鼐:"朕闻今科会试遗卷内,尚有佳卷。目今场事已竣,朕于科场事宜,不能深悉,应如何加恩增中之处,尔可会同大学士鄂尔泰、朱轼议奏。"后经鄂尔泰等奏:"各房荐卷,尚有文理明通,可以取中之卷,应拣选进呈,续出一榜,准其一体殿试。"④这一年会试,仿照雍正十一年之例:

> 命左都御史福敏、户部左侍郎李绂、署兵部右侍郎

---

① 光绪《大清会典事例》卷353《礼部·贡举·明通榜》;光绪《钦定科场条例》卷52《举人大挑·附载旧例》。
② 光绪《钦定科场条例》卷52《举人大挑附载旧例》。
③ 光绪《大清会典事例》卷353《礼部·贡举·明通榜》。
④ 《清高宗实录》卷14,乾隆元年三月戊申。

第四章 清代科举落第制度中的安置政策

> 王士俊，会同会试主考官，拣选云南、贵州、广东、广西、四川、福建六省会试未经中式举人。①

雍正十一年、乾隆元年两次专门针对边远六省士子，从其会试落卷中选择文尚可观、人才可用者，"续出一榜，一体殿试"②或即用授职的做法，体现了清政府对边远地区文教事业的重视，对边远省份士子的格外关照，以及中央加强对这些地区统治的良苦用心，这些，对边省士子则"犹沐殊恩也"③。由此也"形成了清代特有的明通榜，为清政府扩大对士子的选择面奠定了基础"④。

正因为有了以上两次实践，乾隆二年，清政府将仅针对边远六省的明通榜选拔拓展到全国，为明通榜成为定制做了重要准备。继乾隆元年丙辰科会试之后，乾隆二年丁巳科特开恩科会试，陕西学臣周澍题请："会试后拣选下第举人，大省四十员，中省三十员，小省二十员，带领引见钦定，

---

① 《清高宗实录》卷15，乾隆元年三月庚申。
② ［清］吴振棫：《养吉斋丛录》卷9，中华书局2005年版，第119页。
③ 《清史稿》卷108《选举三》。
④ 李世愉：《清代科举制度考辩》，沈阳出版社2005年版，第103页。

令回本省，以学正、教谕即用。"①对此，詹事府詹事李绂奏请：

> 查雍正十一年，钦奉世宗宪皇帝恩旨，俯念边省会试士子路途遥远，谕令情愿小就者，许赴挑选引见，钦定拣用知县多人。乾隆元年，钦奉皇上谕旨，亦将边省下第举人，挑选引见，钦定拣用知县多人。臣思亲民之官莫如县令，虽系伊等正选，按以科分，不无越次，未为小就。惟县丞、州判等缺，职务稍轻，于举人班次则为降选，于教职升转亦无甚别，似属小就。请照雍正十一年、乾隆元年情愿小就之例，将此次下第举人，文理明通、年力富强者，照议准员数带领引见，钦选分发各附近省分，以县丞、州判遇缺，即行题补。伊等历任六年，果有贤能出众，政务练习者，该督抚亦照教职之例，保题升用。其先经验看，以知县注册之员，遇伊等应选之年，仍照例截取，各按科分、名次，以知县选用。其未及选期，有志上进，情愿会试者，仍照在京典簿、司务之例，一体准其会试。则科分年深，久经就教者，既不至于压选，而此次拣选人员，亦得于小就任

---

① 《清高宗实录》卷42，乾隆二年五月乙未。

内,学习政事较练达矣。①

此次会试后,遵照雍正五年之例,确定了各省明通榜之额数,"拣选下第举人文理明通者,大省四十人,中省三十人,小省二十人,引见钦定,令回本省,以学正、教谕即用。"

乾隆七年会试,为了进一步落实各省明通榜之定额,除了"正副考官于正榜中额外,将各房所有荐卷,照乾隆二年所定大中小省额,录取明通者"之外,如果尚未取足,则"将备卷内文尚清妥者补足,于会榜揭晓后,交礼部拆号,填书姓名、籍贯,知会吏部请旨,命王大臣验看,拣选引见,照例补用。"②

乾隆十年,科举考试中的一些积习得以剪除,士风丕振,来京参加会试之举人多于往年,因此高宗决定效仿前例,对士子予以加恩,以示鼓励:"嗣后吏部议定各省应取明通数目,即咨礼部行知内帘考官,于正榜外,再取明通为一榜"。即"择取落第举子明通之卷,补用教职,与七年例

---

① [清]李绂:《穆堂初稿》卷40《请酌用下第举人劄子》,见《续修四库全书》第1422,集部·别集类,上海古籍出版社2002年版,第51页。

② 光绪《大清会典事例》卷353《礼部·贡举·明通榜》。

同"①。明通榜的实行,为会试落第士子提供了一条重要的上进之途,他们从此由科场失意者一跃成为成功者,明通榜对于广大士子的吸引力自不待言。于是,在实行中,一些士子希图仕途上进,不惜挖空心思,投机钻营。便有四川道监察御史张孝揑所奏报之情况出现:"士子出场,多将文字誊送先达评阅",以此给眼看试卷的考官以先入为主的印象,争取自己脱颖而出的机会。这样做的原因是"现奉特旨,俟出榜后,派大臣另挑落卷,畀以司铎。将来所派大臣,未必非即从前送阅之人,嫌疑不免"。制度上的漏洞为士子投机夤缘创造了条件,因此"请令吏部议定各省应取明通数目,即咨礼部行知内帘考官,于正榜外,再取明通为一榜"。高宗立即批准:"著照所请速行,该部知道。"②也正是从这一年起,明通榜亦同正榜一样,其选拔权完全集中在了内帘考官的手中,其去取的根据也逐渐单一,即由原来除了试卷达到文理明通之外,还有大臣眼看人品外貌这一环节,从乾隆十年起,仅凭试卷是否达到文理明通即可。规定的划一和便于实际操作的做法,是明通榜日渐成熟的标志。

明通榜在实行中不断遇到新的问题,即各省的名额不

---

① 光绪《大清会典事例》卷353《礼部·贡举·明通榜》。
② 《清高宗实录》卷238,乾隆十年四月甲辰。

第四章 清代科举落第制度中的安置政策

可能完全一致，而且往往有些省份因可选之落卷多而名额不敷用，又有一些省却不能达到既定名额。为了使明通榜这一专门针对落第举子的措施尽可能地得以体现，礼部等遵旨议定：

> 各省荐卷中数目多寡不等，若按大、中、小省六十、四十、三十之例选取，难以允协。请交派出之阅卷大臣，就各省荐卷中择取佳卷。多者毋过四十名，少者务足十五名。其荐卷仅足十五名之四川，及不足十名之广西、贵州，酌量择取数名，均由礼部拆号、填榜，移送吏部照例办理。①

明通榜发展到此时，除了凭文录取而非考察落第者个人品貌的做法这一特点之外，又增加了一个新的特点，即虽然"各省名额有了基本的规定，但又考虑到录取中的实际情况，即在不足额的情况下亦不可勉强足额，以避免录取过滥，这是慎重选拔的必要措施"②。而这正是一个较为成熟的制度所应有的体现，可以说，明通榜已经成为会试正榜的重要补充。在此基础上，乾隆二十六年，高宗听从大学士蒋溥之建议，"于会试落卷别取中书一榜，遇应取明

---

① 光绪《大清会典事例》卷353《礼部·贡举·明通榜》。
② 李世愉：《清代科举制度考辩》，沈阳出版社2005年版，第105页。

通榜之年，更于中书外选取"①，由此开始推行中正榜。乾隆四十二年，随着《四库全书》的修订，于落卷中挑选誊录等，也有其历史的必然性。

乾隆末年，清帝国逐渐走向衰落，无论政治、经济、文教皆步入低谷，就在此时，实行了六十余年的明通榜戛然而止，乾隆五十五年，"停落卷挑取之例"②，至于其宣告废止的原因，今天我们能够看到的记载仅有一条，与和珅相关，即：

> 长洲王惕甫芑孙素有才名，上计时，和珅欲致之门下，王拒之，不通一刺。和衔之甚深，会试，王中明通榜，和特奏停止，将榜撤回。会试明通榜，遂自庚戌（乾隆五十五年）永远停止矣。③

任何一项政策的起始和终结都离不开当时的时代背景，虽然上述例子将明通榜废止归结在和珅这个历史的偶然因素上，但透过这一事件，我们可以看出，乾隆末期政治的腐

---

① [清]王庆云：《熙朝纪政》卷1《纪举人授官》，光绪二十四年刻本。

② [清]王庆云：《熙朝纪政》卷1《纪举人授官》，光绪二十四年刻本。

③ [清]徐珂《清稗类钞·考试类·停会试明通榜》，中华书局2003年版，第666页。

败，官场的黑暗，士习民风的浇薄，科场亦不能幸免，这些因素的合力才是真正导致明通榜灭亡的必然原因。

明通榜作为清代科举落第政策中的重要内容，为会试落第士子提供了明确的仕途，其中一部分幸运者可以同正榜的贡士一样，参加廷试；一部分则选授知县或者教职，并且马上即用。正所谓"此则旁搜博采，俾寒畯多获进身之阶也"[①]。明通榜是特定历史阶段的反映，体现了清代雍正、乾隆年间政治、经济、文化的繁荣与兴盛，以此为"格外加恩之典"，以便更好地笼络广大读书人为其所用；另一方面，明通榜的实行，无疑为广大落第士子打开了一扇重要的仕途之门，由此而真正步入仕途并拥有光明前途似乎并非梦想。如清代著名史学家赵翼，于乾隆十九年，"由举人中明通榜，用内阁中书，入直军机，大学士傅恒尤重之"[②]。在此基础上，于乾隆二十六年，中一甲探花。当然，这与赵翼自身的勤奋和聪颖不可分割，但由举人中明通榜的经历则是不可更改的事实。而与赵翼同年入明通榜的还有一位湖南长沙人周克开，乾隆十九年，"以明通榜授甘肃陇西知县"，后来又调往宁夏府宁朔县，在当地艰苦的自然条件下，带

---

① 《清史稿》卷108《选举三》。
② 《清史稿》卷485《文苑二·赵翼》。

领人民治理水道，引河入渠，灌溉农田，使当地人民深受其利，而他在当地也以治水绩最为著名。乾隆四十九年七月二十日，周克开"以疾终于浙江杭嘉湖兵备道任，年六十有一。士民悲悼，相与言曰：天胡不俾终惠我民邪"①！这样一位明通榜出身并在知县任内实干而赢得仕途的周克开，虽然远不如大名鼎鼎的探花赵翼来得显赫，但我们相信，像周克开一样由明通榜步入仕途的人还有很多，他们一生的命运因明通榜发生了改变，从此在历史的长河中留下了他们的名字与事迹。北京科举匾额博物馆所藏的一块福建汀漳龙道的匾额，是祝贺"雍正丙午举人联捷明通考选"的一位士子，匾额正文为"明通进士"四个字，可见，在地方上，人们已经为这些从落卷中幸运地被选入明通榜的士子设立匾额，流传千古，以示荣耀。虽然在匾额上还有一些更为详细的信息，因字迹漫漶而无法清晰辨认，我们无法得出更加详细而具体的结论，但是，仅仅由此，我们亦可解读出：此人是参加了雍正四年丙午科乡试，顺利考上举人，紧接着又参加了雍正五年丁未科会试，这一年恰逢雍正帝五十万寿，正值明通榜推行的初期，此人虽会试落选，但却有幸被选入明通

---

① ［清］卢文弨撰：《抱经堂文集》卷33《志铭·浙江杭嘉湖海防兵备道周公墓志铭（乙巳）》，中华书局1990年版，第441页。

榜，故而有了这一匾额的产生。地方上为登入明通榜者立匾的行为，足以见明通榜进士在当地受尊重与重视的程度，当然这与当地的士风民情、经济状况等因素有着密切关系，在这里我们暂且不论，单论匾额正文"明通进士"这一称谓，虽说是民间自创，但亦可观读书人对于功名是何等看重，对选入明通榜者又是何等的尊重与羡慕。反观明通榜，我们可以看到，虽然这些举子曾经是会试的落榜者，但因明通榜的出现，他们得以幸运地获得第二次机会，最终同正榜贡士一样，也走进了统治者的视野，步入了上层社会，在封建统治者主宰历史的时代，在记录统治者言行的官方政书中，在民间社会的碑刻、匾额中，留下了属于自己的印记，这些都为我们今天重新审视明通榜，认识清代的科举落第政策，提供了重要的依据，值得我们深思与更进一步的研究。

第二节 中正榜

清代会试落第的举子，除了有明通榜这一出路外，于乾隆二十六年始，他们又多了一个仕途之选——中正榜，即准于会试落卷中选取一些字画清楚、文义明顺者，进呈钦定，带领引见后用为内阁中书、国子监学正，以及国子监学录。

因入选者另填一榜，故称"中正榜"。此制实行三十年，至乾隆五十五年，随着明通榜的停止而告停。虽然在乾隆六十年，仍有举人赏给内阁中书之举，但这已不同于中正榜了，也属偶亦为之之举动。中正榜与明通榜的实行时间虽不算长，但对于会试落第举人来说，中正榜与明通榜同样，为其提供了一些具体的仕进机会，它们所发挥的历史作用，不容忽视。

一、中正榜之历史渊源

所谓内阁中书，清代为内阁属员，定制额设124人，其中满洲70人，蒙古16人，汉军8人，汉人30人，皆正七品。分别在内阁各房处任事，其主要职责是分担撰拟、缮写、记档、翻译等事务。实际上，早在中正榜实行之前，举人考授内阁中书之例早已有之。如顺治十三年，内弘文院大学士觉罗巴哈纳等奏言：因内三院机务繁多，而办事撰文人员有限，因此建议于"额设员缺外，另考取六员"，其中这六员如果真能做到三年称职，即送部选授主事；而额设中书三十员，则"止令办事于本衙门，加衔久任，不复送部选授"。之后还具体提出如何考选这额设之外六员的方法：

第四章 清代科举落第制度中的安置政策

"撰文者,则于举、贡内,择文理优长、学问渊博者选用;办事者,则于贡、监、生员内,择文理平通、字画端楷者选用。"如此一来,"庶供职得人,而阁务无旷矣。"①康熙六年,福建道御史李棠条奏:"例监考补中书,三年后即升部属,进士、举人乃迟至十年之久,始得官职。"而内院中书,有撰文办事的责任,是机密重地,如果用例监补授,似乎对其太优,对进士、举人颇为不公。因此,他建议"嗣后例监考授中书之例,请停止"。经吏部议覆后,圣祖亲下谕旨:"各科进士,不必拘年分前后人数,有愿考者,预行选取,堪用者,遇缺即补。"②从此,例监考补中书之例停止。康熙三十四年,贡生等尽停考试中书,其缺专归进士、举人补用,至满洲贡、监、生员,仍得考补。同时又定,中书及部院各衙门笔帖式出缺,俱令考试补授。③康熙三十九年,吏部题:"各省举人,就中书者,人多缺少,此内有愿就知县、教职之人,听其具呈改注,仍以科分、名次序选。"④康熙五十二年,吏部议覆:"内阁中书,奉旨用进

---

① 《清世祖实录》卷101,顺治十三年五月乙丑。
② 《清圣祖实录》卷22,康熙六年四月己巳。
③ 乾隆官修《清朝文献通考》卷47《选举考一·举士》,浙江古籍出版社2000年版,第5304页。
④ 《清圣祖实录》卷199,康熙三十九年五月己酉。

士出身之人。嗣后满中书缺出应论旗分，于进士内挨次拟用，如无进士，将举人挨次拟用；汉中书缺出，用留京教习、进士。其从前进士、举人候选中书者，停其选授，改归知县、教职等项用。"①雍正二年，吏部议奏："内阁汉中书员缺专用景山教习之进士补授，每致办事乏人。嗣后请照旧例，以愿就中书之进士、举人铨补，内阁酌量考取，择其字画端楷者，分班选用。"②雍正八年，礼部议准："助教、学正、学录等官，令九卿于进士、举人内保举，咨部引见补授。"③在乾隆二十六年中正榜正式实行之前，举人即可考选为内阁中书，然中书之缺并无定额，中书考试无定期，士子无从按期齐集，只是依内阁所需而定，内阁一旦所需中书，即咨文礼部奏请，然后考试，试以一论一诗，及书法字画，派阅卷大臣会同内阁选取。而国子监学正、学录的选取，早在顺治元年，即已有之，如国子监祭酒李若琳条奏："太学官旧额三十九员，今裁定十四员，尚缺学正、助教等官未补。满洲子弟济济盈廷，授书课习，亟须师

---

① 《清圣祖实录》卷255，康熙五十二年五月癸丑。
② 乾隆官修《清朝文献通考》卷49《选举考三·举士》，浙江古籍出版社2000年版，第5314页。
③ 光绪《大清会典事例》卷58《吏部·汉员遴选·国子监监丞助教等官》。

第四章 清代科举落第制度中的安置政策

儒启迪,乞于吏部铨选进士、举人中,择其学行兼优者充之。"①

同样,举人选授国子监学正、学录也在乾隆二十六年中正榜实行之前就已有之,如乾隆十三年,助教、国子监学正②、学录③如遇有员缺,"皆繫行令九卿,于进士、举人内保举,咨送过部引见补授",往往是每一缺,九卿保举者不下十数人之多。因此"请将此次保送之举人十四人,一并引见除补授,一阙外其余各员仰恳圣鉴,视其人材如有尚可备用者,量予记名交部,遇有员阙,照依名次,引见补授"。乾隆十九年,御史陈大化奏请,"学正、学录一项,请钦简大臣考试取用,停止九卿保举之例"④。即国子监学正、学录等官,旧例皆由九卿保举科目出身之进士、举人,引见记名补用。而从这一年起,"照考试中书之例,由部请旨,进士、举人一例考试,特简大臣校阅,其取录人员,由部引见

---

① 乾隆官修《清朝文献通考》卷5《学校考三·太学》,浙江古籍出版社2000年版,第5454页。
② 清代学正设于国子监和州学,其中设于国子监者,掌六堂中率性、修道、诚心、正义四堂,经理南学事宜,属于正八品;而设于州学者,掌本州生员教育,及评定生员品行优劣,亦属正八品。
③ 清代学录为国子监属官,定为国子监六堂中崇志、广业二堂职官,初为从九品,乾隆元年升正八品,掌南学事宜。
④ 《钦定国子监志》卷31《官师四·铨除》。

记名简补"①。

乾隆二十六年，据御史范棫士奏称，原来国子监学正、学录，都由考取记名，现在既然内阁中书都已决定于会试荐卷中挑取，那么国子监学正、学录应与内阁中书一例办理。此奏疏经礼部议覆后，定："查取录中书名数，议准六十名，其年力老成，宜于课士者，请于引见时，量用数员。交部以学正、学录选用，无庸另定取额。"②只是今后国子监如果需人，则需先期咨部办理。即所谓"学正、学录请与内阁中书一例，从会试取中余卷选取，得缺补用"③。这项政策，我们可以从乾隆年间的一部官书——《钦定礼部则例》中得以概括：

> 由礼部于会试前期咨查吏部，如现在各项员缺需人，即覆知礼部奏请，交主官，俟正榜发后，仍在闱中，将各墨卷公分校阅，择其字画清楚，文义明顺者，按数酌取，拟定名次，粘签进呈钦定。④

---

① 程嘉谟等编修乾隆《钦定大清会典则例》卷8《吏部·文选清吏司·铨选二》。
② 《清高宗实录》卷632，乾隆二十六年三月壬子。
③ 《钦定国子监志》卷31《官师四·铨除》，文渊阁四库全书版。
④ 《钦定礼部则例》卷94《仪制清吏司·选取中书、学正、学录》。

从此，中正榜开始实行。

二、中正榜之确立

从上述对中正榜实行的历史背景的整理中，我们可以得知，在乾隆二十六年前，内阁汉中书，向例由进士、举人考取录用，即专门针对内阁中书，还需另外举行一场考选中书之试。而在操作过程中，因"试卷糊名，并不易书，士子因有笔迹可认，易滋物议"。对此，乾隆二十六年二月，大学士蒋溥奏：

> 现届会试之期，请即于各房荐卷中，除中式外，择其文理尚通，诗律亦妥者，不拘省分，查照上次考定名数，另填一榜，照例带领引见，挨次选用。嗣后凡值需人之时，令内阁先期咨部，照例办理。①

高宗对此奏疏十分赞成，并令该衙门议奏。三月，经礼部议覆，大学士蒋溥之奏疏"请定考试中书之例一折"得以通过，并加以完善。考取中书者，固然须字迹端正，而查

---

① 《清高宗实录》卷630，乾隆二十六年二月甲申。

校档案,尤其须年力强壮,明白可用者。"从前考阅字迹,其衰年拙滞者,必不能以小楷入彀,今若凭朱卷为去取,其字劣而年尚少壮者,或尚可责其学习,设有衰庸者,亦厕其中,恐难造就成材,以收臂指之助",考场中阅卷的考官所校注和关心的仅在文义,"而人材之可用与否,必经睿鉴裁成,未可以场中所取之数,一一授官也"①。因此,如仅将他们在场中所取中的卷数,概行授官,似乎有失妥当,"应请不拘省分,以四十名为额,再备取二十名,随同新进士引见,恭候钦定"。而且,若内阁中书专用会试落第之举人,那么,"遇会试之年,恐俱愿入闱应试,办事必至乏人",因此,还"应于新进士引见时,请酌用数员,与举人中书,一体补用"②。阅卷之主考除了从会试荐卷中选出四十名之外,还应在此额之外另行选取二十名,以作备卷,最后由主考同知贡举各官,将拟取之卷进呈,交到礼部,"转交该衙门传集,随同新进士带领引见,恭候钦定,交与吏部照例选用。凡会试之年,倘内阁需人,即咨明礼部照例办理。"③

① 光绪《钦定科场条例》卷52《选取誊录·附选取中书、学正、学录旧案》。
② 《清高宗实录》卷632,乾隆二十六年三月壬寅。
③ 光绪《大清会典事例》卷353《礼部·贡举·中正榜》。

第四章 清代科举落第制度中的安置政策

至于学正、学录，本来学正额设四缺，学录额设二缺，从前都由九卿保举引见得以补用，至乾隆十九年，经御史陈大化奏请之后，停止九卿保举之例。并仿照考试中书之例，即不同于乡试、会试而另行举行的考试，进士、举人一体考试，并专门简派大臣校阅，之后将录取人员由部引见，记名简补。到了乾隆二十六年，选取中书的考试已经停止，中书都已从会试落卷内录取，学正、学录也应一体办理。这样不仅可以省去另考之烦，兼可杜揣摩字迹之弊。"嗣后取录中书名数已有六十名，其余剩人员，年力老成，与课士相宜者，即于此内量用数员，交与吏部，遇学正、学录缺，挨次补用。嗣后遇会试之年，如国子监正届需人，先期咨明礼部，奏请办理"①。

这一年会试之后，从会试荐卷内共选定四十三人，分别以中书、学正、学录用之。然所取中书内有原本就是中书者，本应扣除引见，"但念该员等既经备选，何必独令扣除，著准其一体带领引见"②。中正榜实行的第一年，奉旨：

---

① 光绪《大清会典事例》卷353《礼部·贡举·中正榜》；光绪《钦定科场条例》卷52《选取誊录·附选取中书、学正、学录旧案》。
② 光绪《大清会典事例》卷353《礼部·贡举·中正榜》。

汤上选、姚士烺、章棠、陈彬、戴观、余瑚、吴襄、王宸、李调元、王文涌、凌家梧、胡子襄、徐天骥、刘凤翔、孙麟徵、沈世寿、董潮、阮葵生、张梅、朱芜星、李廷钦、徐延第、苏去疾、金以埒、韩朝衡、汪大荣、梁景阳、陈观光、叶文馥、丁履仁、沈杰、王嵩柱、倪昭、麦佑、蒋国萃、甘澍、王仲芬、周延秭、刘光第、王家宾、张廷元、高荄、张秉谦,俱著以中书、学正、学录遇缺补用。①

其中如果有愿回籍者,听其自便,缺出时,如应补之人已经回籍,即以其次挨补。而且所有回籍人员,遇别项考试,仍准一体赴考。

三、中正榜的逐步完善与废止

中书一官,并不仅仅面向会试落第之举人,也是进士的一种进身之路。乾隆三十三年,御史蒋纶奏称,向例中书皆通过考试而得,因"中书官阶在主事之下,知县之上,而

---

① 光绪《大清会典事例》卷353《礼部·贡举·中正榜》。

考试以一论一诗得之,未免视为快捷方式"。自中正榜实行后,会试落第之举人选入中正榜,得以授内阁或学正、学录等官,而且考中会试之新进士,除了以庶吉士、主事、知县三项分用外,再添用内阁中书一项,对天下读书人来说,"则名器益昭公慎"①。即礼部议准:

> 请每科新进士,除简用庶吉士等官外,令内阁、翰林院将所有朝考入选、未经简用人员,另行带领引见,恭候钦定记名,交与吏部,按照名次,进士、举人相间录用。其应用人数多寡,吏部届期知会内阁、翰林院,奏闻办理。②

自此,中书之挑选不仅从会试落卷中选取文理优长者,而且也扩展至考中会试之新进士,即那些参加了朝考而未能选入庶吉士者,即可选为内阁中书。

乾隆三十四年,随着中正榜的推行,其具体操作程序也不断完善。根据刑部侍郎钱维城的奏疏,以往考取内阁中书,前经吏部定议,于会试荐卷内及钦取朝考引见未用人员

---

① [清]吴振棫:《养吉斋丛录》卷2,中华书局2005年版,第27页。

② 光绪《大清会典事例》卷353《礼部·贡举·中正榜》;光绪《钦定科场条例》卷52《选取誊录·附选取中书、学正、学录旧案》。

内挑取,这一做法都遵行在案。其中,朝考试卷,皆由皇上钦定,即便是所遗之卷,也都是曾经被引见过的人员,只是就中挑取,这是毋庸置疑的。"惟是荐卷一项,挑取字画须凭墨卷,而墨卷省分、坐号,向不弥封,榜发之后,下第举人坐号及曾经得荐,不难查知,或生希冀,致滋弊端",应如何解决这一漏洞?他认为:"请于发榜日,主考、房官填榜后,先行出场,知贡举及内帘监试,率同弥封官,将各房荐卷查出墨卷,逐一弥封,共计若干,用印封固,即日奏请钦点大臣阅取,共若干卷,先行奏闻。俟朝考引见后,一并挑足,带领引见,钦定名数,挨次录用。"①经礼部议覆,这一建议得以遵照办理。即,中书之挑取一般仅从房考推荐给主考的荐卷中选取,而这些荐卷皆墨卷,墨卷上士子的省份、坐号等信息都不弥封,容易滋生弊端,因此自乾隆三十四年起,将所荐之墨卷全部弥封,再交大臣阅取。

作为内阁中书,有撰文缮写之责,文理固宜明通,字画尤须端楷,因此,从前拟定于会试荐卷内挑取,亦属慎重之意。但是实际上,"第查各房荐卷,原以朱卷为凭,字画之工拙,本不能知",因此造成"多有落卷内字画堪以录

---

① 光绪《钦定科场条例》卷52《选取眷录·附选取中书、学正、学录旧案》。

取,因一二文艺小疵,未经呈荐者,今仅将荐卷一项挑取,殊觉未尽"。对此,应"将各举人墨卷,不分曾否呈荐,俱交知贡举弥封省分、红号,一并交阅卷大臣选取",最终仍由主考官定夺,虽然有人提议主考入闱匝月,十分辛苦,应另派大臣选取,其文字不无曾行阅识者,但考虑到各省举人出场后,誊写试艺,呈送父兄及同乡亲友评阅者,情所不免。而这时再另派大臣入场,即便所派大臣无瞻徇之心,或邀选录,亦未免涉嫌疑之迹。为了避免这一嫌疑,还是选择主考来定夺此事,因为"主考官系由特简,其子弟姻亲,皆遵例回避,且在场匝月,闱外之事,不曾与闻。应请即令主考官,于出场次日,赴宴谢恩后,仍即入闱,将各墨卷校阅,按数酌量选用"。场内还需"留内帘监试二员,外场御史四员,以司稽察;弥封官四员,收掌官二员,提调一员,在闱供事。其应用薪水,仍交顺天府酌量办理"。而所取之举人,俟进士朝考毕,方行引见。如果不拆阅试卷,晓示士子是否选入中正榜,只恐该举子认为自己已经下第,不能在京守候,而遗失引见之机会。因此,令阅卷大臣等将所取卷数,编定次序,先行奏闻,即行揭示,并缮写名单,移交到礼部,转行内阁、翰林院,俟进士朝考毕,一同带领引见,恭候钦定，交部录用。①

由上可知，乾隆三十四年，将中书的选拔仅仅限定于荐卷之内的做法加以调整，扩展至各举人墨卷，不管其曾否呈荐，一并弥封交由考官定夺。还有，一些士子会试落第后，虽然已经选入中书，但因并未公示，他们也无从知晓，随即返回原籍，而是否选入中正榜一般要等到新进士之朝考之后才能知晓，给选入中书的落第士子带来了麻烦，因此，允许先行公布其入选之名单，等朝考之后，与新进士一同引见。这一年，实际录取中正榜之程序如下：

> 主考刘纶等具奏，本月初十日会试揭晓后，遵照礼部奏准，在闱校阅酌取中书及学正、学录各卷，随经知贡举金甡，将举子墨卷省分、红号逐一弥封，送进内帘，臣边继祖、胡高望，亦即奉命至同贡院，会同悉心详慎校阅。查向例酌取中书卷六十名，谨就举子试卷内，择其字画清楚，文艺明顺者，拟取八十名，粘签进呈御览，伏候发下，监试御史臣硕善、李孔阳会同礼

---

① 光绪《钦定科场条例》卷52《选取誊录·附选取中书、学正、学录旧案》。

部，照例拆名揭示等因具奏。①

至于考取学正、学录，与中书一样，乾隆三十四年奉旨："派总裁等官，于会试落卷中，量取几名引见，以中书、学正、学录，分别记名。"②即，钦派大臣"于会试荐卷录取中书额数内，酌量宽取十数名，与中书一同带领引见，恭候钦定"。此外，"有年力老成、与课士相宜者，钦取七、八员，交与吏部，遇学正、学录缺出，照例挨次补用"③。

乾隆三十六年强调，"嗣后遇有会试后应行酌取中书等卷，仍著同考各官在闱随同正、副考官，分校录取，以昭慎重"④。乾隆三十七年，本年会试后，录取中书、学正等六十卷，恭请钦定中书三十名，学正、学录十名。然而，"查会试举子内，有中书、学正、学录、小京官等六十余名，此项人员，或现在供职，或需次铨补，俱系前次甄拔，业邀简用之人，自毋庸于落卷内再邀录取。况该员等既前经

---

① 光绪《钦定科场条例》卷52《选取誊录·附选取中书、学正、学录旧案》。
② 《钦定国子监志》卷31《官师四·铨除》。
③ 光绪《钦定科场条例》卷52《选取誊录·附选取中书、学正、学录旧案》。
④ 光绪《大清会典事例》卷353《礼部·贡举·中正榜》。

遴选，字画较工，在落卷内自易入选，若重复取录，徒占名额。"因此，"应请饬交知贡举于会试揭晓后，弥封落卷时，将现任及候补、候选之小京官等卷，逐一查明扣除，毋庸封送内帘办理，更归划一"①。这一年，礼部带领朝考入选、未用之进士八人，及拟取中书、学正、学录之举人等引见。得旨：

> 李桑、吕云从、宋镕、王照、陆湘、吴俊、章煦、毛上炱、汪日章、宋枋远、毛凤仪、吴锡龄、吴熊光、王庆有、张曾效、范来宗、冯培、程维岳、叶葰、沈恩湛、涂日焕、李荃、沈凤辉、李照、沈清藻、李威、吴璚、潘有为、朱绶、汪镛，俱著以内阁中书用。刘景岳、罗万选、常循、吴坦、陈木、张亮采、周铉、翁树棠、蔡必昌、谢登隽，俱著以学正、学录用。②

乾隆四十九年，因皇帝南巡，此次考取学正、学录，所有试卷免其进呈。③

乾隆五十五年，出现一个现象引起了高宗的重视，那

---

① 光绪《钦定科场条例》卷52《选取誊录·附选取中书、学正、学录旧案》。
② 《清高宗实录》卷909，乾隆三十七年五月癸丑。
③ 光绪《钦定科场条例》卷52《选取誊录·附选取中书、学正、学录旧案》。

第四章 清代科举落第制度中的安置政策

就是内阁中书一项,据吏部咨称,"现在候补者仅有七员,自本年至下届癸丑科,三年之内,恐不敷用,请照例于会试落卷内,录取三十名"。考察以往制度,录取中书,一般是在会试揭晓后,将未经中式的墨卷,送入内帘,交主考官阅取。分析以往定例,本未周密,具体表现在以下三个方面:其一,在移送落卷的过程中,需要拆阅弥封,查对红号,这一过程容易产生漏泄情弊;其二,考官阅看墨卷,笔迹亦易认识,这是又一弊端;其三,科举考试本属慎重关防之道,然此时会闱已经撤棘,复行甄录中书,各方面的关防措施自然不比会试期间。仅上述三个方面还不足以彻底否定中正榜,更重要的是,会试中式进士,引见归班者,十年方能铨选知县;而落第者录取为中书,转可即日得官,补缺后,六年俸满,可内用主事,外用同知,还比县令官阶大,易于升迁,这一现象,实在未为平允。因此,"著将落卷内录取中书及学正、学录之例,即行停止"。从此以后,中书的选用仅从进士出,具体方法如下:

> 俟带领覆试合式之新进士引见后,除已经录用之庶吉士、部属、即用知县外,其余归班进士,再交吏部,按照甲第名次,通行带领引见,俟朕记名二三十人,以中书录用,不记名者,仍行归班。如此,则考官无从滋

弊,而归班进士,添一录用之途,实属两有裨益。①

这一年的所有会试落卷,如未经挑取,竟可毋庸办理,即便已经录取,亦可不必。而且,嗣后如挑取学正、学录,也照此办理。

中正榜与明通榜都于乾隆五十五年戛然而止,在此之后的乾隆六十年,还有过一次赏给会试落第者内阁中书的做法,但其意义已不同于中正榜,可以看作是偶然之举动,具体如下:

> 据钦派大臣将覆校会试荐卷内文理较优者三卷进呈。朕披阅之下,诗文俱为清妥,未经中式,不免屈抑。除正副考官等业经交部分别严议外,所有选取之直隶举人徐炘、浙江举人傅淦、山西举人李端俱著加恩,赏给内阁中书,与考取候补人员挨次补用,以示朕遴拔遗才,恩施寒畯至意。②

乾隆六十年赏给会试落第者内阁中书的行为,较为特殊,而选中之徐炘、傅淦、李端尤为幸运,他们的试卷经乾隆皇帝亲阅后,得以从落卷中脱颖而出。然而这三人选入中书毕竟是偶然的举动。透过乾隆五十五年中正榜的废止和乾

---

① 《清高宗实录》卷1352,乾隆五十五年四月己未。
② 《清高宗实录》卷1477,乾隆六十年四月癸卯。

第四章 清代科举落第制度中的安置政策

隆六十年的赏赐,我们可以这样解读这段历史:清代科举制度发展到乾隆时期,已经非常完善,乾隆朝六十年,是清代的关键时期,当时清廷的整体状况正从发展的顶峰开始下降,科举制度自然也不例外。从清初至乾隆六十年,在这一百多年中科举取士早已成为定制,而且随着国家对科举考试的大力资助与扶植,全社会对科举日益重视,以及政治的稳定、经济的繁荣、土地制度的变革及人口的大量增加等因素,参加科举考试的人数越来越多。尽管国家通过各种途径不断扩大官缺,但是在官僚机器的运转中,人多缺少的严峻形势仍不容忽视。在这种情况下,即便是费尽一生之力考中进士的士子,也未能幸免于在等待官缺中慢慢老去的事实。然而因中正榜的推行,一些会试落第者选入内阁中书,位属机要,得以迅速升迁,这一现状对于中式之进士颇有不公,自然引起他们的不满。试想,此时在国家机器的运转中,本就有限的官缺连所有中式之进士都无法妥善安置,更何况落第之举人?统治者自然要优先顾及中式之进士。因此,乾隆五十五年明通榜与中正榜同时停止,这与清朝由鼎盛逐渐衰退的历史背景不可分割。我们只有将这一政策乃至整个科举制度的发展脉络放入相应的历史时段进行考察,才能得出相对可信而公正的结论。

从中正榜的确立脉络中可以看出以下两个特点:一,

中正榜创立之前，清初即已有例监、贡生、监生等生员及进士、举人参加专门的选拔中书的考试，到康熙六年例监考选中书停止，康熙三十四年贡生、监生等生员考选中书停止，至乾隆二十六年，生员阶层彻底没有了入选中书一职的机会，考选中书变成进士、举人的专途。而至乾隆五十五年，随着会试落第之举人也从其中排除出去，中正榜最终停止，失去了其作为科举落第政策的本质内涵，完全变成了进士的独享出路。这也反映了清代自乾隆朝以后，仕途之拥挤、得官缺之艰难的状况，在这种情况下，仍有对落第士子的安抚、安置政策，尤显珍贵。二，从考试的模式来看，清初选拔中书须另行举行考试，并由九卿保举，而保举自然就有"保大臣子弟者"[1]，而中正榜创立之后，这些程序得以简化为仅凭会试荐卷即可选用举人，并将进士朝考而未入馆选者也纳入其中，可以说中正榜的仕进出路逐步演变为参加会试的士子，包括考中会试的新进士（仅指朝考未入馆选者）和会试落第之举人的仕进出路。

任何一项制度的形成都有其特定的背景。中正榜确立的过程体现了清代官吏选拔制度的逐步完善，尤其是科举考

---

[1] ［清］戴璐：《藤阴杂记》卷3，上海古籍出版社1985年版，第40页。

第四章 清代科举落第制度中的安置政策

试作为抡才大典，是清代重要的选官制度，是为朝廷选拔人才充实到官僚体系中。随着它的逐步成熟，就中正榜而言，我们可以发现在科举考试中会试这一级，即确定了中书、学正、学录的选拔，从而省去了额外招考的麻烦，减少了官员舞弊的机会，节省了财政的开支，避免了人员的浪费。因此，科举制度作为清代典章制度中非常重要的一个组成部分，它在当时社会中所发挥的作用以及在各个领域产生的影响，仍然是值得我们长久地关注与研究的一个重大问题。

中正榜实行时间不如明通榜长，其影响亦不如明通榜大，然而中正榜毕竟为会试落第士子提供了又一条入仕的出路，其中不少选入中正榜者，后来留下专著，或成为一方要员，名留青史。如中正榜实行第一年即乾隆二十六年，江苏淮安府山阳县的阮葵生，即由会试荐卷选入中正榜，后来累官至刑部右侍郎。乾隆五十年二月，阮葵生五十九岁时，乾隆帝两次于西苑召见他，并对他说："汝父儒臣能文章，汝复长于政事，当益勉之！"四月即擢刑部右侍郎。[①]他一生治狱以明察平允见称于时，并参与《四库全书》中《西域图志》《同文书》的编纂，对新疆地理人文环境非常熟悉，

---

① 王泽强：《阮葵生年谱》，《淮阴师范学院学报》（哲学社会科学版）2006年第1期。

且擅工诗文，著有《七录斋诗文钞》及笔记《茶余客话》二十二卷，后者则尤为人知，所记内容十分广泛，包罗政治、科举制度、经济、史地、风俗、妇女、科技、文艺等各个方面，其中对清初之朝章制度、入关前后的建置及当时朝野人物言行的记录，均有较高的史料价值，为我们今天研究清史提供了宝贵的史料。而他的别辑《秋谳志略》，"规矩略备，中外言秋勘者依之，并比附历年成案，故秋、朝审会议，其持异特奏者，每不胜焉"①。阮氏家族科甲鼎盛，其祖父阮应韶为监生，其父阮学浩为进士，因热心资助当地教育事业，被地方贡入乡贤祠受祭祀，尤其是阮学浩创立专门捐资助学的民间组织"洒扫会"，资助当地贫寒士子读书仕进，阮葵生继承其父遗志，将"洒扫会"继续发展壮大，并出资在京城修建淮安会馆，以方便乡人、士子来京。阮氏家族为家乡教育事业的发展作出了不小的贡献，在山阳颇有名望，故阮氏宗祠门联云："一门三进士，七世两乡贤。"②根据清人梁章钜在《枢垣记略》中的记载，乾隆二十六年辛巳科中正榜，有四人选入内阁中书，官至侍郎、知府，除了

---

① 《清史稿》卷144《刑法三》。
② 王泽强：《阮葵生年谱》，《淮阴师范学院学报》（哲学社会科学版）2006年第1期。

第四章 清代科举落第制度中的安置政策

阮葵生之外,还有江苏上海人章棠,官至山东盐运使;顺天宝坻人王嵩柱,官至怀庆府知府;安徽歙县人洪朴,官至广平府知府。而乾隆三十四年己丑科中正榜,有十三人选入内阁中书,官至巡抚、御史等,如江苏无锡人孙永清,官至广西巡抚;江苏阳湖人陆瑗,官至温处道;江苏上元人王彝宪,官至庆阳府知府;浙江桐乡人沈启震,官至运河道;顺天大兴人范鏊,官至光禄寺卿;浙江钱塘人施光辂,官至叙州府知府;江苏长洲人蒋谢庭,官至山东道御史;直隶天津人王学海,官至陕西道御史;安徽桐城人张曾效,官至户部员外郎;江苏如皋人杨世纶,官至廉州府知府。乾隆三十七年壬辰科中正榜,有五人选入内阁中书,如山东福山人王庆长,官至福建按察使;浙江钱塘人汪日章,官至江苏巡抚。其中三人后来又考中进士,如安徽休宁人吴锡龄,于乾隆四十年中状元;江苏元和人冯培,于乾隆四十三年戊戌科中进士,由庶吉士改吏部主事,再入军机处,官至吏科给事中;浙江嘉善人程维岳,于乾隆四十五年庚子科中进士,官至山东道御史。①这里只记述了由中正榜选入内阁中书后,再进入军机处,从军机处得以提升官职的人,他们仅仅是中

---

① 〔清〕梁章钜、朱智:《枢垣记略》卷18《题名四·汉军机章京》,中华书局1984年版,第203—211页。

正榜中的一部分。尤其是状元吴锡龄,在乾隆三十七年壬辰科会试中名落孙山,被录入中正榜,三年后,在乾隆四十年乙未科,竟中状元。这对当时落第举人来说,有着重要的激励作用。实际上,受正榜名额限制,落第者中确实还有一批很有才华的人,而中正榜恰巧给他们提供了这样的机会,从此改变了命运。

又如,乾隆六十年中正榜废除之后,高宗钦定赏赐三名举人为中书,其中直隶举人徐炘,于嘉庆十九年二月由江南河库道调为江西按察使①,四月又由江西按察使调为湖南按察使②,至嘉庆二十一年三月,为陕西布政使③。纵观徐炘的一生,他的确非常幸运,在中正榜已经正式废止后,他会试落第,但因皇帝亲阅而得以赏赐中书,官至从二品,成为一方大员。他的经历虽说已不属于中正榜,但实际上与中正榜仍旧有着密切的关系,是中正榜的变异与延续。当然,在漫漫历史长河中,由明通榜、中正榜而登入仕途,并在历史上留下足迹,作出贡献之人不在少数,我们这里无法一一统计,仅选其中一二略作分析,以此反观中正榜等科举落第政

---

① 《清仁宗实录》卷285,嘉庆十九年二月丙辰。
② 《清仁宗实录》卷289,嘉庆十九年四月庚辰。
③ 《清仁宗实录》卷317,嘉庆二十一年三月癸未。

策对当时读书人所产生的影响，在当时社会上的作用。不论明通榜还是中正榜，都为会试落第举子拓宽了仕途，提供了具体而明确的出路，对于笼络落第士子人心有着不容忽视的深远意义。当然，这些都离不开对当时时代背景的考察，透过中正榜，我们得以更深地认识清代发展到乾隆时期特有的历史背景，自然对这一时期产生的科举落第政策也有了更进一步的理解。

第三节　挑誊录

本节所涉及的挑誊录，只是清代内廷各修书馆的誊录。所谓挑誊录，是专门针对乾隆年间大规模修书而从乡、会试落第的生员、举人中挑选字画匀净、可供钞录之人的政策，而非科举考试过程中执事员役的誊录生，即后者不在本节讨论范围之内。

一、挑誊录之沿革与发展

在乾隆朝大规模挑选誊录之前，清初即已有贡生、监生充当誊录的先例。顺治初年,即仿明制,监生坐监期满后,拨历部院练习政体,在各部院锻炼期间,他们应学习之政事非常多,当然也有诸多杂事,如从事缮写谱牒、国史、方略等工作。顺治十五年,"恩、拔、岁、副,咨部历满考职,照教习贡生例,上上卷用通判,上卷用知县。例监历满考职,与不积分贡生一体廷试。每百名取正印八名,余用州、县佐贰"。也就是这一年,"科臣王命岳以贡途壅塞,请暂停恩、拔、岁贡。于是坐监人少,难较分数"。康熙初年,停止拨历监生之制,只待监期日满,咨部考试,"用州同、州判、县丞、主簿、吏目"。此后,部院诸司无监生,故而只能"考选通文理能楷书者,送修书各馆,较年劳议叙,照应得职衔选用,优者或加等焉"①。康熙皇帝非常重视文化教育事业,首开武英殿书局。康熙十九年将武英殿左右廊房设为修书处,掌管刊印装潢书籍之事,由亲王大臣总理,下设监造、主事、笔帖式、总裁、总纂、纂修、协修等30余人,由皇帝和翰林院派充。康熙四十年以后,武英殿大量刊刻书籍,使用铜版雕刻活字及特制的开化纸印刷,字体秀丽工整,绘图完善精美,书品甚高。随着大量书籍的出版,对

---

① 《清史稿》卷106《选举一·学校上》。

第四章 清代科举落第制度中的安置政策

誊录的需求也不断增加。康熙四十四年,圣祖巡幸江浙,亲谕江南、江西总督阿山等:

> 内廷供奉诸翰林,虽皆善书,但朕勤心典籍,卷帙繁多,现在供奉人员,缮写不给,尔等出示传谕安徽、江苏举贡生监等,有精于书法愿赴内廷钞写者,赴尔等衙门报名。至浙江亦照此传谕,朕亲加考试,特谕。是年,考取举贡生监等诗字,浙江顾祖雍、顾宁远二人,苏州汪泰来等五十三人,江宁钱荣世等五人,均记名录用,并给白金有差。①

乾隆三年,从国子监选贡生做誊录,即"令国子监选正途贡生,年力少壮、字画端楷者十人,送武英殿备誊录,年满议叙"②。乾隆三十四年,经礼部侍郎王际华条奏,"武英殿缮写人员,即于吏部考取誊录内遴选,正途出身、书法端楷者咨送,停止本监咨送之例"。这一做法得以停止。至乾隆三十九年,根据《四库全书》馆总裁质郡王等人的奏疏,因虑及《永乐大典》内采辑散篇汇辑成部者,颇有堪以刊行之书,应行刊刻此项书籍,这样一来,则非另办副本不可,因此请于"国子监拣派内肄业贡生十名到武英殿,照现

---

① 光绪《大清会典事例》卷357《礼部·贡举·召试》。
② 《清史稿》卷106《选举一·学校上》。

在行走贡生例,专供校录刊本之用"①。嘉庆年间,将名额增加十名,此后不复行。

尤其在乾隆年间,随着开馆修书之多,所需誊录日渐增加,随之也产生了一些问题。其一,国家开馆纂修,典制綦重,自然在书成之日,誊录人员亦享有议叙录用之例。一些投机分子看重这一政策,于是在修书各馆誊录人员内,竟然有不能缮写之人。通常,这些夤缘而进者采取的办法是:在上馆之后,再转行倩募他人,以致承修各书,不能克期告竣。为此,考选誊录,即乾隆八年规定:"嗣后各馆汉誊录需人,亦应另派大臣秉公考取,其如何考核送馆录用,并现在各馆汉誊录,应如何查核之处,著该部定议具奏。"②嘉庆十二年,实录馆之提调施枬等,竟然私设公局,包写书籍。就此,嘉庆帝恭阅其父高宗皇帝在乾隆八年的圣训,并加以重申:

> 国家开馆纂修书籍,挑取誊录生,俾之从事笔札,迨书成之日,给予议叙以奖其劳,伊等得由此铨选,以为出仕之阶,立法之意,甄艺能而广登进,恩至渥也。乃积久弊生,渐以不谙文翰之人,滥厕其选,转募书手

---

① 《钦定国子监志》卷35《生徒一·员额》。
② 《清高宗实录》卷195,乾隆八年六月戊寅。

第四章　清代科举落第制度中的安置政策

代完功课……嗣后著通谕馆臣、各誊录,均由考校遴取,必无不能握管之人。凡有承领书籍,均责令亲身缮写,或遇课程紧迫,准其自行倩募,善书者,帮同趲办,不得任意包揽渔利,以朝廷奖劳恩意,转启冒滥幸进之门,庶名实相副,铨叙益昭慎重。①

其二,一些纂修人员,未能按时完成缮写任务,拖沓成风,致使编纂工作不能如期结项。各馆所修之书,理宜上紧纂辑,渐次告竣。但是具体实行过程中,人员怠忽成习,以致经历年久,率多未成,辗转耽延,而他们这样不过是借此多得公费,以资养赡。对此,乾隆九年规定:"嗣后除内廷所修各书,未经开馆者,不必稽查外,其余各馆,俱著稽察上谕馆之大臣,按月察核,倘仍前怠玩,责有攸归,其该管大臣,应如何稽查之处,著即定议奏闻。"经部议覆,明确规定了每人每日应完成之工作量:"除律吕正义馆、藏经馆、文颖馆,随领随写,与修书各馆不同,无庸稽查外,其余馆缮写汉文,请照明史纲目馆,每员每日,一千五百字;缮写清文,请照玉牒馆,每员每日,八百五十字;校对数目,请照实录馆,每员每日,二十五篇。再查明史馆、

---

① 《清仁宗实录》卷174,嘉庆十二年二月丙戌。

国史馆、三礼馆,每书一本,多寡不同,总裁阅定期日,亦属互异,请令各馆于每月初五日以前,将前月纂辑缮写校对各若干,详细造册,咨送臣等查核,如有稽延者,即行参奏。"①

二、挑誊录之特定背景

清朝在乾隆时期进入了兴盛时期,国家政治安定,经济繁荣,文化教育事业蓬勃发展。早在御极之初,乾隆帝本着"搜罗益广,则研讨愈精"的理念,"诏中外搜访遗书,并命儒臣,校勘十三经、二十一史,遍布黉宫,嘉惠后学,复开馆,纂修纲目三编、通鉴辑览及三通诸书"。正所谓"稽古右文,聿资治理",以便"垂范方来"。尤其是乾隆三十七年,国库充盈,社会稳定,文教兴盛,古往今来仍有很多著作"或逸在名山,未登柱史",正宜及时采集,"以彰千古同文之盛"。因此高宗颁布谕旨"命中外搜辑古今群书"②,纂修《四库全书》《四库全书荟要》等大型图

---

① 《清高宗实录》卷221,乾隆九年七月壬寅。
② 《清高宗实录》卷900,乾隆三十七年正月庚子。

第四章 清代科举落第制度中的安置政策

书,在全国范围内开展了大规模的搜集古今图书、整理古典文献。据统计,乾隆皇帝在位期间,官修图书达120多种,7000多卷,这还不包括《四库全书》和《四库全书荟要》等,如果再加上后者,其总数约在10万卷以上。这一数字,使得包括康熙皇帝在内的所有以编书而著称的历代帝王无不相形见绌。[①] 这一时期,官修图书发展到高潮,不仅修书种类多,门类齐全,卷帙浩瀚,且数量庞大,内容丰富[②],以彰显"我朝文治之盛"[③]。编纂图书的工作,自然少不了誊录,尤其是随着国家展开大规模的图书编纂活动,正常途径下录取的誊录已远远不能满足需求,因此从生员、举人中挑誊录这一措施出现在《四库全书》开馆之后,则更不足为奇了。

---

① 王戎笙主编《清代全史》第四卷,方志出版社2007年版,第97页。

② 当然,伴随《四库全书》的编纂,也查禁并销毁了许多古代典籍,同时又是中国古代历史上一次继秦始皇焚书坑儒以来的一场文化浩劫。关于这个问题,不是本书的重点,故而不在讨论范围。

③ 《清高宗实录》卷963,乾隆三十九年七月丙子。

三、挑誊录之实施

乾隆四十二年，正式展开《四库全书》《四库全书荟要》的编纂工作，仅这两处所用之誊录约计六百余名，而应行缮录之书籍非常之多。况且上届甲午科即乾隆三十九年京闱乡试时，曾于落卷中挑取补用。现在又届乡试之期，而明年，誊录中即有五年期满、应行议叙开缺者，均须随时顶补，因此，这一年乡试，应像为筹备一些誊录生。对此，乾隆帝颁布谕旨："著于发榜后，将未经取中之南、北、中皿及贝字号墨卷弥封，详慎翻阅，择其字画匀净，可供钞录者，皿字号，挑取八百卷；贝字号，取六百卷，交与吏部，按照名次，拆卷填注。"①如果所选人员内有本系誊录，则即行扣除，其余人等俱出榜晓示，注册挨补。即对于那些本就因落第而选入修书馆作誊录的人来说，遇到乡、会试年依然可以参加科考，如果再次落第，则不必挑作誊录，而应行扣除。对于那些告假者或不愿充当者，亦听其便。将这些乡试落卷内选出的一千四百名士子之卷，交钦派大臣梁国治、阿肃，"于发榜后，同原派出之同考官阅看"②。

---

① 《清高宗实录》卷1037，乾隆四十二年七月戊子。
② 《清高宗实录》卷1039，乾隆四十二年八月甲寅。

第四章　清代科举落第制度中的安置政策

嘉庆三年，方略、国史二馆办理书籍，现在应用誊录，经该馆陆续咨取到部。然而，查上次考取誊录，"除告假等项外，俱已用完，无从咨送"。因此，在本年戊午科乡试之期，仿效乾隆三十九年甲午科和四十二年丁酉科之例，从顺天乡试荐卷内，调取墨卷，"令正、副考官率同房官，南、北、中皿并贝字号内，秉公校阅，择其字画匀净，可供抄录者，酌取一百二三十名，于墨卷面上拟定名次，交与吏部拆卷，按照名次填榜，出示晓谕，照例挨次咨送"①。

嘉庆四年，将誊录之挑选扩大到举人群体。按定例规定，考取誊录，举人、贡、监均准考试。但查乾隆三十九年、四十二年及嘉庆三年，皆从顺天乡试内挑取，止系贡、监生员，对举人来说，未免向隅。此时，兵科给事中甘立猷也奏称："现在恭纂《高宗纯皇帝实录》，暨补行恭缮《五朝实录》，所用誊录较多，请就会试落卷中字画端楷者，酌量挑取备用。"因此，在这一年挑取誊录中，也将落第之举人纳入选择范围之内，"先将朱墨卷省分弥封，再照戊午科乡试挑取之例，令正副考官率同房官，择其字画端楷者，秉公挑取，于墨卷面上拟定名次，咨送吏部，拆封注册"。既

---

① 光绪《大清会典事例》卷353《礼部·贡举·挑誊录》；光绪《钦定科场条例》卷52《选取誊录·例案》。

然举人与贡、监生均系应考誊录之人，那么这次挑选誊录，应将两者合为一班，其中举人的名数较贡监少三分之一，毕竟举人相对贡、监生，其出路还是比较广的。因为誊录之挑选并无定额，只是根据各馆修书之需要，吏部查明候补誊录人数多寡，于每届乡会试时，就应否挑取誊录，请旨遵行。既然落第举人也可被选入誊录，那么他们做誊录期满后应如何议叙，自然不同于贡、监生，为此，朝廷也制定了详细的规定："例以知县录用，会试人数，较之乡试亦多寡悬殊，应比照乡试人数，减为三分之一，挑取四十名，以昭慎重。"①

嘉庆十一年，《清高宗纯皇帝实录》之正本已经编写至乾隆六十年，现赶缮各处尊藏正本及圣训正副本，需用誊录四十名。就此，给事中曹锡龄奏请，将会典馆之誊录派送到实录馆为用，因为会典馆每月只进书十五本，所用誊录三十名，似多闲旷，而此三十名内有考班充补，请将考班裁去一二十名，咨送实录馆。这一奏折被嘉庆帝否决，究其理由，主要有如下三点：首先，实录馆誊录之议叙本优于他馆，如果将已经在会典馆当差的誊录，乘实录将次告成之

---

① 光绪《钦定科场条例》卷52《选取誊录·例案》。

时,拨往实录馆,对这些所拨之人来说是捷径,有限议叙,但对于那些未拨者必然不公,这些誊录生势必纷纷求请,辗转更换,如此一来,则混乱不堪。而且会典馆仍须分缮正副本,将现充誊录裁减似为不妥。其次,实录馆现需四十名,而未补之考班只有三名,即如该给事中所奏,将会典馆考班誊录咨送一二十名,人数仍属不敷,在这种情况下,必然将挑取者一并传补,所办亦不划一。最后,根据定制,乡、会试挑取誊录,均由荐卷挑选,择其文理较优,字画亦属端整者,如果不按此执行,仅将现有誊录在两馆之卷补用,对这些科场落第士子,难道不是"弃置淹抑,不令充补"而断送了他们的一条仕进出路吗!因此,对落第士子实属不公。

嘉庆帝充分阐述这一奏折不准行的理由之后,深入事件本身,分析其产生的根本原因:"看来此事必系会典馆誊录,因实录告成在迩,可以速邀优叙,遂尔百计营求,希图更调,或系觊觎考试之人,从中怂恿,而该给事中受人请托,率为此奏,殊属挟私不晓事体。各馆传补誊录,皆因适值乏人,其议叙迟速,自有该馆定例,似此任意转移,显开侥幸之门,此风断不可长,该给事中所奏著不准行。"①

---

① 《清仁宗实录》卷159,嘉庆十一年四月辛巳。

咸丰六年，据吏部具奏："查举人誊录，现在赴部验到者只有一人，遇各馆传唤，不敷咨送。"因此在这一年的丙辰科会试时，于会试荐卷内，"先将朱墨卷首弥封，令正、副考官于满洲、蒙古、汉军、汉人未经中式荐卷内，秉公校阅，择其字画端楷者，酌取四十名，于墨卷面上拟定名次，交与吏部核对拆卷，按照名次填榜"①。

光绪十五年己丑科会试，李鸿藻为正总裁，他欲取中天津辛元炳，结果误以许叶芬荒率之文为辛，置第一。相反，辛文实充畅，竟抑置誊录。②虽然，这是一个不公平的科场事件，但通过这一记载，我们可知，挑誊录之政策至少在光绪十五年己丑会试时仍在贯彻。

清代从乡试、会试荐卷中选取字画匀净、可供钞录者充当誊录，尤以乾隆朝为盛，这与当时特定的时代背景不可分割。从乾隆三十九年至嘉庆三年，实行的三次挑选誊录，皆面向顺天乡试荐卷的贡、监生员人等，而自嘉庆四年始，挑选誊录的范围扩大到会试荐卷，使得一部分举人也得以挑

---

① 光绪《钦定科场条例》卷52《选取誊录·例案》；光绪《大清会典事例》卷353《礼部·贡举·挑誊录》。
② [清]徐珂：《清稗类钞·考试类·己丑会试错认颜标》，中华书局2003年版，第674页。

选誊录,并有叙议的机会。结合之前的明通榜、中正榜,我们发现,随着科举考试之兴盛,全社会之关注,士子人数日益增加,相较有限的官缺,举人的出路逐步减少,原来可以选授中书、学正、学录或知县、教职甚至直接廷试的机会越来越少,一些原本属于举人的机会竟然被那些顺利通过会试之进士独享,会试落第之举人也逐步参与到原本属于贡、监生员的誊录挑取中来。纵观上述科举落第政策的演变,不难发现,仅凭现有的落第政策是无法解决所有问题的,甚至其中一些政策在执行过程中又造成了新的矛盾,产生了新的问题。但是,落第政策毕竟是为了解决落第士子的出路而制定的,从这一点来讲,其出台亦无可厚非。尤其到清代中后期,科考人数越来越多,竞争越来越强,科场仕进之途日益艰难,最终导致科举考试这一为国家官僚机构选拔人才的制度不堪重负,滋生出许多问题,这也是科举制度走向灭亡的众多原因之一。

第四节　举人大挑

举人大挑是清代科举落第政策的重要内容之一,始于乾隆十七年,它是专门针对那些参加过几科会试却仍旧落第的举人,由王大臣等钦派官员拣选,一些年龄适中,兼具才华者担当县令、教职与河工等官职。具体来说,一般"大挑一等,以知县用,分发各省;二等以教谕回本省补缺。其未挑取者,可考宗室、景山各官学教习,或国史、实录各馆誊录,得保举简放"①。举人大挑是一项专门为解决落第举人仕途出路的积极措施,它在实行的过程中不断完善,尽可能地为落第举人疏通仕进通道,切实地为他们提供具体的政治出路,有效地满足了落第士子希冀入仕的需求。它的实行时间较长,在清代产生了非常广泛而深远的影响。

清初,满族统治者定鼎中原,面临人口数倍于自己的汉族,亟需治理国家之人才,清代科举考试在继承明朝科举选拔制度的基础上,又有所发展。清代通过岁贡、选贡等方式选拔全国之优秀生员入国子监学习,期满考核合格之后,即可授职,步入仕途。而举人的出路有三,除了其正常的赴吏部注册,等待铨选之外,其一为拣选,即那些参加过三次会试依然落第之举人,可由吏部拣选为知县或者教谕。其二为截取,即举人在中式三科后,还有截取之例,令各督抚于接到部文之日为始,定限一年内,行文州县,调取验看,那

---

① [清]刘禺生:《清代之科举》,载《世载堂杂忆》,中华书局1997年版,第11页。

些"年力尚健,堪膺民社者,给咨赴部候选,如精力已衰,情愿改就教职者,准其在本省呈改教职"①。发展到乾隆时期,海内太平,政治安定,文教兴盛,参加科考之士子人数也随之倍增,仅靠拣选和截取,已经无法满足日益众多的举人的出路。于是,乾隆十七年,出台了举人大挑之政策,六年一挑,在《大清会典事例》中是这样定义的:"凡会试后,奉旨举行大挑,礼部查造清册,咨送吏部,奏请钦派王大臣,于各省举人内,公同拣选。一等者以知县试用,二等者以教职铨补。"②无论何种方式,对于会试下第之举人来说,都是为了使他们早列仕版而开辟的途径。

一、"举人大挑"的历史渊源

清初,举人入仕的途径为"拣选"。依惯例,礼部组织天下士子参加科举考试的选拔,之后由位居六部之首的吏部挑取引见,分派安置。顺治九年,山东道监察御史王

---

① 光绪《大清会典事例》卷43《吏部·汉员铨选·截取候选官员》。
② 光绪《大清会典事例》卷353《礼部·贡举·举人大挑》。

秉乾奏请，"将进士、举人、贡、监，分班掣选，疏通铨法"。至于拣选举人，则"以会试三科为限，以隆作养，省淹候"①，即连续三科会试未中式的举人可以参加拣选，并以此入仕。之后，随着江南地区的逐步稳定，清政府也有余力照顾到边远地区，为了更好地安定、笼络远省士子之心，顺治十五年，在政策上对这些地区皆有倾斜，俾远省士子入仕之机会多于直隶等近省，遂制定新的拣选条例，以达到稳固人心，安定统治的作用。其内容为：

> 旧例举人会试三科，乃准拣选，就教者不拘年分。今将远省举人，酌议仍旧，其余直隶近省举人，会试五科，方准拣选。会试三科，方准就教。②

这就是说，边远省份的举人三科未中即可参加拣选，而其余直省的举人则需五科后才有资格。显然，这与当时边远省份取中进士之人少于内地是有关系的。

康熙三十七年，据湖广道御史李登瀛奏请："直隶、山东、河南、山西、江南、浙江、江西、陕西、湖北等处举人，会试五科不中，方许拣选，又需次数年，始得补用。"以上这些省份的举子，必须参加会试五科，粗略估算，就按

---

① 《清世祖实录》卷66，顺治九年七月戊寅。
② 《清世祖实录》卷117，顺治十五年五月戊申。

一科都不耽误,连续参加会试五科来算,那也得十五年的时间,即便中间有恩科等加科在内,最少也得十年,也就是说,这些用了十余年的时间连续参加五次会试而依然落第者,才有拣选的机会。至于何时能够真正补到具体职位,则没有定期。因此,李登瀛建议"请酌减科分拣选,使得及时效力"。这一建议得到朝廷的采纳,从此以后,"直隶等九省举人,会试三科不中,准其拣选知县,一科不中,改就教职者,以州学正、县教谕补用"①。

雍正二年,远省州县员缺也出现了一些新的问题:按照旧例,一旦有员缺,即由吏部选月官领取凭证,再去当地赴任。随之产生的一种情况是,每每出现员缺到选好官员去当地赴任,中间需要好几个月的时间,甚至悬缺日久,署印却屡易其官,造成地方上州县官员出现空档,也给当地百姓带来诸多不便,致使政事也有贻误。因此,雍正帝提出:"将拣选举人,选期尚远者,挑选命往各省。听候缺出,委用署事。至应选时,仍来京候选,庶远省署事,不致乏人,于吏治有益。"这一旨意命吏部商讨后,定议具奏如下:

---

① 《清圣祖实录》卷191,康熙三十七年十一月丙戌;乾隆官修《清朝文献通考》卷48《选举考二·举士》,浙江古籍出版社2000年版,第5309页。

> 会试后下第举人,应取具同乡京官印结,吏部拣选引见,发往云、贵、川、广五省,委署试用。如果才守兼优,著有实效,该督抚保题,于本省补用,平常者,咨部请旨,有情愿会试者听。从之。①

雍正五年,世宗令吏部会同九卿,拣选下第举人,带领引见,开创了榜后拣选举人之例。雍正帝将这些下第举人分发各直省,以州县委署试用。并展开长文论述州县官于整个国家吏治中的重要性,所谓"守令乃亲民之官,关系百姓之休戚,故得其人,则民生被泽,而风俗日淳;不得其人,则民生受累,而风俗日薄"。毕竟,督抚大吏掌管一方,其耳目心思之所不能遍及者,则需县令体察经理,因此,选用有猷有为有守之人,布散各地,以其一人之精神力量贯注于一邑,则可补督抚大员所不能及者,如此一来,自然民生丰裕,风俗淳厚,天下安定。这正是雍正帝所称其自御极以来,夙夜孜孜以求的。然而,以往选用县令,"多循资按次,照例选用之员,故其中庸碌无能者有之,年力衰惫者有之,少不更事者有之,以致苟且因循,贪位窃禄,诸事圅冗,职掌废弛,此等之人,尚不能顾一身之考成,岂能为地

---

① 《清世宗实录》卷22,雍正二年秋七月庚戌。

第四章 清代科举落第制度中的安置政策

方之凭藉乎"？这一年正值会试，天下举子，齐集京师，其中必有才品兼优之士，因此，雍正帝命吏部特加遴选，畀以县令之任，并颁谕旨，对他们寄予很高的期望：

> 朕之所望于尔等者，不仅在于办理刑名，征收赋税，了簿书期会之责而已，必须实尽父母斯民之道，视众庶为一体，刚柔相济，教养兼施，化浇薄而为醇良，惩奸邪以安善类。古称爱民如子，此语最宜体会，父母爱子之心，未有不教之以正者。县令果视民如子，岂有优柔贻害，姑息养奸，行妇人之仁，忘圣贤之义，而可谓之痌瘝保赤者乎！……守令之于民，果能潜移默化，使闾阎习为固然，而泯其感颂之迹，斯不愧父母之称，而媲美古之循良矣。绅士居乡，傥有违理肆行之处，令有司约束之者，无非欲其同归于善，并非令地方官有意摧折之也。尔等莅任后，于绅士之品行端方者，则当加意敬礼，以树四民之坊表；其小有过愆者，则劝戒之，令其悛改；其不可觉悟，不可宽宥者，则置之于法，以警其余。如此，则赏罚公明，舆情悦服，而观感兴起，比户可封矣。尔等身叨乡荐，皆以古之孝廉相比拟，何

以克副此"孝廉"二字。①

而且，对于这些刚刚下第之举子，如按照常例，其拣选之期尚远。但此次经雍正帝破格遴选，授以官职，他们自应怀着感恩图报之心，人人自奋。况且雍正帝一再表明，治理国家是依赖于他们的。会试落第之举人能有这样的机会，担当地方父母官，教养斯民，移风易俗，其责任实在是重大。

雍正六年，浙江总督李卫疏奏："遵旨拣选举人，题补教职。今选何玉机等九十员，分别科分名次，遇缺咨部补用，岁底汇题。"而雍正帝认为，虽然教职非州县官可比，但也属于职守官员，不应有年终始行汇题之理。因此，规定"嗣后补用教职人员，著每月一次具题，永著为例"②。

雍正十一年，对云南、贵州、广东、广西、四川、福建六省举人，多有照顾，因他们赴京会试，路程遥远，其一路之艰辛困苦非近省可比。雍正帝下令在这六省的下第举子内，除了愿意参加下科会试者，不必报名之外，"若有情愿小就，以图即行录用者，著在礼部报名，一并交与派出之大臣、主考官拣选，奏闻请旨"③。这一谕旨令该部豫行出示

---

① 《清世宗实录》卷55，雍正五年闰三月乙丑。
② 《清世宗实录》卷68，雍正六年四月乙巳。
③ 《清世宗实录》卷129，雍正十一年三月丙戌。

晓谕六省举子知之。这一科定会试中额三百三十名，其中云南、贵州、广西、广东、四川、福建六省共计六十七名①。最后，从六省选出了五十卷，分别奏闻。

乾隆元年，高宗登基伊始，继承世宗时期的拣选政策，于当年三月颁布谕旨，"拣选云南、贵州、广东、广西、四川、福建六省，下第举人录用"②。乾隆朝前期，政治清明，国库充盈，百姓生活安定，文教兴盛繁荣，国家积极支持与鼓励读书人参加科举考试，早入仕途，为其统治服务。如乾隆二年三月，大学士张廷玉、左都御史福敏为正考官，而这一年参加会试的举人较往年为多，张廷玉是这样记录的："是科多士，云集辇下者，较曩时为盛。上科应试者四千五百数十人，今则增至五千四百余人。"③由是可知，参加科考的士子人数倍增，而录取之中额有限，必然有大量的士子失意于科场，自然亟需朝廷各方面的安抚与安置。

乾隆九年，尚书讷亲奏《请举人分部学习疏》，其中再次讲到州县官之重要："州县为亲民最要之官，任兼教养，督抚与之共治一省，司道府之表率纠稽，皆以牧令为政教之

---

① 光绪《大清会典事例》卷350《礼部·贡举·会试中额》。
② 《皇朝通典》卷20《选举制三·文选》，文渊阁四库全书版。
③ ［清］张廷玉：《澄怀主任自订年谱》卷4。

所由起也,一州一邑之事,宜无不周知"。然而,讷亲此次奉差外出,于沿途经过之州县,询问州县官以地方事务,竟有茫然不晓者。再仔细问其出身,原来多系远科举人。这些人或精力就衰,或见闻本陋。具体推算起来,"远科举人,需次常二十年,去拣选之日已甚久,月选后,分别员缺繁简调补,督抚察其能否称职,或奏请改教,或参劾降调,然亦须待至一年半年后,始能试看得实。而此际之事务废弛,已属不少,且更换一官,新旧委署之间,交代纷繁,官经数易,民不相习,均于吏治有妨"。可见从举人中拣选州县官之大概了,而政通人和之吏治仰赖于这些州县官,所谓"姑息在一人,则贻误在一方",因此不得不筹划变通。

因此,他建议恢复举人分部学习之例:

> 查从前举人有分部学习之例,后经部议,以部中事务与外省州县不同,诸凡钱粮、刑名、催科、听断之法,自须因地制宜,随时变通,非必在部行走,方可学习等因,停止在案。窃思部务与外省体制,虽有不同,而所办即系各省之事,其理无不可通。学习人员即不能实有谙练,而出入闻见之间,自必知识渐开,举动稍娴,其于服官之资,不可谓其无益。

虽然这些选上之举人,是经过本省督抚验看咨部后,方准以知县选用。但是在实际上,"县定例,不用本省,从前

第四章 清代科举落第制度中的安置政策

督抚，多因无关所属吏治，姑为优容，且距验看之时已经年远，未可遽为凭信"。因此，他建议暂停铨选：

> 行文各省督抚，将现在届选举人，情愿领咨赴部者，再行加意拣选，年力尚强，人才可用，方准给咨赴部，臣部覆加验看，签派各部学习行走。其已经在部投供之举人等，亦暂停铨选，令九卿验看甄别，分部学习，均于一年期满之后，如才具可用，该堂官出具堪胜县令考语具奏，仍交臣部按其科分、名次，照例选用。其有科分在前，期满在后，并科分在后，期满在前者，统归各本科挨次铨选。如遇外省需人，臣部即将项内举人，一体拣选引见，发往该省，准其酌量题补，并请嗣后定于各省举人，应选科分之前二年，臣部行文各督抚，照例陆续拣选送部，分派学习，期满具奏，咨部选用，其不入拣选，不称保奏之人，俱以学正、教谕铨选。有情愿告降训导者，准其告降……既各称其才能，教职亦悉尽其官守，庶牧民教士，均属得人，而国家设官分职之意，亦尽收实济矣。①

乾隆九年，以往会试榜后拣选举人之例在实践中出现了

---

① 讷亲：《请举人分部学习疏》（乾隆九年），载贺长龄辑《皇朝经世文编》卷17。

一些问题。其一,人才之选拔本就是个非常复杂的过程,如以往于会试榜后拣选,不过一经验看,凭年岁状貌确定。这样一种定衡去取之法,很难保证入选者必是循良。一个人的才具本就不是一望而知的事情,更何况人心道术则更非外观所能认定的。其二,这一年正逢会试之年,士子云集京城,参加初次拣选的会试落第之举人必然很多,如果直接拣选,恐怕淘汰者太多,对于其他举子来说,未免绝其上进之望,而且这样也并非鼓舞人材之意。其三,落第举人向来是在月选之后,原有九卿验看之例,引见之时再由皇帝亲定,量材改调,或补教职,或令休致。这一区别本是很简单的,临时可定,没有必要提前拣选。为避免这些问题的再次发生,这一年十月,朝廷决定停止榜后拣选举人之例,今后"惟令九卿秉公验看,详慎去取,勿徇情面,勿事姑容,俟朕于引见时,再加酌定,自不使庸材滥司民社,而吏治亦可收得人之效矣"①。由此可见,在拣选落第举人的过程中,九卿等大臣的职责至为关键,毕竟这一决定权是由皇帝钦定下放为九卿决定,其验看人才的责任倍增。

第二年即乾隆十年正月,高宗敕令"停止榜后预行拣选

---

① 乾隆官修《清朝文献通考》卷50《选举考四·举士》,浙江古籍出版社2000年版,第5326页。

第四章 清代科举落第制度中的安置政策

举人分别去取之例",三月命礼部,于会试榜发后,将落第举人之试卷封贮,再请旨钦派大臣秉公阅看,选取其中之优异者畀以司铎之任。① 其中年龄在八十岁以上者,另外带领引见,高宗亲加赏赐。九卿于验看月官时,本应详加甄别士子,尤其是那些拣选任命为州县官者,更应慎加选择,方于地方有益。四月,当高宗亲见引见的月官时,发现如周仲、郑铎、康诰谋、柴天禄等人,皆年力衰颓,人亦庸懦糊涂,如此则必不能胜司牧之任。为此专门降旨,令其改补教职。乾隆皇帝不禁质问九卿等官员,身为九卿,本应辅佐皇帝办理庶政,尤其事关用人,更应细心谨慎为是,毕竟用人尤为行政首务,"若将此等衰懦之人,令其赴任视事,是姑息者在一人,而贻误者在一邑,九卿独不悉心权衡乎!"② 下旨严厉饬行之。

历来每科会试,中式者少,而落第者多,这些从全国各地来的举人满怀雄心壮志,齐集于京师,然而他们中的大部分人只是会试的参与者,如匆匆过客,来来往往于京城却落寞而归,即便其中的幸运者可以得到拣选的机会,或者用为知县或者教职。然而这不是士子所能左右的,而且这种拣选

---

① 《皇朝通志》卷73《选举略·选举制二·举官》。
② 《清高宗实录》卷239,乾隆十年四月庚申。

方式,也不会顾及每个省,远远不能满足广大落第士子要求仕进的需求。在具体的拣选过程中,朝廷体察了士子上进之苦心,了解了士子民心之所需,也积累了丰富的实践经验,在操作程序上不断完善,这些都为乾隆十七年举人大挑政策的出台做了重要的铺垫。

二、"举人大挑"的实施

乾隆时期,正值清代政治、经济、文教等各个方面兴盛繁荣之时,国家广开仕途选拔人才,并且对落第士子日益关注,相关落第政策不断出台,不断完善,一方面反映了当时科举社会的需求,另一方面也是朝廷对士人之恩惠,所谓"我皇上立贤无方,不拘资格,既念中额有定,予以及时自效之途,加惠已属极渥,复破常格优予部僚,诚为士人之希遇"[①]。乾隆十七年九月,正值高宗之母即圣母皇太后六旬万寿,特开恩科,并命拣选下第举人,遂颁布谕旨:

> 今岁万寿恩科,各省计偕云集,而中额所收,例有

---

① 《皇朝通典》卷20《选举制三·文选》。

第四章 清代科举落第制度中的安置政策

> 定数,其下第举子中,有年力才具可以及时录用者,特予格外加恩,拣选引见,分别以知县试用,教职铨选,俾得早列仕版。目今巡幸塞外,若俟回銮再行拣选,未免守候需时。著在京总理事务王大臣,及协办大学士阿克敦,尚书舒赫德、刘统勋、孙嘉淦,于会试揭晓后,即行会同拣选。大省四十人,中省三十人,小省二十人,候朕回銮,以次引见。其年在七十以上,难以复图进取者,并著该部查明具奏,候朕酌量加恩。仍豫行晓谕各举子知之。①

此次经王大臣拣选下第举人,后称"大挑"。其中"以元克庄等六人分部学习;余以知县试用,教职铨选,分别录用等"②。自此以后,各省参加会试的落第举人,有了固定的名额比例,大挑为知县或教职,从而步入仕途。由此也开启了"举人大挑"之法。

乾隆二十六年,恭遇皇太后七旬万寿,普天同庆,故又一次特开万寿恩科,继乾隆十七年之后又一次对落第举人进行大挑,具体如下:

> 所有未经入彀举子,应照前例,一体加恩,按其

---

① 《清高宗实录》卷421,乾隆十七年八月乙卯。
② 《皇朝通典》卷20《选举制三·文选》。

科分、名次先后为序，派出大臣，详慎简选，择其年力壮盛可以及时录用者，大省四十人，中省三十人，小省二十人，带领引见，分别以知县试用，教职铨补，不得专取年少新科之人充数。并著军机大臣，会同该部，查明应试举子中，有年在七十、八十以上者，于揭晓后列名具奏，候朕加恩降旨，以普慈恩而光盛典。该部即遵谕行，俾众举子共知之。①

举人大挑政策，在实际贯彻中往往不尽如人意，其中最明显的问题就是，举人大挑到真正授职期间需要的时间太长，导致仕途壅积。虽然举人在会试榜后即有大挑的机会，但真正能够授职，动辄需要三十余年，正所谓虽然在人生壮年时期得到入仕之机会，但却不得及锋而用，而晚遇者年力益复就衰，一想到此，深为轸惜。查看以往历科考试，通计各省知县，共一千二百八十五缺，按照十年计算，加上恩科，参加考试之人多达五千余人。然而这十年间所铨选的幸运者，不及五百人，除各科会试中式外，其曾经拣选候选者，尚余数千。加之直省知县员缺，本就有限，即使一时概行铨用，亦属缺少人多，于是经久愈多，遂成壅积。何以疏通壅滞举人大挑，使其确实为落第举人带来实惠，已然摆在

① 《清高宗实录》卷634，乾隆二十六年四月乙亥。

第四章 清代科举落第制度中的安置政策

了统治者面前,成为一个迫切需要解决的问题。其二,向来是由吏部截取举人,一般由各省督抚咨送。然而督抚等官员往往意存姑息,不加甄别,不加细审,导致选出之举人到部选得缺后,经九卿验看,才发现竟是一些不堪任县令的衰庸之人,于是再命令这些人改补教职,在这种情况下,督抚往往为了博得宽厚之美名而姑息这些已经选上的衰庸之人,使得这些本已衰迈之人,风尘仆仆于道途而终归无益,"所谓爱之实适害之也"。

乾隆三十年,经九卿等议定,解决举人铨选之途壅滞的办法如下:

> 各省举人约一万有余,每科会试不过四五千人,今奉恩旨挑选,明岁来京会试者必多,难概令就挑,从前壬申、辛巳两科会试后挑选,新科举人不与,今拟再扣一科,壬午、乙酉两科,俱不准就挑。至现任教职,来京会试举人,向准就挑,查该员已登仕版,俸满可升知县,且截取时,仍得归班铨选,应毋庸与挑。通计各省知县,共一千二百八十五缺,此内升调遗缺,准挑选人员题补,乾隆十七年并二十六年,挑选分发举人,二年余均即用完,明岁就挑人多,数应加增,前次大省四十员,应加二十;中省三十员,加十五;小省二十员,加十;各带领引见,请旨以知县教职分用,其分发知县

者，约计不过十之五六，各省陆续请署请补，不至壅滞。①

一则扣除新科举人不参与，二则加大挑选名额，事实上，这一年将大挑的名额增加为"大省一百八十名，中省一百二十二名，小省七十六名"②。

解决第二个问题，需要针对各省督抚，要求他们在挑选时更加负有责任心，于举人截取领文时，留心验看，"如果实在精力已衰，难膺民社者，或该员情愿就教，即于本省呈改，以省跋涉之劳；其有自揣耄龄，不愿就铨者，并令汇册咨部，请旨酌给职衔，以慰其寒窗绩学之志"③。即：

> 嗣后各督抚于接到部文日，定限一年，行文调取各举人，据实验看，其年力尚健，堪膺民社者，给咨赴部候选；愿就教职者，准在本省具呈；若年在七十以上，不堪供职，免其调取验看，该督抚题请赏衔，举人已经拣选，原系候选知县，应从优以中书科中书、大理寺评事、太常寺博士等衔，由吏部掣定，奏请赏给；其已经

---

① 《清高宗实录》卷747，乾隆三十年十月辛酉。
② 光绪《大清会典事例》卷353《礼部·贡举·举人大挑》；《钦定科场条例》卷52《举人大挑·附载旧例》。
③ 《清高宗实录》卷745，乾隆三十年九月庚子。

截取,愿得职衔者,亦照此办理。①

这样一来,会试落第举子本就壅塞的拣选之途得以疏通,今后大挑举人,应于会榜后,"特派大臣,分别挑选引见,量其年力才具,及时录用。其有科分已深,非因丁忧事故,自分年老才庸,不愿赴京会试者,亦听其自便;其作何给予职衔,如何挑选录用,及选班中更有如何可以疏通之处,著大学士九卿,会同详议以闻,副朕体恤寒畯,及时登进群才至意。"②

乾隆三十一年,因刚刚解决了举人积次壅滞的问题,这一年丙戌科会试,"士子闻风踊跃,云集京师,视历科应试者为数倍多。若循例于榜后始行拣选引见,则伊等守候需时,未免艰于旅食,朕心深为轸念"。因此更改原来榜后始行拣选之成例,为月内定期拣选,并列为三等。考虑到士子引见时若由城内往返于圆明园,则车马劳顿,也对其无益。因此,"其应行引见者,候朕于时享常雩斋戒进宫时,即行分别带领引见,亦省其赴圆明园车马往来之费"。而且,在这些入选人员内,有榜发中式进士者,他们本来有简擢甄录之途,而那些挑选未入者,在下第后即得遄程归里,而不致

---

① 《清高宗实录》卷747,乾隆三十年十月辛酉。
② 《清高宗实录》卷745,乾隆三十年九月庚子。

久滞都门，于寒士尤为有益。对于原来按照省份之大小而给定的大挑举人人数，虽然有所增加，但核计止七百余人，且限于成格，为数不多，应广为挑选。"其列在一、二等者，统以二千人为率，分别简用；其年逾七十以上者，著查明具奏，候朕酌量加衔，俾得普被殊恩，各遂其弹冠庆幸之志，副朕体恤士林、乐育群才至意。著派简亲王、裕亲王、諴亲王、和亲王、刘统勋、阿里衮、陈宏谋、托恩多、李侍尧、福隆安，公同遴选。该部遵谕速行"①。

这一科，应试者倍广，而拣选落第举人一、二等录用者至二千人之多，"所以疏通之法，仰见我皇上轸念寒畯登进群材之至意……遂得同被渥恩，弹冠交庆，诚为希世之旷典。"②其后，以六年为期，大挑一次，仍在榜后进行。

乾隆三十五年，经吏部议奏而规定，那些大挑一等的举人，分发各省之后，借补佐杂期间，丁忧服阕。之后，仍赴原发省，令督抚仍以佐杂用，试看果胜知县，再行奏补。③

乾隆三十六年，恭逢圣母皇太后八旬万寿，特开乡、

---

① 《清高宗实录》卷757，乾隆三十一年三月己丑；光绪《大清会典事例》卷353《礼部·贡举·举人大挑》。
② 《皇朝通典》卷20《选举制三·文选》，文渊阁四库全书版。
③ 《清高宗实录》卷855，乾隆三十五年三月癸巳。

第四章　清代科举落第制度中的安置政策

会试恩科,而在乾隆三十一年丙戌会试后,"降旨分别拣选引见,量其人才、年力,以知县分发,教职注授,并许借补丞、簿等官,令得及锋自试。越今六载,俱经各督抚陆续题咨补授,所余待缺者,已属无多。广登进以免积薪,于寒畯甚为有益"①。于是加恩降旨,于乾隆三十七年壬辰科会试后,照例大挑举人。然考察前次挑选,所有新中举人,本不应遽行入选,止扣除切近两科。然而派出之王大臣等于验看时,仍然多取年力精壮之人,因此致使入选者仍系近科举子为多,"其科分较陈者,仍致艰于与列"。这样不仅违背了乾隆帝设法疏通的本意,而且对于远科士子,实在不公。因此规定:"此次挑选,著将乙酉、戊子、庚寅、辛卯四科举人,均行扣除。王大臣等就应挑各科举人内,量其乡科较深,而人材出色可用者,列入一等,以备分发各省试用,俾得及锋自效,无憾久淹,其科深而才力不致近衰,堪胜司铎之任者,即予列入二等,以教职铨选补用,俱照例引见候旨定夺。其按省酌定人数,俱照上届例行。此朕爱惜士子,慎重官方,不得已调剂之苦心,在历试场屋者,既不致坐伤迟暮,可以乘时报称;其初登乡荐者,亦宜安于资序本浅,当

---

① 《清高宗实录》卷891,乾隆三十六年八月庚寅。

知上进有阶,自不应希心速化,于广励士风之道,尤有裨益。"①由此确定了一个原则:参与大挑之举人必须是四科以上会试未中者。

同时,乾隆三十七年会试之后的大挑,依照截取举人分别远近省份之例进行挑选,具体为"直隶、江南、山东、山西、河南、陕西、浙江、江西、湖北等省,挑取十分之五;四川、广东、广西、福建、湖南、贵州、云南等省,挑取十分之六。其入选之员,无论远近省分,俱酌取一等四分,二等六分,引见录用"②。

乾隆四十六年,反思乾隆三十七年制定的分远近省份的挑选之法,其初衷是因那些边远士子跋涉较难,为格外优恤起见,而给予额外之照顾,但却没有顾及近省文风本就发达,中式者本来人多,名额缺少,而远省本来人少,名额却多的事实。因此,查阅"本年各省大挑举人名单内,所挑近省举人科分,有远至三十五六年者,而远省科分,最久总不过二十余年"。出现这种情况的原因是"直隶、江、浙等近省,系中式举人会试三科后,始行拣选;而云、贵、川、广

---

① 《清高宗实录》卷901,乾隆三十七年正月壬戌。
② 光绪《大清会典事例》卷353《礼部·贡举·举人大挑》;《钦定科场条例》卷52《举人大挑·附载旧例》。

第四章 清代科举落第制度中的安置政策

等远省，会试一科后，即行拣选。是以远省科分略深者，业已挨班选用，其得官已较近省为优"。如果今后大挑举人，还按五六分挑取，"则大省科分较深之举人，转多壅滞，于一视同仁之道，未为平允"。因此，自乾隆五十二年再次大挑时，"无论省分远近，但就人数多寡，均匀挑取，俾远近士子，均得乘时自效，以示朕加惠寒畯之至意"①。

乾隆五十二年，改会试榜后大挑举人为榜前举行。这样做是念及各省会试举人，"旅食京师，若俟榜后再行挑选，未免又需时日"。因此，"此次大挑举人，著即在榜前办理，以示体恤"②。同年三月十八日，左副都御史刘权之就大挑中出现的一些问题上报，阿桂等将此问题与解决办法谨奏给乾隆皇帝。随着举人大挑的不断实行，其逐渐成为落第举人一条重要的出路，因此而产生的主要问题有：一，外间依草附木之徒，借名指撞，致使举子躁于进取者最易堕其术中，上当受骗，败坏人心风俗；二，大挑之钦派王大臣名单早在大挑十日之前，由吏部具奏，这一时间太长，易启交关之弊；三，王大臣所带仆役不少。因此他认为所派出之王大

---

① 光绪《大清会典事例》卷353《礼部·贡举·举人大挑》；《钦定科场条例》卷52《举人大挑·例案》。
② 《钦定科场条例》卷52《举人大挑·例案》。

臣一闻命下，即应住宿朝房，事竣，始回私宅。针对上述三个问题，礼部谨奏：

  查上届钦派之王大臣，俱于大挑十日之前，由吏部具奏。为日既久，易启交关弊。应如该副都御史所奏，于大挑前一日，吏部列名奏请。简派所有派出之王大臣，务宜谢绝往来，公慎自矢，以期弊绝风清。其随从官员，除该部承办各员外，其余概不准令带往。仆役人等，亦不得携带多人，致启弊端。均应如该副都御史所奏办理。至所称派出之王大臣住宿朝房一节，固为防弊起见，但朝房在午门之外，又与内阁及六科衙门相近，官员人等出入必须经过，势不能概行禁止。而该处又无院落墙垣，可以关防严密。若在彼住宿，凡所属官员转可藉回稿禀事，径往接见。且在彼住宿，携带厨役人等，更为混杂。是防弊适所以滋弊，于事更属无益。所有该副都御史请令王大臣住宿朝房之处，应毋庸议。

  再查验看月选官员，例派御史稽察，以杜瞻徇。臣等公同酌议，嗣后大挑举人，亦应仿照此例。奏请钦点满、汉御史各二员，稽查监视。若挑选不公，准其指名参劾，并请令步军统领衙门会同五城御史，一体严密访查。如有撞骗奸徒，立即严拿，指名参奏，彻底究办。如此严行防范，庶立法更为周密，而挑选大典益昭慎重

第四章 清代科举落第制度中的安置政策

矣。是否有当,伏祈皇上训示施行。①

举人大挑的具体操作程序是在实践中不断完善的。乾隆五十八年,令"直省举人大挑,于六十年会试后,该部奏请办理"②。

乾隆朝是举人大挑政策的实行与逐步完善期。从乾隆十七年开始,于会试榜后举行,其中,乾隆三十一年、五十二年两科于榜前挑选,且六年进行一次大挑。大挑的省份与人数也不断调整,在不断地解决问题的同时,又出现新的问题,尤其是"康雍以还,科目日盛,铨选因而拥挤"③,举人大挑这项专门针对落第士子的政策也在实践中不断发展与完善。

嘉庆五年,仁宗颁布谕旨,自乾隆六十年乙卯恩科大挑后至嘉庆六年会试,又阅六载,令吏部届期查照向例,于辛酉恩科会试后大挑。按照定例,"将近四科举人扣除不挑,是应挑者皆系远科,恐人数过少,难以甄录。若将近科概行与挑,又恐挑取者多系新进,而科分较深者仍致淹滞"。因

---

① 中国第一历史档案馆馆藏档案,军机处录复奏折文教类1179:15。
② 光绪《大清会典事例》卷353《礼部·贡举·举人大挑》。
③ [清]王先谦:《请增设举监疏》(光绪十一年),载[清]盛康辑《皇朝经世文续编》卷65《礼政五·学校下》。

此，嘉庆六年的大挑举人，"将近年乙卯、戊午、庚申三科举人扣除，其甲寅以上各科举人，俱准一律与挑"①。至此，参与大挑之举人，以三科会试不中为限。

依惯例，由皇帝简派王大臣主持举人大挑。嘉庆六年，御史济兰奏请，酌改大挑举人章程，他认为应该"令派出之王大臣于名册内各注记号，挑毕后，另派亲信大臣，会同拆看，始定去留，挑额不敷，再将此记圆圈、彼记尖圈之举人，另传覆看。"这一条奏遭吏部议驳。仁宗回忆自己尚在藩邸时，曾参加过简派，与成亲王永瑆及大学士阿桂、刘墉等一同挑选。大家公同商酌，以定去取，从无独出意见之事。如果按照该御史之建议实行，则"如此烦扰周章，成何政体！设覆看之大臣，亦不可信，又将简派何人乎"！同时，该御史又请"每排不必豫定额限"，事实上，这也是不可能的，"历来挑选，每排以十人为率。无论远近省分，皆挑十分之五。一等者二人，二等者三人，按科分、名次，均匀选择，方有限制。若不按排挑取，转得前后任意通融，更滋物议"。因此该御史所奏，皆断不可行。作为挑选举人之王大臣等，应本着以下原则，秉公办理：

---

① 光绪《大清会典事例》卷73《吏部·除授·举人大挑》。

第四章 清代科举落第制度中的安置政策

> 至大挑举人，原为疏通寒畯，以免淹滞。其中年力精壮者，自应列为一等。俾得及锋而试，即年齿稍长，而精力未衰，亦可与民社之选。若年力近衰之人，则应列为二等，俾廑司铎，以遂其读书上进之愿。惟在派出之王大臣等，仰体朕意，秉公挑选，自必舆论翕然，不在多为条例也。①

这一年，畿辅久旱，盼雨甚殷，适逢举人大挑之日，甘雨从天而降，仁宗喜极万分，"传谕赏本日挑取一等举人葛纱各一匹"②。

嘉庆十二年，又逢大挑年份，著于嘉庆十三年戊辰科会试后大挑，"照上届之例，将近年辛酉、甲子及本年丁卯三科举人扣除，其庚申以上各科举人，俱准一律与挑"。即将嘉庆六年、九年和十二年之举人尽行扣除，大挑嘉庆五年以上各科落第举人。同时，吏部议覆：御史胡大成之奏请，"嗣后每遇大挑，届时由吏部行文礼部，咨取会试龙门册籍，核对年岁，并于挑选单内注明，以凭考核"③。

---

① 《清仁宗实录》卷80，嘉庆六年三月辛巳。
② ［清］陈康祺：《郎潜纪闻二笔》卷16《赐大挑举人葛纱》，中华书局1984年版，第624页。
③ 光绪《大清会典事例》卷353《礼部·贡举·举人大挑》。

嘉庆十三年，就钦派大挑之大臣等官员内有与应行挑选之员系属姻亲宗族，即令赴挑者回避。但是，"本年大挑在即，各省举人现俱齐集候挑，不下三千数百人。若派出挑选各部院大臣，有姻亲宗族，即将该举人回避，不准与挑，未免向隅。但一体免其回避，又与现行之例不符"。因此，命"吏部于查取堂衔奏请简放以前，先行知照各部院大臣等，如赴挑人员内有系姻亲宗族者，该部扣除，毋庸开列"。而且因近年各省分发知县，班次较多。前次挑发人员中尚有未经补用者，若此次仍照旧挑发，恐怕需次多时，转而形成壅滞。仁宗早年在藩邸时，曾两次亲理挑务，所以对其分别一、二等旧额，向所深知。因此，嘉庆十三年戊辰科会试后，"所有此次大挑举人，著于每两班二十人内，挑取一等三名，二等九名，以示体恤寒畯之至意"①。

嘉庆十八年，距离大挑很快又是六载，至于十九年的甲戌科会试后是否大挑举人，吏部奏请明示。从嘉庆元年开始，每阅六年，按次举行大挑。"惟现在分发各直省者为数过多，该举人等挑选以后，补缺无期，省垣需次，资斧维艰。此次若再照例挑选发往，更形壅滞，转非体恤寒士之

---

① 光绪《大清会典事例》卷73《吏部·除授·举人大挑》。

第四章 清代科举落第制度中的安置政策

意"。因此,嘉庆十九年之大挑暂缓,于嘉庆二十二年丁丑科会试后再举行。并规定:"嗣后每届四科,奏请大挑一次,仍照例扣除近三科举人,俟各省挑往人员渐次疏通,该部即奏明再行照旧办理。"① 由原来每届六年大挑一次,改为每届四科大挑一次,一般就是十二年大挑一次,如遇恩科,则时间相对缩短。不管是六年还是十二年一挑,作为定制,这种选拔对举人还是很重要的。从有关文献记载看,应试者还是相当踊跃的②,全国各地的举人因此再次云集京师,而他们的期待并不亚于当年入京会试。

嘉庆十九年,对参加挑选的举人身份做了进一步的限定,如:

> 曾经挑入一等分省试用之员,旋因中式进士,钦奉特旨,以京职录用,如情愿仍就大挑一等分发试用,准其呈明吏部,注销京职,令前赴所掣省分,与大挑一等人员,统较先后补用。

> 各省举人,未经起文,及未经取具印结会试者,

---

① 光绪《大清会典事例》卷353《礼部·贡举·举人大挑》。
② 参见[清]段光清:《镜湖自撰年谱》,道光二十四年甲辰(公元一八四四年),中华书局1960年版,第6页。作者于道光二十四年(时值大挑年份)赴京大挑,"应试同行者更多"。

不准挑选。未挑以前,各举人将年貌、籍贯、三代、科分、名次、有无就职加捐,详细开明履历,赴部投递。吏部咨取贡院点名册,逐一核对。其册内有名,或临场患病及回避未经入场者,均准挑选。

挑选举人内,各项候补、候选教职,均于单内注明,止挑取二等。其呈请注销候补、候选教职,亦止准挑取二等。

教职终养,并病痊候补,例应坐补原缺人员,不准挑选。

各省举人,未经先期呈明赴挑,经吏部奏请钦派挑选时,始行呈明与挑者,概不准行。

各省丁忧举人,早经服满,及扣至会试场期以前,始行服满者,其文结一时未能到部,准其取具同乡京官印结,呈明会试。此项举人,准其一体挑选。

捐纳候选小京官,及正佐各官,并已经传补之誊录、教习,均不准其予挑。其有在奉旨大挑以前,呈请注销,始准挑选。

各省现任教职,均不准挑,亦不准注销现任、呈请挑选。如系例准截取者,若在奉旨大挑以前呈请注销,准其兼挑一等,如呈请就教未经加捐者,无论何时注销,止准挑取二等。

第四章　清代科举落第制度中的安置政策

各省举人内，有先由各项贡生就职、考职、议叙、候选佐贰、教职等官，并由廪贡生捐纳训导候选者，嗣经中式举人，如呈请仍归原班，系候选教职者，准其挑选二等。候选佐贰等官，不准挑选。其中式举人，未经具呈者，原班已断，准其挑选。

各省举人，曾经赏给京官衔，并乡试时年至七十、八十以上，奉旨赏给举人者，均不准挑选。

挑选一等举人，如自揣不胜知县者，准其呈请改入二等。若掣定省分之后，不准呈改。①

嘉庆二十二年，对大挑之举人加以调剂分配，疏通各省分发之途。因南河、东河、北河三处河工，亦需员差委，因此，于此项大挑一等人员内分发试用，"俾之学习河务，以河工之繁简，定人数之多寡"，这样"既可策励人材，亦可疏通额缺"。后经吏部详议，分发"南河三十员，东河二十员，北河十员，赴工差委"，将这些大挑之举人试用二年，经历六汛后方能加以甄别。命"该河督秉公察看，其能通晓河务者，留于河工，照新定章程分别补用。如河务不能谙习，而才具尚堪膺民社者，奏明改拨地方，仍以知县补用。

---

① 光绪《大清会典事例》卷73《吏部·除授·举人大挑》。

其才识迂拘者,以教职改补"①。由此开启了大挑举人的新出路,即除了知县和教职之外,还多了河工之选。可见嘉庆年间举人大挑又有所变化和发展,由于大挑之后的举人分派各省任职之途日益拥挤,又开辟了入选河工这一出路。相对有限的官缺,举人大挑这一出路也日益艰难。

道光二年,由于第二年即道光三年又届大挑之年,但现在各省及河工候补各员,人数壅滞,因此将道光三年癸未科会试的大挑暂缓,于道光六年丙戌科会试后举行。②道光五年七月,通过了御史佛恩多的条奏,即对满洲、蒙古、汉军举人,一体准其大挑,分别以知县、教职录用。其中"满洲、蒙古举人,挑取二等者,无轮选教职之缺,应以科甲小京官等缺分缺间用"③。

道光六年,随着参加大挑的人数增加,朝廷对大挑举人又做了进一步的限制,如"大挑一等举人引见,奉旨以教职用,不准截取知县"。同时规定,"云南、贵州举人,每届大挑年分,掣定省分后,即将挑取一等人员名单,咨送兵部查核"。并对满洲、蒙古、汉军文举人参加大挑做了详细

---

① 《清仁宗实录》卷328,嘉庆二十二年三月丁未。
② 光绪《大清会典事例》卷353《礼部·贡举·举人大挑》。
③ 光绪《大清会典事例》卷73《吏部·除授·举人大挑》。

第四章 清代科举落第制度中的安置政策

规定：

满洲、蒙古、汉军文举人，凡现任官员，并候补、候选正佐各官，以及非科甲额缺之杂项小京官、各项笔帖式、内阁帖写、学习各项中书，概不准挑选。其候补、候选等项，在奉旨大挑以前注销者，准其挑选，以后者不准予挑。

满洲、蒙古举人出身，已归候补、候选人员，例止专用。国子监监丞、博士、典簿、詹事府主簿、光禄寺署正、翰林院典簿，科甲小京官额缺，及闲散举人，考取国子监助教、京府教授者，均止准挑取二等。其候补、候选杂项小京官、笔帖式、中书兼选科甲小京官，或考取助教、京府教授者，与专选科甲小京官不同，不准挑选。至闲散举人考取助教、教授之员，如在奉旨大挑以前注销者，准兼挑一等。

汉军举人、由议叙捐纳候选教职，并由候补、候选教职，续经中式举人，具呈仍归原班者，止准专挑二等。如在奉旨大挑以前注销者，准兼挑一等。此内如系自揣不胜民社，呈请就教，后经捐纳、议叙，及外任甄别改补教职，虽经注销，亦止准挑二等。

满洲、蒙古、汉军捐纳议、叙佐贰杂职等官，续经中式举人，其原班例应查销，准予挑选。如有呈请仍归原班铨选者，仍不准挑。其候补誊录、教习，未经传补者，准其挑选。已经传补实缺者，不准予挑。其补缺后告病，或告假开缺，销假候补者，亦不准挑选。至例应分别坐补原衙门原缺之候补科甲小京官、教职，概不准挑。

各省驻防满洲、蒙古、汉军举人，各按科分、名次，归于在京之满洲、蒙古、汉军举人某科某名之后，一体予挑。

挑选一等之满洲、蒙古、汉军举人，如有自揣不胜知县之任，情愿改入二等者，准其呈改。呈改后，不准再行选用知县。①

道光二十年定："就教举人挑取二等者，不准截取知县。"至于那些"捐纳候选等项教职，如注销已在大挑奉旨之后，亦止准挑二等。至仅系具呈就教，未经加捐，及由就教加捐之人，概不准注销"②。道光二十三年规定，"各省驻防从前中式及本科中式之文举人，自应一体改应翻译会试。是该举人等既不准其文闱应试，则贡院点名册内，未经列名，无凭办理，自未便准其大挑"。按照成例，各省驻防

---

① 光绪《大清会典事例》卷73《吏部·除授·举人大挑》。
② 光绪《大清会典事例》卷73《吏部·除授·举人大挑》。

文举人，"向准其于会试三科后，赴吏部拣选，以知县注册，按科分、名次，投供候选。恩、拔、副、贡生，准其就职直隶州州判，并准考职，以州同、州判、县丞注册；岁、优、贡生，亦准其考职，以县主簿、州吏目选用"。然而，自道光二十三年起，"今各省驻防文举人、贡生，钦奉谕旨，一体改试翻译；应请嗣后凡驻防文举人，未经拣选者，均停其拣选；各项贡生，未经就职考职者，均不准其就职考职；至从前业经拣选就职考职注册人员，仍准其按班铨选等因"[①]。道光二十四年，对二十三年之规定进行了修正，如二十三年规定将各省驻防旗人，一体改试翻译，改为"其已中之文举人，因未与文闱会试，遂议定不准大挑"。但念及这些举人除此之外，别无进身之阶，未免向隅。因此，"著各该将军、副都统、城守尉等，于各该驻防前经中式之文举人，科分在近三科以前，例准大挑者，询明情愿赴挑，即由该将军等给咨送部，听候钦派王大臣，照例大挑；如有不愿赴挑者，仍听其便"[②]。

至此，举人大挑之条例已经完善，大挑的期限、参加大挑之举人的资格、挑中者之授职已成定制，特别需要指出

[①] 《钦定科场条例》卷52《举人大挑·附载旧例》。
[②] 光绪《大清会典事例》卷353《礼部·贡举·举人大挑》。

的是，主持大挑者均为王大臣，如嘉庆帝、道光帝做亲王时，都曾主持过大挑，①其他王大臣也都是一时之名臣。可见朝廷对举人大挑的重视，这无疑给大挑的举人带来莫大的荣耀。

至咸丰十年规定："南河总督员缺，业经裁汰，其大挑知县，应挑河工三十员，一律停止发往。"②而到了光绪年间，科举制度日益衰落，官缺有限，捐纳增多，仕途壅塞，以至于国子监祭酒王先谦在奏疏中写道："至今日而劳绩捐纳，充满天下，铨法愈滞，士子名登甲榜，始为筮仕之期。举人非由大挑教习得官、誊录议叙，及兼藉他途出身者，鲜不皓首一经，困穷终老。"③

爬梳整理上述举人大挑政策的发展演变，我们可以看

---

① 嘉庆帝主持大挑，见《清仁宗实录》卷80，嘉庆六年三月辛巳："朕在藩邸时，曾蒙皇考简派，与成亲王永瑆及大学士阿桂、刘墉等一同挑选……"；道光帝主持大挑，见［清］段光清：《镜湖自撰年谱》，道光二十四年甲辰（公元一八四四年），中华书局1960年版，第7页："四月赴挑。此届大挑，乃成皇帝胞弟惠亲王为政，请训时，成皇帝乃告之曰：朕昔亦当过此差，盖一等为州县求父母，二等为学官取师长，年太轻恐不晓事，年太老恐不任事，先取强壮，后取人品。"
② 光绪《大清会典事例》卷73《吏部·除授·举人大挑》。
③ ［清］王先谦：《请增设举监疏》（光绪十一年），载［清］盛康辑《皇朝经世文续编》卷65《礼政五·学校下》。

第四章 清代科举落第制度中的安置政策

到,作为清代科举落第政策的重要内容之一,它是专门针对会试落第举人而进行的范围较广、影响较大的安置措施。从乾隆十七年始,定于会试榜后举行大挑,仅乾隆三十一年、五十二年两科于会试榜前挑选,一般六年挑选一次。从乾隆十七年大省四十名,中省三十名,小省二十名到乾隆三十年大省一百八十名,中省一百二十二名,小省七十六名,大挑之名额增加很多。而能够参加大挑之举人的资格由最初经过会试四科,到嘉庆五年为三科。嘉庆二十二年,大挑之举人除了选授知县、教职之外,增加河工一途,至道光五年,举人大挑又拓展至满洲、蒙古和汉军八旗中。虽然,仅凭举人大挑无法解决所有落第士子的政治出路,毕竟随着参加科举考试人数的增多,已有的官缺即便有所扩展,却无法改变大挑举人越来越难的事实。如美国史学家史景迁是这样讲述的:"到十八世纪中叶,国家不再随着人口的增长而增加科举考试的配额,读书人面临的随之而来的压力,以及即使应试成功也难以获得职事的现象给很多知识精英带来的是挫败和幻灭。"[①]何刚德在《客座偶谈》中也讲道:

> 科举时,有举人,有进士。从前举人不中进士,

---

① [美]史景迁:《追寻现代中国:1600—1912年的中国历史》,上海远东出版社2005年版,第120页。

即可截取，以知县按省分、科分、名次，归部轮选。当时举人何等活动。乾隆年间，以此项选缺尚欠疏通，乃加大挑一途。凡举人三科不中，准其赴挑，每挑以十二年为一次，例于会试之前，派王、公、大臣在内阁验看，由吏部分班带见。每班二十人之内，先剔去八人不用，俗谓之"跳八仙"。其余十二人，再挑三人，作为一等，带领引见，以知县分省候补。余九人作为二等归部，以教谕、训导即选。行之数科，逐渐拥挤。外省知县，非一二十年，不能补缺，教职亦然。光绪以来，其拥挤更不可问，即如进士分发知县，名曰即用，亦非一二十年，不能补缺。故时人有以"即用"改为"积用"之谑。因县缺只有一千九百，而历科所积之人才什倍于此，其势固不能不穷也。

举人于大挑之外，且更有教习、誊录、议叙各途，种种疏通，无非使举人皆得由知县、教职两途入官也。秀才则予以五贡升途，恩、副、岁三贡可选教职，拔贡、优贡许以朝考，亦以知县、教职入官。拔贡且有小京官之希望，亦未尝不为秀才谋出路也。①

---

① ［清］何刚德：《客座偶谈》卷2，上海古籍书店1983年影印本，第1—2页。

第四章 清代科举落第制度中的安置政策

可是,举人大挑毕竟是一项清代官方专门针对会试落第举人而制定的具体切实的措施,这是前代所没有过的。而且,这项政策在当时的社会,对落第举人来说,无疑是一条非常有诱惑力且切实可行的仕途之选。如安徽宿松人段光清,一生官至浙江按察使,他就是享受了举人大挑这项政策的实惠,从此改变了人生命运。他在自撰的年谱中谈道,道光二十四年甲辰科会试,"正月进京,值大挑年分,应试同行者更多"[①]。他还记述了其中有人贩烟进京,以济盘费之趣闻。他于二月行至卢沟桥,四月会试后落榜,段光清即赴挑,并详细记述了当时的情景:"此届大挑,乃成皇帝胞弟惠亲王为政,请训时,成皇帝乃告之曰:朕昔亦当过此差,盖一等为州县求父母,二等为学官取师长,年太轻恐不晓事,年太老恐不任事,先取强壮,后取人品。余列一等,吾邑同赴挑者,汪省吾二等,黎衡甫一等。越二日,又于一等中挑选河工人员数十名。一等须至圆明园引见"[②]。五月引见,分发浙江。其中,黎衡甫比他早中举人两科,因此领

---

① [清]段光清:《镜湖自撰年谱》,道光二十四年甲辰(公元一八四四年),中华书局1960年版,第6页。
② [清]段光清:《镜湖自撰年谱》,道光二十四年甲辰(公元一八四四年),中华书局1960年版,第7页。

凭赴湖北，而段光清则领到凭证回家等候浙江咨取试用。他在家乡等待的时间也不算太长，仅仅等了两年多，即道光二十六年十月，"奉委署建德县事"①。他在授职之前，也没有闲着，如道光二十六年五月，他奉命清查严州府六县监狱情事；八月，赴巡抚衙门考帘，被分为外帘誊录官。十月，即授职建德知县。段光清是幸运的。当然，也有不幸的人，如乾隆年间，举人知县铨补，有迟至三十年者。新城人涂瑞在他三十九岁时中举，这一年是乾隆十二年，"乡试拣选知县"，他好不容易有机会参加拣选，却苦苦等待了三十余年，直至乾隆三十九年十一月丁卯，已是六十六岁的老人了，才有机会补上缺，更令人遗憾的是他还没来得及赴任就于当年病逝。②此外，在地方志中有大量经举人大挑而选为知县或教职的人，他们中的一些人为当地作出了贡献而名留青史。如云南宣威人朱光鼎，他在嘉庆二十一年丙子科乡试中举人，之后在书院讲习，"教人以忠恕为要，不拘于章句。士经陶铸多所成就，公车数上。"后以举人大挑选授为

---

① ［清］段光清：《镜湖自撰年谱》，道光二十六年丙午（公元一八四六年），中华书局1960年版，第13页。
② ［清］钱仪吉：《清代碑传全集》卷129，《礼学·下》，"乡贡进士候选知县涂先生瑞墓志铭（鲁仕骥）"，上海古籍出版社1997年版，第655页。

第四章　清代科举落第制度中的安置政策

永善县教谕。因永善当地风俗多豪侈夸诈，朱光鼎上任之后，对当地士子加以教导，令其敦朴诚笃，并对诸生劝善规过，如待自己子弟。① 还有滇中名士程含章，于乾隆五十四年拔贡，乾隆五十七年他三十一岁时中举，嘉庆六年大挑一等，选为知县。向自蔚，字馨亭，号实园，河西（澄江）人，道光八年戊子科乡试举人，后大挑为知县，以亲老不愿去远处当官，而改为丽江教谕。咸丰年间任东乡团总，曾说服起义军首领马骥不在当地动兵刃。②

这样的例子还有很多，在地方志及其他文献中广泛存在，很多举人的命运因大挑而发生了改变。然而我们不能忽视的是，不论举人大挑的名额增加了多少，相对挑选上的士子来说，落选者仍然是主体。事实上，仅凭举人大挑政策是无法解决科举落第士子的出路问题的。通过对这一政策的考察，我们可以发现，举人大挑政策从开始推行到最后终止，其产生的影响远远大于制度本身所解决的问题。毕竟这是清代官方统治者专门针对会试落第者，给其安置出路的一项具体的科举落第政策，在整个科举制发展的历史上，有着深远

---

① 党乐群：《云南古代举士》，云南人民出版社2008年版，第321—323页。
② 党乐群：《云南古代举士》，云南人民出版社2008年版，第204页。

的影响。

本章结语

　　本章主要讲述了清代科举落第制度中的安置政策,包括始于雍正年间的明通榜,专门针对会试落卷中文理明通者另出一榜;始于乾隆二十六年的中正榜,从会试落卷中挑取中书、学正和学录等;以及清廷展开大规模修书活动时,于乾隆四十二年实行的挑誊录;和始于乾隆十七年的举人大挑,落第举子可被选为知县、教职或河工等职位。以上几个方面的措施,切实地为落第举人提供了仕途出路,有些人的命运从此发生转折。清政府实行的这些政策为广大落第者尽可能多地提供职位,以吸纳更多的读书人投入科举考试,以便为国家选拔更多的优秀人才,为统治服务;同时对于安定士子情绪,稳定社会起到了积极的作用。

结束语

  历代统治者推行科举制，不仅是要选拔优秀人才充实到统治机构，还要以此来笼络天下的读书人。余英时提出："从长期的历史观点看，儒学的具体成就主要在于它提供了一个较为稳定的政治和社会秩序。"①可见，科举制在维护安定统治的过程中有着重要的作用。在中国古代，科举制不仅仅是一项政治制度，它"使政教相连的传统政治理论和耕读仕进的社会变动落在实处，是一项集文化、教育、政治、社会等多方面功能的基本体制（institution），其废除不啻给与其相关的所有成文制度和更多的约定成俗的习惯行为等等都打上一个难以逆转的句号，必然出现影响到全社会各层次

---

① 余英时：《现代儒学的回顾与展望——从明清思想基调的转换看儒学的现代发展》，《中国文化》1995年第1期。

多方面的后果"①。皇帝与广大士子的关系到底是什么样的呢？在以读书做官为主要出路的中国封建社会，朝廷设科取士，士子自由报名，有如在国家与百姓之间建立起一种社会契约关系，这个契约双方对准的目标就是"官"。两者的利益在这里找到了结合点。

正如张仲礼所言："科举制度不仅是进入绅士阶层最重要的入口，而且是政府控制绅士的工具。为了数年一度的考试，绅士们长期伏案于无休止的读书应试。这种科举生涯迫使他们的思想被纳入正统的意识形态潮流。值得重视的是，通过科举制度，为政府所看重的绅士的学术能力既受政府鼓励，又为政府控制，并且以一个官方的模型塑造出来。"②所有读书人为了进入仕途，都必须经历这样近似残酷的艰辛而漫长的读书历程。然而令人震撼的是其中绝大多数注定要屡屡失意，经历来自各方面的巨大打击。对于为笼络吸引读书人而不断完善的科举制度的推行者——历代统治者而言，他们开科取士的同时，也面临着如何平衡落第士子心态，给

---

① 罗志田：《近代中国社会权势的转移：知识分子的边缘化与边缘知识分子的兴起》，载《权势转移·近代中国的思想、社会与学术》，湖北人民出版社1999年版，第192—193页。

② 张仲礼：《中国绅士研究》导言一，上海人民出版社2008年版，第8页。

结束语

他们以妥善的抚慰和具体的安置职位，使得落第者这一士人中的广大群体，能够感受到统治者的恩荣优渥，俯首帖耳地纳入统治者早已设计好的科举之路，终生有所追求而不致无事生非。尤其到了清朝，科举制度的积弊日益暴露，此时落第政策的完备和详尽，对持续吸引广大落第士子、维护其统治所起的重要作用，是值得我们深入研究和思考的。然而，能享受到朝廷落第政策的人毕竟是少数，对于绝大多数落第者来说，作为四民之首，在经历科场惨败之后，他们必须依靠自己，努力发愤，寻求其他途径，发挥一己之所长，如为塾师，继续传播文化，普及教育；为医，治病救人，救人救己；为幕僚，为地方事务出谋划策；抑或务农、经商等途径。生活还得继续，他们大多数都积极寻求事业上的其他出路，自食其力，解决生计的同时，还能建立功业，融入基层社会，并为地方社会的建设和发展做出贡献。所以，我们不能忘却和忽视这部分当时社会的失意者，对他们的关怀和研究，有助于推进我们对科举制度的全面认识。

中国作为一个有着千余年考试历史的大国，科举制度的研究对我们今天的高考制度、国家公务员考试制度以及其他各项考试制度的改革仍有一定的借鉴意义，而且在所有这些考试中，也必然有失意者。因此，我们深入细致地研究科举落第制度，对于全面看待和认识考试制度及其所处的特定社会政治背景,结合当前教育改革发展的大潮,反思历史,以史为鉴,改革并完善考试制度有着重要的现实意义。

参考文献

一、历史典籍

《明太祖实录》，上海书店出版社1990年影印本。
《明神宗实录》，上海书店出版社1990年影印本。
《清世祖实录》，中华书局1986年影印本。
《清圣祖实录》，中华书局1986年影印本。
《清世宗实录》，中华书局1986年影印本。
《清高宗实录》，中华书局1986年影印本。
《清仁宗实录》，中华书局1986年影印本。
《清宣宗实录》，中华书局1986年影印本。
《清文宗实录》，中华书局1986年影印本。
《清穆宗实录》，中华书局1986年影印本。
《清德宗实录》，中华书局1986年影印本。
万历《大明会典》，明刻本。

康熙《大清会典》，线装书局2006年影印本。

雍正《大清会典》，线装书局2006年影印本。

乾隆《大清会典》，线装书局2006年影印本。

嘉庆《大清会典》，线装书局2006年影印本。

光绪《大清会典》，线装书局2006年影印本。

光绪《大清会典事例》，光绪二十五年刻本。

咸丰《钦定科场条例》，咸丰二年修。

光绪《钦定科场条例》，光绪十三年刻本。

《钦定礼部则例》，乾隆四十九年修。

《钦定学政全书》，嘉庆十七年本。

礼部纂辑《续增科场条例》，见沈云龙主编《近代中国史料丛刊三编》第49辑，台湾文海出版社1989年版。

［清］永瑢、纪昀等纂修《钦定国子监志》，景印文渊阁四库全书版。

［后晋］刘昫等：《旧唐书》，中华书局2002年版。

［宋］欧阳修等：《新唐书》，中华书局1997年版。

［元］脱脱等：《宋史》，中华书局2000年版。

［元］脱脱等：《辽史》，中华书局2000年版。

［元］脱脱等：《金史》，中华书局2000年版。

［明］宋濂等：《元史》，中华书局1976年版。

［清］张廷玉等：《明史》，中华书局1974年排印本。

［民国］赵尔巽等：《清史稿》，中华书局1977年排印本。

［清］谷应泰：《明史纪事本末》卷一四，《开国规模》，文渊阁四库全书版，第364，史部·纪事本末类。

［清］乾隆官修《清朝文献通考》，浙江古籍出版社2000年版。

［清］刘锦藻：《清朝续文献通考》，浙江古籍出版社2000年版。

［清］乾隆官修《钦定续文献通考》，浙江古籍出版社2000年版。

［清］永瑢、纪昀等纂修《世宗宪皇帝朱批谕旨》，文渊阁四库全书版。

中国第一历史档案馆编《雍正朝汉文谕旨汇编》，广西师范大学出版社1999年版。

中国第一历史档案馆编《雍正朝汉文朱批奏折汇编》，江苏古籍出版社1991年版。

中国第一历史档案馆藏《宫中朱批奏折》。

王钟翰点校《清史列传》，中华书局2005年版。

杨家骆主编《中国史料系编——中国选举史料》（清代编），台湾鼎文书局印行1977年版。

［清］王延熙、王树敏辑《皇朝道咸同光奏议》，上海

久敬斋清光绪二十八年（1902）版。

《全唐诗》，文渊阁四库全书版。

［五代］王定保：《唐摭言》，文渊阁四库全书版，第1035，子部·小说家类。

［宋］邵伯温：《邵氏闻见录》，中华书局1983年版。

［宋］王栐：《燕翼诒谋录》，中华书局1981年版。

［宋］蔡絛：《铁围山丛谈》，中华书局1983年版。

［宋］叶梦得：《石林燕语》，中华书局1984年版。

［宋］赵彦卫：《云麓漫钞》，中华书局1996年版。

［宋］陈元靓：《岁时广记》，文渊阁四库全书版，第885，史部·时令类。

［宋］程大昌：《演繁露》，文渊阁四库全书版，第852，子部·杂家类。

［宋］洪迈：《容斋随笔》，上海古籍出版社1978年版。

［宋］王鞏：《闻见近录》，文渊阁四库全书版，第1037，子部·小说家类。

［宋］赵升：《朝野类要》卷二，文渊阁四库全书版，第854，子部·杂家类。

［宋］王之望：《汉滨集》卷七，《论恩榜任子革弊奏议》，文渊阁四库全书版，第1139，集部·别集类。

［明］谈迁：《枣林杂俎》，中华书局2006年版。

［明］沈德符：《万历野获编》，中华书局1959年版。

［明］陶宗仪：《说郛》，文渊阁四库全书版，第882，子部·杂家类。

［明］袁了凡：《了凡四训》，中华书局2013年版。

《清代笔记小说大观》，上海古籍出版社2007年版。

《笔记小说大观》，江苏广陵古籍刻印社1984年版。

［清］田文镜：《抚豫宣化录》，中州古籍出版社1995年版。

［清］叶梦珠：《阅世编》，中华书局2007年版。

［清］徐珂：《清稗类钞》，中华书局2003年版。

［清］何刚德：《春明梦录》，上海古籍书店1983年影印本。

［清］何刚德：《客座偶谈》，上海古籍书店1983年影印本。

［清］朱克敬：《儒林琐记 雨窗消意录》，岳麓书社1983年版。

［清］俞青源：《梦厂杂著》，台北广文书局1980年版。

［清］袁枚：《随园诗话》，人民文学出版社1998年版。

［清］龚未斋：《雪鸿轩尺牍》，江苏广陵古籍刻印社

1997年3月第1版。

鲍赓生标点：《解人颐广集》，上海新文化书社1935年1月第2版。

［清］宣鼎：《夜雨秋灯录》，黄山书社1986年版。

［清］魏象枢：《寒松堂全集》，中华书局1996年版。

［清］蓝鼎元：《鹿洲公案》，刘彭云、陈方明注译，群众出版社1985年版。

［清］朱彭寿：《旧典备征 安乐康平室随笔》，中华书局1982年版。

［清］刘禺生：《世载堂杂忆》，中华书局1960年版。

［清］谈迁：《北游录》，中华书局1960年版。

［清］王士禛：《香祖笔记》，上海古籍出版社1982年版。

［清］欧阳兆熊、金安清：《水窗春呓》，中华书局1984年版。

［清］金埴：《不下带编》，中华书局1982年版。

［清］刘声木：《苌楚斋随笔》，中华书局1998年版。

［清］龚炜：《巢林笔谈》，中华书局1981年版。

［清］王士禛：《池北偶谈》，中华书局1982年版。

［清］王士禛：《分甘余话》，中华书局1989年版。

［清］赵绍祖：《读书偶记 消暑录》，中华书局1997

年版。

［清］吴庆坻：《蕉廊脞录》，中华书局1990年版。

［清］方濬师：《蕉轩随录（续录）》，中华书局1995年版。

［清］段光清：《镜湖自撰年谱》，中华书局1960年版。

［清］陈康祺：《郎潜纪闻初笔 二笔 三笔》，中华书局1984年版。

［清］陈康祺：《郎潜纪闻四笔》，中华书局1990年版。

［清］梁章钜：《浪迹续谈》，中华书局1997年版。

［清］陆以湉：《冷庐杂识》，中华书局1984年版。

［清］陆以湉：《冷庐医话》，中国医药科技出版社2020年版。

［清］丁柔克：《柳弧》，中华书局2002年版。

［清］王应奎：《柳南随笔 续笔》，中华书局1983年版。

［清］钱泳：《履园丛话》，中华书局1979年版。

［清］赵翼：《廿二史劄记》，中华书局1984年版。

［清］赵翼：《簷曝杂记》，中华书局1984年版。

［清］姚元之：《竹叶亭杂记》，中华书局1982年版。

［清］梁章钜、朱智：《枢垣记略》，中华书局1984

年版。

［清］法式善：《陶庐杂录》，中华书局1959年版。

［清］法式善：《清秘述闻三种》，中华书局1982年版。

［清］法式善：《槐厅载笔》，嘉庆间刻本。

［清］福格：《听雨丛谈》，中华书局1984年版。

［清］余金：《熙朝新语》，上海古籍出版社1983年版。

［清］李光庭：《乡言解颐》，中华书局1982年版。

［清］王有光：《吴下谚联》，中华书局1982年版。

［清］昭梿：《啸亭杂录》，中华书局1980年版。

［清］吴振棫：《养吉斋丛录》，中华书局2005年版。

［清］陈其元：《庸闲斋笔记》，中华书局1989年版。

［清］萧奭：《永宪录》，中华书局1959年版。

［清］赵慎畛：《榆巢杂识》，中华书局2001年版。

［清］阮葵生：《茶余客话》，见《清代笔记小说大观》第三册，上海古籍出版社2007年版。

［清］纪昀：《阅微草堂笔记》，广文书局1991年版。

［清］李绂：《穆堂初稿》，见《续修四库全书》第1421，集部·别集类，上海古籍出版社2002年版。

［清］卢文弨：《抱经堂文集》，中华书局1990年版。

［清］王士禛：《居易录》卷8，文渊阁四库全书版，

第869，子部·杂家类。

［清］徐松辑《宋会要辑稿》。

［清］戴璐：《藤阴杂记》，上海古籍出版社1985年版。

［清］诸联辑著《明斋小识》，同治四年秋（1865年）重校，吴趋亦西斋藏版。

王稼句点校、编纂《苏州文献丛钞初编》，古吴轩出版社2005年版。

［清］蒲松龄：《聊斋志异》，中华书局2004年版。

［清］吴敬梓：《儒林外史》，中华书局2001年版。

［清］葛虚存：《清代名人轶事》，江苏广陵古籍刻印社1993年版。

［清］王庆云：《熙朝纪政》，光绪二十四年刻本。

［清］吴骞：《吴兔床日记》，张昊苏、杨洪升整理，凤凰出版社2015年版。

［清］孔继菼：《孔氏医案》，中国中医药出版社2014年版。

［清］李用粹：《证治汇补·旧德堂医案》，周鸿飞点校，学苑出版社2013年版。

中国文物研究所、河南省文物研究所编《新中国出土墓志·河南（壹）》，文物出版社1994年版。

钟毓龙：《科场回忆录》，浙江古籍出版社1987年版。

骆憬甫：《浮生手记——1886—1954，一个平民知识分子的纪实》，上海古籍出版社2004年版。

徐世昌等编纂《清儒学案》，沈芝盈、梁运华点校，中华书局2013年版。

二、今人论著

商衍鎏：《清代科举考试述录》，生活·读书·新知三联书店1958年版。

王戎笙主编《清代全史》，方志出版社2007年版。

张希清、毛佩琦、李世愉等主编《中国科举制度通史》（隋唐五代、宋、辽金元、明、清卷），上海人民出版社2015年版。

张希清：《中国科举考试制度》，新华出版社1993年版。

李世愉：《清代科举制度考辩》，沈阳出版社2005年版。

李世愉：《中国历代科举生活掠影》，沈阳出版社2005年版。

李世愉、孟彦弘：《中国古代官制概论》，中国社会科学出版社2009年版。

李世愉：《清代科举制度考辩（续）》，万卷出版社2012年版。

李世愉：《中国科举生活漫话》，万卷出版社2012年版。

王国维：《宋元戏曲史》，上海古籍出版社1998年版。

林丽月：《明代的国子监生》，台湾师范大学历史研究所1979年版。

王德昭：《清代科举制度研究》，中华书局1984年版。

杨学为主编《中国考试史文献集成》，高等教育出版社2003年版。

杨学为主编《中国考试简史》，高等教育出版社2009年版。

杨学为主编《中国考试通史》，首都师范大学出版社2004年版。

周振鹤撰集《圣谕广训：集解与研究》，上海书店出版社2006年版。

朱保炯、谢沛霖编著《明清进士题名碑录索引》，上海古籍出版社1980年版。

李弘祺：《宋代官学教育与科举》，台北联经出版事业公司1994年版。

龚笃清：《明代科举图鉴》，岳麓书社2007年版。

刘海峰主编《科举制的终结与科举学的兴起》，华中师范大学出版社2006年版。

刘海峰：《科举学导论》，华中师范大学出版社2005年版。

刘海峰主编《科举百年祭》，湖北人民出版社2006年版。

刘海峰、李兵：《中国科举史》，东方出版中心2004年版。

刘海峰主编《科举学的形成与发展》，华中师范大学出版社2009年版。

李兵：《书院与科举关系研究》，华中师范大学出版社2005年版。

王日根：《中国科举考试与社会影响》，岳麓书社2007年版。

宋元强：《清代的状元》，吉林文史出版社1992年版。

陈宝良：《明代儒学生员与地方社会》，中国社会科学出版社2005年版。

尚小明：《学人游幕与清代学术》，社会科学文献出版社1999年版。

尚小明：《清代士人游幕表》，中华书局2005年版。

王凯旋：《明代科举制度考辩》，沈阳出版社2005年版。

王炳照、徐勇：《中国科举制度研究》，河北人民出版社2002年版。

李树：《中国科举史话》，齐鲁书社2004年版。

田建荣：《中国考试思想史》，商务印书馆2004年版。

薛瑞兆：《金代科举》，中国社会科学出版社2004年版。

张杰：《清代科举家族》，社会科学文献出版社2003年版。

何仲礼：《科举与宋代社会》，商务印书馆2006年版。

祝尚书：《宋代科举与文学》，中华书局2008年版。

龚延明：《中国古代职官科举研究》，中华书局2006年版。

傅璇琮：《唐代科举与文学》，陕西人民出版社2003年版。

程千帆：《唐代进士行卷与文学》，上海古籍出版社1980年版。

党乐群：《云南古代举士》，云南人民出版社2008年版。

李国荣：《科场与舞弊：中国古代最大科场案透视》，中国档案出版社1997年版。

张仲礼：《中国绅士研究》，上海人民出版社2008年版。

邓嗣禹：《中国考试制度史》，台北学生书局1982

年版。

杨齐福：《科举制度与近代文化》，人民出版社2003年版。

袁世硕：《蒲松龄事迹著述新考》，齐鲁书社1988年版。

余英时：《士与中国文化》，上海人民出版社2003年版。

余英时：《中国知识阶层史论》，台北联经出版事业公司1980年版。

费孝通：《中国绅士》，中国社会科学出版社2006年版。

陈寅恪：《唐代政治史述论稿》，上海古籍出版社1982年版。

罗志田：《权势转移：近代中国的思想、社会与学术》，湖北人民出版社1999年版。

高翔：《近代的初曙——18世纪中国观念变迁与社会发展》，故宫出版社2013年版。

阎步克：《士大夫政治演生史稿》，北京大学出版社1996年版。

艾永明：《清朝文官制度》，商务印书馆2003年版。

李乔：《中国的师爷》，商务印书馆国际有限公司1995

年版。

王先明：《近代绅士——一个封建阶层的历史命运》，天津人民出版社1997年版。

樊克政：《书院史话》，中国大百科全书出版社2000年版。

刘大鹏遗著《退想斋日记》，乔志强标注，山西人民出版社1990年版。

高浣月：《清代刑名幕友研究》，中国政法大学出版社2000年版。

上海嘉定博物馆编《科举文化与科举学》，海风出版社2007年版。

上海中国科举博物馆、上海嘉定博物馆编《科举学论丛（第一辑）》，线装书局2011年版。

李云编著《中医人名大辞典》，中国中医药出版社2016年版。

龚方纬：《清民两代金石书画史》，凤凰出版社2014年版。

王绍曾主编《清史稿艺文志拾遗》，中华书局2000年版。

秦伯未编《清代名医医案精华》，人民卫生出版社2018年版。

方春阳编著《中国历代名医碑传集》,人民卫生出版社2009年版。

田思胜编《沈金鳌医学全书》,中国中医药出版社2015年版。

郑天挺:《清代幕府制的变迁》,《学术研究》1980年第6期。

李世愉:《清末废科举对乡村教育的影响》,《光明日报》2007年11月9日。

李世愉:《科举落第:一个被忽视的研究领域》,《探索与争鸣》2007年第3期。

李世愉:《试论清代科举中的考差制度》,《湖南大学学报》(社会科学版)2007年第4期。

李世愉:《废科举对乡村教育落后的影响》,《探索与争鸣》2008年第3期。

李世愉:《科举制度下的朋党之争》,《人民论坛》2006年第10期。

王泽强:《阮葵生年谱》,《淮阴师范学院学报》(哲学社会科学版)2006年第1期。

刘海峰:《科举学发凡》,《厦门大学学报》(哲学社会科学版)1994年第1期。

刘海峰:《科举制——中国的"第五大发明"》,《探索与争鸣》1995年第8期。

刘海峰：《科举制长期存在原因析论》，《厦门大学学报》（哲学社会科学版）1997年第4期。

刘海峰：《科举制百年祭》，《北京大学教育评论》2005年第4期。

刘海峰：《科举制的终结与科举学的兴起》，《东南学术》2005年第4期。

刘海峰：《科举学的特点》，《文化学刊》2007年第5期。

郑若玲：《科举考试的功能与科举社会的形成》，《厦门大学学报》（哲学社会科学版）2005年第2期。

武端利：《科举制的废除与近代知识分子阶层的转型》，《伊犁教育学院学报》2004年第3期。

倪峻、姚立建：《科举制的历史作用》，《华东师范大学学报》（哲学社会科学版）1997年第5期。

干春松：《科举制的衰落和制度化儒家的解体》，《中国社会科学》2002年第2期。

罗志田：《科举制废除在乡村中的社会后果》，《中国社会科学》2006年第1期。

吴莉：《科举制对中国古代教育的影响》，《西南民族大学学报》（人文社科版）2005年第5期。

罗晓华：《科举制废除后的乡村士绅》，《中州学刊》2004年第2期。

张显清：《科举制历史作用刍议》，《中国社会科学院研究生院学报》1998年第1期。

易惠莉：《科举制下湖南士人的生活和精神状态——以长沙杨恩寿为例》，《社会科学》2006年第5期。

吴建华：《科举制下进士的社会结构和社会流动》，《苏州大学学报》（哲学社会科学版）1994年第1期。

刘景荣：《中国科举制度的衰落》，《齐齐哈尔师范高等专科学校学报》2009年第5期。

陈颖超：《〈浮生六记〉与清中期下层文士生活》，上海师范大学2007年硕士学位论文。

卓洪艳：《从唐代文言小说看落第士子的文化心态》，《南平师专学报》2007年第3期。

蔡静波、杨东宇：《论晚唐科举与落第士子的心态——以〈北梦琐言〉为例》，《唐都学刊》2005年第4期。

王枝忠：《蒲松龄的科举经历与〈聊斋志异〉创作》，《齐鲁学刊》1990年第4期。

李精一：《唐代落第诗所反映的士人情感特质》，《学术交流》2005年第6期。

任斌：《唐代落第诗研究》，华东师范大学2007年硕士学位论文。

滕云:《唐代落第诗研究》,华东师范大学2008年博士学位论文。

黄云鹤:《唐宋落第士人抗争及政府对策》,《社会科学战线》2009年第1期。

黄云鹤:《唐宋时期落第士人研究》,东北师范大学2005年博士学位论文。

黄云鹤:《唐宋时期下层士人与地方私学》,《社会科学战线》2002年第3期。

黄云鹤:《唐朝政府对下层士人的赋役政策与实存状态》,《社会科学战线》2004年第5期。

黄云鹤:《唐朝下层士人社会交往特征及其心态》,《史学集刊》2005年第1期。

龙丽:《晚唐落第诗研究》,湘潭大学2006年硕士学位论文。

宗韵、吴宣德:《科举与社会分层之相互关系——以明代为中心的考察》,《人文杂志》2007年第6期。

张涛:《明代科场迷信研究》,西北师范大学2006年硕士学位论文。

黄明光:《明代科举制度研究》,浙江大学2005年博士学位论文。

朱淑君：《咸同士风研究》，首都师范大学2006年5月硕士学位论文。

倪惠颖：《论清以前幕府演变和游幕文人》，《东疆学刊》2007年第1期。

郭润涛：《清代幕府的类型与特点》，《贵州社会科学》1992年第11期。

陈宝良：《明代生员层社会生活之真面相》，《浙江学刊》2001年第3期。

陈宝良：《明代生员层的仕进之途》，《安徽史学》2002年第4期。

陈宝良：《明代生员层的经济特权及其贫困化》，《中国社会经济史研究》2002年第2期。

陈宝良：《明代生员新论》，《史学集刊》2001年第3期。

王先明：《清代社会结构中绅士阶层的地位与角色》，《中国史研究》1995年第4期。

肖宗志：《政府行为与废科举后举贡生员的出路问题》，《北方论丛》2005年第2期。

沈秋红：《明清私塾管理研究》，浙江师范大学2006年硕士学位论文。

蒋纯焦：《晚清士子的生活与教育——以塾师王锡彤

为例》,《华中师范大学学报》(教育科学版)2006年第2期。

龚延明:《宋代恩科论述》,《江西师范大学学报》(哲学社会科学版)2008年第3期。

刘海峰:《〈儒林外史〉呈现的科举活动与科举观》,《教育与考试》2008年第4期。

吴铮强:《宋代科举与乡村社会》,浙江大学2006年博士学位论文。

三、国外研究成果

Benjamin A. Elman, *A Cultural History of Civil Examinations in Late Imperial China* (Berkeley: University of California Press, 2000).

Ping-ti Ho, *The Ladder of Success in Imperial China: Aspects of Social Mobility, 1368–1911* (New York: Columbia University Press, 1962).

[日]宫崎市定:《科举史》,马云超译,大象出版社2020年版。

[日]宫崎市定:《科举》,宋宇航译,浙江大学出版

社2018年版。

［日］宫崎市定：《九品官人法研究：科举前史》，韩昇、刘建英译，生活·读书·新知三联书店2020年版。

［日］织田万：《清国行政法》，李秀清、王沛点校，中国政法大学出版社2003年版。

［美］宇文所安：《追忆——中国古典文学中的往事再现》，郑学勤译，生活·读书·新知三联书店2004年版。

［美］史景迁：《皇帝与秀才——皇权游戏中的文人悲剧》，邱辛晔译，上海远东出版社2005年版。

［德］马克斯·韦伯：《中国的宗教·宗教与世界》，康乐、简惠美译，广西师范大学出版社2004年版。

［美］牟复礼、［英］崔瑞德编《剑桥中国明代史》，中国社会科学出版社2007年版。

［美］费正清、刘广京编《剑桥中国晚清史》，中国社会科学出版社1985年版。

［韩］裴淑姬：《论宋代的特奏名制度》，《湖南大学学报》（社会科学版）2007年第4期。

［美］韩明士：《社会变动性与科举考试》，曹国庆、邓虹编译，《江西社会科学》1989年第6期。

后 记

林花谢了春红,太匆匆!我还没来得及仔细品尝春的滋味,春天竟已离去,留在记忆深处的便是漫天飞舞的柳絮与杨花。北京的春天本来就很短,倏忽即过,正如人生,亦如白驹过隙般,一天天的时光悄无声息地从指尖滑过,转眼三年的光阴已逝,而我对科举制度这一中国古代重要的典章制度的理解却远不如年轮划过的深厚。

2006年,我跟随导师李世愉先生学习清代科举制度,李先生一边给我普及基础知识,一边鼓励我对清代科举落第问题这一前人关注不多的课题展开研究,懵懂之中,我一脚踏入了浩如烟海的科举制度史中。为写作平生发表的第一篇小文《从清代的进士题名碑说起》,我三次前往北京孔庙,仔细摘抄、核对碑文,愚鲁如我,费尽心力才得以成文。而当先生把文章返还给我时,我真的被深深地感动了,字里行间,皆是先生细细密密的红笔批注,从遣词造句到标点符号、注释引用，先生一一批示，并逐一为我讲解，与我交流，启我心智。从那一刻起，我深深地为先生治学之严谨所打动，也更为自己的急躁与愚笨而感到惭愧。自此以后，我每提交给先生一篇小文，先生皆如是返还于我，可以说，我的每一篇文字，都离不开先生的指导，渗透着先生的心血。直到今天，我仍将先生所批示之手稿一一保留，视为珍宝。先生不仅对我学业上有所指引，更对我的生活多有关照。我深知，由于自己的心浮气躁与资性愚笨，所成之文，与先生之设想，相距甚远，摆在我面前的学术之路还很长也很艰辛，我将继续前行。平日里，对老师总也说不出口的感谢之辞，今天在这里，我要大声地说一声：老师辛苦了！谢谢您了！

论文开题时，定宜庄、吴伯娅、宋元强、毛佩琦等先生对文章的框架结构都提出了中肯的意见，尤其是我的硕士导师定宜庄先生，更是深深为我时间紧迫而倍感担忧，帮我重新调整论文的重心，由原来的对整个清代科举落第问题的研究，调整为对清代科举落第制度的研究，并鼓励我抓紧时间，努力完成。其他几位老师不仅对我论文写作过程中可能遇到的困难提出忠告，更从传教士、武举、落第者身份的考察等诸多方面，从资料上开拓了研究视野，令我茅塞顿开。

感谢社会史研究室的胡宝国、陈爽、孟彦弘等先生，在我写作论文的过程中给予我精神上无私的帮助与鼓励；感谢社科院历史所郭松义、何龄修、杨海英、李华川等先生曾给过我的指导与帮助；感谢闽江学院的毛晓阳老师，在几次科举会议中，给我的论文提出应该注意的地方；感谢台湾大学的黄丽君博士，感谢中国社会科学院近代史研究所的吕文浩先生、顾建娣女士，中国社会科学院研究生院的杭聪同学、李艳玲同学、王惠敏同学，他们都曾为我辛劳查找书籍与论文；感谢广西师范大学的徐毅先生、历史所的李成燕女士，为我论文的写作提出过宝贵的意见。我的家人，给予我默默的支持，是我前行的动力。还有很多人，不能在此一一致谢，但此情我将永远铭记在心！

论文草草结束，其中所需弥补、完善，有待深入挖掘的地方还很多，若按最初的设想，此文尚未及二分之一。所以，我还需要继续努力，在今后的学习和工作中，不断完善。亦如人生，由春及夏，徂秋至冬，在荏苒的时光中，不断成长。

贺晓燕

2010年5月于北京

再 记

　　夫天地者，万物之逆旅也；光阴者，百代之过客也。再次下定决心修改论文并付梨枣，竟是十一年后！十年岁月如水般流转，十年过后，青春不再！十年间，我见证了死与生，体味了人生的酸甜苦辣各种滋味。

　　我仔细体味书中落第者的人生，每每有种时空穿越之感，我好像也是他们中的一员，他们的苦闷、失落、彷徨、难过、压抑、悲愤、无助、孤独等，所有的情感我都在这十年间无比深刻地体味过，有的不仅是岁月留在脸上的痕迹，更是在心中划过的印记，难以忘怀。落第者的沮丧情绪我全都感同身受过，我也犹如一个科举时代的落第士子，十年来不断地在人生这场大舞台上考着这样、那样的试，但我却总也无法突破那个罩在头顶的网。夜深人静时，我总把自己和落第者混为一谈，忍不住在内心呐喊：我什么时候能金榜题名？我要挣脱命运之神，我要抗争！十年后，怀着百般滋味，重启存封十年的记忆，强烈的念头激励着我：我必须要把他们写出来，印制出来，我要让这些科举时代的落第者为今人所知，要让他们重见天日，我欠他们一个交代！我欠青春年华的自己一个交代！

感恩生命中遇到了我的博导李世愉先生，先生高风亮节，宽厚仁爱，对于我十年来的困顿、蹉跎，先生总是默默帮助、不断地鼓励和支持，从未有过些许的嫌弃。我深知自己天资愚鲁，在做学问这条路上永远是那个笨笨的下死功夫还出不了多少活的人，万幸先生不弃，我也只有以勤补拙。

在此还要感谢我那年过七旬的老妈妈，在这个世界上有妈妈关爱，真的是最最幸福的事情了。我生活中的捉襟见肘、一地鸡毛，总有妈妈在背后撑着，使我得以安心提笔，修改论文。自上大学离家至今，家乡也逐渐变得遥不可及，身在异乡心中无时无刻不牵挂着家乡的我，碌碌无为，无脸回乡。在北京的生活别说孝敬父母了，即便养家糊口也仅是勉强，还时时拖累老人，这让我内心无比愧疚！十年间一双儿女相继来到，虽说喜悦万分，然生活的压力和窘迫也时时令我喘不上气来。要想有一个安静的工作氛围，实属万难。只有狠心不管孩子，想想也是充满愧疚，这期间又是妈妈和孩儿爸一起担负，默默付出多少心血才换来我一张平静的书桌！四十余年的生命中从未当面对妈妈说过一句感谢的话，在此我一定要深深地对妈妈说一声：谢谢您了！您辛苦了！

读书、工作再读书的经历，使我博士毕业时已年过而立，然无奈天性迟钝，寸功未立，父亲却撒手人寰。从我记事起，父亲总是酷爱读书，手不释卷。他若能看到此书，一定会一口气看完，一定会提一些建议，也一定会赞赏一下我。这些时常浮现在我脑海中的景象只能在梦中出现，今生已不能实现，怎不令人悲伤！今生今世的父女情已无法再续，只愿天国的父亲能看到此书，来生我还做您的女儿！谨以此书献给天国的父亲！

书中之错一定是有的，还请诸位学者专家、亲朋好友不吝赐教！再次感谢编辑老师，为此书的出版付出的辛勤劳动，没有你们的协力扶助，就没有小书的今天。再次感谢！

贺晓燕
辛丑桃月于京